Louisiana

Acts passed by the sixth Legislature of the State of Louisiana

At its first Session, held and begun in the City of Baton Rouge, on the 25th of

November, 1861

Louisiana

Acts passed by the sixth Legislature of the State of Louisiana
At its first Session, held and begun in the City of Baton Rouge, on the 25th of November, 1861

ISBN/EAN: 9783337173197

Printed in Europe, USA, Canada, Australia, Japan

Cover: Foto ©ninafisch / pixelio.de

More available books at **www.hansebooks.com**

PASSED BY THE

Sixth Legislature of the State of Louisiana,

AT ITS FIRST SESSION,

HELD AND BEGUN IN THE CITY OF BATON ROUGE,

ON THE 25TH OF NOVEMBER, 1861.

PUBLISHED BY AUTHORITY.

BATON ROUGE:
TOM BYNUM, STATE PRINTER.
1861.

PASSÉS PAR LA

Sixieme Legislature de l'Etat de la Louisiane,

A SA PREMIÈRE SESSION,

TENUE ET COMMENCÉE EN LA VILLE DE BATON ROUGE,

LE 25ᴍᴇ JOUR DE NOVEMBRE 1861.

PUBLIÉS PAR AUTORITE.

BATON ROUGE:
TOM BYNUM, IMPRIMEUR D'ETAT.
1861

ACTS

OF THE

STATE OF LOUISIANA.

No. 1.] AN ACT

To provide for the payment of the Members, Officers, and Contingent Expenses of the General Assembly.

Appropriation. *Be it enacted by the Senate and House of Representatives of the State of Louisiana, in General Assembly convened,* That the sum of seventy-five thousand dollars be and the same is hereby appropriated for the purpose of paying the members of the Senate and House of Representatives the mileage and per diem to which they are respectively entitled, to pay the officers of the Senate and House of Representatives, and to pay the contingent expenses of the Senate and House of Representatives; the same to be paid by the Treasurer on the warrant of the Auditor of Public Accounts, according to law.

ADOLPHUS OLIVIER,
Speaker of the House of Representatives.
HENRY M. HYAMS,
Lieutenant Governor and President of the Senate.
Approved November 28th, 1861.
THOS. O. MOORE,
Governor of the State of Louisiana.

A true copy.
PLINY D. HARDY,
Secretary of State.

No. 2.] AN ACT

To amend an act entitled "An Act of Incorporation of the Pelican Insurance Company of New Orleans," approved March 2d, 1861.

SECTION 1. *Be it enacted by the Senate and House of Representatives of the State of Louisiana, in General Assembly convened,* That Article

ACTES

DE

L'ETAT DE LA LOUISIANE.

No. 1.]   ACTE

Assignant un fonds pour les traitements des membres et officiers de l'Assemblée Générale, et pour l'acquittement de ses dépenses contingentes.

Le Sénat et la Chambre des Représentants de l'Etat de la Louisiane, réunis en Assemblée Générale, décrètent : La somme de soixante-quinze mille piastres est et demeure par ces présentes affectée au paiement du *per diem* et du *millage* des membres, des traitements des officiers et des dépenses casuelles de l'Assemblée Générale. Le montant ainsi assigné sera payé par le Trésorier, sur présentation du mandat de l'Auditeur des comptes publics, conformément à la loi.

<small>Assignation de fonds pour les dépenses contingentes de l'Assemblée Générale.</small>

      ADOLPHUS OLIVIER,
      Orateur de la Chambre des Représentants.
      HENRY M. HYAMS,
      Lieutenant-Gouverneur et Président du Sénat.

Approuvé le 28 novembre 1861.
      THOMAS O. MOORE,
      Gouverneur de l'Etat de la Louisiane.

Pour copie conforme,
 PLINY D. HARDY,
  Secrétaire d'Etat.

No. 2.]   ACTE

A l'effet d'amender l'acte d'incorporation de la Compagnie d'Assurance "Le Pélican," de la Nouvelle-Orléans, approuvé le 2 mars 1861.

SECTION. 1. *Le Sénat et la Chambre des Représentants de l'Etat de la Louisiane, réunis en Assemblée Générale, décrètent :* L'article 2 de la section

<small>Amendement.</small>

Article second amended.
Second of Section Third, which reads as follows: "The Company may commence business so soon as three hundred thousand dollars shall have been
When the Company shall commence business.
subscribed" be so amended as to read: "The Company may commence business so soon as one hundred thousand dollars shall have been subscribed."

Article second amended.
Sec. 2. *Be it further enacted, &c.*, That Article Second of Section Sixth, which reads "The first Board shall be elected by the subscribers to the capital stock so soon as three hundred thousand dollars shall have been subscribed," be so amended as to read "The first Board shall be elected by the subscribers to the capital stock so soon as one hundred thousand dollars shall have been subscribed."

Sec. 3. *Be it further enacted, &c.*, That this act shall take effect from and after its passage.

ADOLPHUS OLIVIER,
Speaker of the House of Representatives.
HENRY M. HYAMS,
Lieutenant Governor and President of the Senate.
Approved December 3d, 1861.
THOS. O. MOORE,
Governor of the State of Louisiana.

A true copy.
PLINY D. HARDY,
Secretary of State.

No. 3.] AN ACT

In Relation to the State Printer.

SECTION 1. *Be it enacted by the Senate and House of Representatives of the State of Louisiana, in General Assembly convened*, That the State Printer to be elected the next two years shall be subject to any alterations that may be made in the laws relative to that department, whether as to the quantity of printing matter, the rate of compensation or otherwise.

When to take effect.
Sec. 2. *Be it further enacted, &c.*, That this act shall be in force from and after its passage.

ADOLPHUS OLIVIER,
Speaker of the House of Representatives.
H. M. HYAMS,
Lieutenant Governor and President of the Senate.
Approved December 3d, 1861.
THOS. O. MOORE,
Governor of the State of Louisiana.

A true copy.
PLINY D. HARDY,
Secretary of State.

3, dont la teneur est comme suit : " La Compagnie pourra commencer ses opérations aussitôt que les souscriptions s'élèveront à trois cent mille piastres," est amendé de manière à être ainsi conçu : " La Compagnie pourra commencer ses opérations aussitôt qu'il aura été souscrit cent mille piastres."

Sec. 2. *Décrètent de plus :* L'article 2 de la section 6, qui est ainsi conçu : " Les actionnaires procèderont à la première élection des membres du bureau aussitôt qu'il aura été souscrit trois cent mille piastres," est réédicté dans les termes suivants : " Les actionnaires procèderont à la première élection des membres du bureau aussitôt qu'il aura été souscrit cent mille piastres."

Sec. 3. *Décrètent de plus :* Le présent acte aura force de loi à dater de son adoption.

ADOLPHUS OLIVIER,
Orateur de la Chambre des Représentants.
HENRY M. HYAMS,
Lieutenant-Gouverneur et Président du Sénat.

Approuvé le 3 décembre 1861.

THOMAS O. MOORE,
Gouverneur de l'Etat de la Louisiane.

Pour copie conforme,
PLINY D. HARDY,
Secrétaire d'Etat.

No. 3] ACTE

Relatif à l'Imprimeur d'Etat.

SECTION 1. *Le Sénat et la Chambre des Représentants de l'Etat de la Louisiane, réunis en Assemblée Générale, décrètent :* L'imprimeur d'Etat qui sera élu pour le prochain terme de deux années, occupera sa charge sous toutes les modifications qui pourront être apportées aux lois relatives à son département, tant pour ce qui concerne la quantité que pour le prix des impressions.

Sec. 2. *Décrètent de plus :* Cet acte aura force de loi à dater de son adoption.

ADOLPHUS OLIVIER,
Orateur de la Chambre des Représentants.
HENRY M. HYAMS,
Lieutenant-Gouverneur et Président du Sénat.

Approuvé le 3 décembre 1861.

THOMAS O. MOORE,
Gouverneur de l'Etat de la Louisiane.

Pour copie conforme,
PLINY D. HARDY,
Secrétaire d'Etat.

No. 4.] JOINT RESOLUTION

Relative to the election of the Hon. Edward Sparrow and the Hon. Thomas Jefferson Semmes, as Senators elect to the Congress of the Confederate States.

Certificates of Election to be transmitted to Senators elect.

Be it resolved by the Senate and House of Representatives of the State of Louisiana, in General Assembly convened, That copies of the proceedings of the Senate and House of Representatives of the State of Louisiana, declaring the Honorable Edward Sparrow and the Honorable Thomas Jefferson Semmes duly elected Senators of the Confederate States, from the State of Louisiana, signed by the President of the Senate and Speaker of the House of Representatives, be delivered to the Honorable Edward Sparrow and to the Honorable Thomas Jefferson Semmes, and that his Excellency, the Governor, be requested to forward the same, together with a certified copy of this joint resolution.

ADOLPHUS OLIVIER,
Speaker of the House of Representatives.
H. M. HYAMS,
Lieutenant Governor and President of the Senate.

Approved December 3d, 1861.

THOS. O. MOORE,
Governor of the State of Louisiana.

A true copy.
PLINY D. HARDY,
Secretary of State.

No. 5.] JOINT RESOLUTION

Instructing our Senators and requesting our Representatives in Congress to have established in Congress a line of Mail Coaches from Tangipaho to Clinton.

Instructions to our Representatives in Congress.

SECTION 1. Be it resolved by the Senate and House of Representatives of the State of Louisiana, in General Assembly convened, That our Senators and Representatives in Congress be, and they are hereby requested to use their best exertions to have a two-horse mail coach established on the mail line leading from Tangipaho, on the New Orleans and Jackson Railroad, in the parish of St. Helena, to Clinton, East Feliciana, and that said coaches run daily via Greensburg and Darlington.

Transmission of copies of this resolution.

SEC. 2. Be it further resolved, &c., That the Governor be requested to transmit to our Senators and Representatives in Congress a copy of the foregoing resolution.

ADOLPHUS OLIVIER,
Speaker of the House of Representatives.
HENRY M. HYAMS,
Lieutenant Governor and President of the Senate.

Approved December 20th, 1861.

THOS. O. MOORE,
Governor of the State of Louisiana.

A true copy.
PLINY D. HARDY,
Secretary of State.

No. 4.] RESOLUTION CONJOINTE

Relative à l'élection des Honorables Edward Sparrow et Thomas Jefferson Semmes au Sénat des Etats-Confédérés.

Le Sénat et la Chambre des Représentants de l'Etat de la Louisiane, réunis en Assemblée Générale, décrètent : Il sera délivré aux Honorables Edward Sparrow et Thomas Jefferson Semmes, copie des délibérations de l'Assemblée Générale, signées du Président du Sénat et de l'Orateur de la Chambre, constatant leur élection au Sénat des Etats-Confédérés, pour l'Etat de la Louisiane. Le Gouverneur est chargé de la transmission de ladite copie, avec copie de cette résolution, certifiée conforme à l'original.

Transmission aux Sénateurs élus de leurs certificats d'élection.

ADOLPHUS OLIVIER,
Orateur de la Chambre des Représentants.
HENRY M. HYAMS,
Lieutenant-Gouverneur et Président du Sénat.

Approuvé le 3 décembre 1861.

THOMAS O. MOORE,
Gouverneur de l'Etat de la Louisiane.

Pour copie conforme,
PLINY D. HARDY,
Secrétaire d'Etat.

No. 5.] RESOLUTION CONJOINTE

Requérant nos Sénateurs et Représentants au Congrès de s'occuper de l'établissement d'un service postal entre Tangipaho et Clinton.

SECTION 1. *Le Sénat et la Chambre des Représentants de l'Etat de la Louisiane, réunis en Assemblée Générale, ont résolu :* Nos Sénateurs et Représentants au Congrès devront s'efforcer d'obtenir l'établissement d'une ligne de malles-postes à deux chevaux, pour le service de la route qui conduit de Tangipaho, dans la paroisse de Sainte-Hélène (sur le chemin de fer de la Nouvelle-Orléans et Jackson), à Clinton, dans la paroisse d'Est-Féliciana. Le service entre ces deux points, et par la voie de Greensburg et de Darlington, devra être journalier.

Devoir de nos Sénateurs et Représentants au Congrès.

SECTION 2. *Ont résolu de plus :* Le Gouverneur transmettra des copies de cette résolution à nos Sénateurs et Représentants au Congrès.

Transmission d'une copie de la résolution.

ADOLPHUS OLIVIER,
Orateur de la Chambre des Représentants.
HENRY M. HYAMS,
Lieutenant-Gouverneur et Président du Sénat.

Approuvé le 19 décembre 1861.

THOMAS O. MOORE,
Gouverneur de l'Etat de la Louisiane.

Pour copie conforme,
PLINY D. HARDY,
Secrétaire d'Etat.

No. 6.] JOINT RESOLUTION.

To take steps to suspend the duties on Foreign Importations.

Preamble.

WHEREAS, In consequence of the existing blockade of our ports, the present tariff on foreign goods is rendered comparatively inoperative; and whereas, in consequence of the exorbitant prices at which many articles of prime necessity are held, it is our duty to encourage the introduction of foreign merchandize by every fair and legitimate means within our power; therefore,

Duties on foreign importations ought to be suspended.

Be it resolved by the Senate and House of Representatives of the State of Louisiana, in General Assembly convened, 1st. That it is the sense of this Legislature that the duty on all foreign importatins of every description whatsoever, should be suspended during the continuance of the war in which we are engaged with the United States;

Copies of this resolution to be sent to our Congressmen.

2nd. That the Governor of this State be requested to transmit a copy of this resolution to our deputies in Congress, with a request that they submit the subject to the consideration of that body, at the earliest practicable period.

ADOLPHUS OLIVIER,
Speaker of the House of Representatives.
H. M. HYAMS,
Lieutenat Governor and President of the Senate.

Approved December 19th, 1861.

THOS. O. MOORE,
Governor of the State of Louisiana.

A true copy.
PLINY D. HARDY,
Secretary of State.

No. 7.] JOINT RESOLUTION

Relative to the payment of Louisiana troops.

Recommending an increase of the pay of our Volunteers

Be it resolved by the Senate and House of Sepresentatives of the State of Louisiana, in General Assembly convened, That our members of Congress be requested to use their influence to have the pay of the Louisiana troops increased from eleven to not less than fifteen dollars per month, on account of the high price they are forced to pay for the articles necessary to a soldier's wants; and that the Governor be authorized to send to each of our Representatives a copy of this resolution.

ADOLPHUS OLIVIER,
Speaker of the House of Representatives.
H. M. HYAMS,
Lieutenant Governor and President of the Senate.

Approved December 19th, 1861.

THOS. O. MOORE,
Governor of the State of Louisiana.

A true copy.
PLINY D. HARDY,
Secretary of State.

No. 6.] RESOLUTION CONJOINTE

Relative à la Suspension des Droits d'entrée.

Attendu, Que le tarif des droits d'entrée est virtuellement aboli par le blocus de nos ports ; et attendu que les prix exorbitants auxquels beaucoup d'articles de première nécessité se sont élevés nous font un devoir d'encourager, par tous les moyens légitimes en notre pouvoir, l'importation des marchandises étrangères ; en conséquence, *Le Sénat et la Chambre des Représentants de l'Etat de la Louisiane, réunis en Assemblée Générale, ont résolu :* 1. La Législature de cet Etat recommande la suspension des droits d'entrée sur toutes marchandises quelconques importées dans le territoire de la Confédération durant la présente guerre avec les Etats-Unis ; 2. le Gouverneur transmettra des copies de cette résolution à nos délégués au Congrès, et les requerra d'appeler, aussitôt que faire se pourra, l'attention du Congrès sur les matières dont il y est traité.

Préambule.

Suspension des droits d'entrée.

Le Gouverneur devra transmettre au Congrès des copies de cette résolution.

ADOLPHUS OLIVIER,
Orateur de la Chambre des Représentants.
HENRY M. HYAMS,
Lieutenant-Gouverneur et Président du Sénat.

Approuvé le 19 décembre 1861.

THOMAS O. MOORE,
Gouverneur de l'Etat de la Louisiane.

Pour copie conforme.
Pliny D. Hardy,
Secrétaire d'Etat.

No. 7] RESOLUTION CONJOINTE

Relative à la Solde des Troupes louisianaises.

Le Sénat et la Chambre des Représentants de l'Etat de la Louisiane, réunis en Assemblée Générale, ont résolu : Nos Sénateurs et Représentants au Congrès devront user de toute leur influence pour faire fixer à quinze piastres au moins, au lieu de onze, la solde mensuelle des troupes de la Louisiane, en raison de la cherté des vivres, effets d'équipements, &c. ; et le Gouverneur est autorisé à leur transmettre des copies de cette résolution.

Augmentation de solde.

ADOLPHUS OLIVIER,
Orateur de la Chambre des Représentants.
HENRY M. HYAMS,
Lieutenant Gouverneur et Président du Sénat.

Approuvé le 19 décembre 1861.

THOMAS O. MOORE,
Gouverneur de l'Etat de la Louisiane.

Pour copie conforme.
Pliny D. Hardy,
Secrétaire d'Etat.

No. 8.]

JOINT RESOLUTIONS

Relative to late Census Takers.

SECTION 1. *Be it resolved by the Senate and House of Representatives of the State of Louisiana, in General Assembly convened,* That our Senators in Congress be instructed, and our Representatives requested, to use their best endeavors to secure the passage of a law appropriating a sum of six thousand three hundred and ninety-seven dollars and seventy-five cents, the same to be applied to the payment of the balance due the late United States census takers, for taking the census of the State for the year eighteen hundred and sixty.

SEC. 2. *Be it further resolved, &c.,* That the Governor be requested to forward a copy of these resolutions, with the accompanying tabular statement, to each of our Senators and Representatives in Congress.

ADOLPHUS OLIVIER,
Speaker of the House of Representatives.
H. M. HYAMS,
Lieutenant Governor and President of the Senate.

Approved December 19th, 1861.

THOS. O. MOORE,
Governor of the State of Louisiana.

A true copy.
PLINY D. HARDY,
Secretary of State.

No. 9.]

JOINT RESOLUTION

Requesting our Senators and Representatives in Congress to establish a tri-weekly Mail Coach Line from Natchitoches to Monroe.

Be it resolved by the Senate and House of Representatives of the State of Louisiana, in General Assembly convened, That our Senators and Representatives in Congress of the Confederate States be, and they are hereby requested to use their influence to have a tri-weekly mail coach line established, running from Natchitoches, on Red River, to Monroe, on the Ouachita River.

ADOLPHUS OLIVIER,
Speaker of the House of Representatives.
HENRY M. HYAMS,
Lieutenant Governor and President of the Senate.

Approved December 20th, 1861.

THOS. O. MOORE,
Governor of the State of Louisiana.

A true copy.
PLINY D. HARDY,
Secretary of State.

No. 8.] RESOLUTION CONJOINTE.

Concernant les Officiers commis au dernier recensement.

SECTION 1. *Le Sénat et la Chambre des Représentants de l'Etat de la Louisiane, réunis en Assemblée Générale, ont résolu :* Nos Sénateurs et Représentants au Congrès s'efforceront d'obtenir une assignation de six mille trois cent quatre-vingt-dix-sept piastres et soixante-quinze cents, pour l'acquittement d'une balance due aux Officiers commis par les Etats-Unis au recensement de cet Etat, en 1860. *Instructions adressées à nos délégués au Congrès.*

SEC. 2. *Ont résolu de plus :* Le Gouverneur transmettra une copie de la présente résolution, avec les pièces annexes, à chacun des dits Sénateurs et Représentants. *Copie qu'on devra transmettre le Gouverneur.*

ADOLPHUS OLIVIER,
Orateur de la Chambre des Représentants.
HENRY M. HYAMS,
Lieutenant-Gouverneur et Président du Sénat.

Approuvé le 19 décembre 1861.

THOMAS O. MOORE,
Gouverneur de l'Etat de la Louisiane.

Pour copie conforme,
PLINY D. HARDY,
Secrétaire d'Etat.

No. 9.] RESOLUTION CONJOINTE

Requérant nos Sénateurs et Représentants au Congrès de s'occuper de l'établissement d'un service postal *tri-hebdomadaire* entre Natchitoches et Monroe.

Le Sénat et la Chambre des Représentants de l'Etat de la Louisiane, réunis en Assemblée Générale, ont résolu : Nos Sénateurs et Représentants au Congrès des Etats Confédérés devront user de leur influence afin de faire décréter l'établissement d'une ligne de malles-postes pour le transport de la malle, trois fois par semaine, entre Natchitoches, sur la Rivière Rouge, et Monroe, sur la rivière Ouachita. *Instructions adressées à nos délégués au Congrès.*

ADOLPHUS OLIVIER,
Orateur de la Chambre des Représentants.
HENRY M. HYAMS,
Lieutenant-Gouverneur et Président du Sénat.

Approuvé le 20 décembre 1861.

THOMAS O. MOORE,
Gouverneur de l'Etat de la Louisiane.

Pour copie conforme.
PLINY D. HARDY,
Secrétaire d'Etat.

No. 10.]   AN ACT

To appropriate Fifty Thousand Dollars for the purpose of paying Volunteer Troops in the service of the State.

Appropriation.   SECTION 1. *Be it enacted by the Senate and House of Representatives of the State of Louisiana in General Assembly convened,* That the sum of fifty thousand dollars be and the same is hereby appropriated out of any money in the treasury not otherwise appropriated, to be expended in paying the volunteer soldiers and officers now, or that may hereafter be, in the service of the State for said services, according to law.

SEC. 2. *Be it further enacted, &c.,* That this act take effect from and after its passage.

ADOLPHUS OLIVIER,
Speaker of the House of Representatives.
HENRY M. HYAMS,
Lieutenant Governor and President of the Senate.

Approved December 19th, 1861.

THOS. O. MOORE,
Governor of the State of Louisiana.

A true copy.
PLINY D. HARDY,
Secretary of State.

No. 11.]   AN ACT

For the relief of James Welsh.

Two hundred and fifty dollars to be paid James Welsh.   *Be it enacted by the Senate and House of Representatives of the State of Louisiana in General Assembly convened,* That the sum of two hundred and fifty dollars be paid James Welsh, on his own warrant on the Auditor of Public Accounts, the amount due him on account of the last quarter of his salary for the year one thousand eight hundred and sixty-one, due him as Chief Clerk of the House of Representatives of the last Legislature for his salary.

ADOLPHUS OLIVIER,
Speaker of the House of Representatives.
HENRY M. HYAMS,
Lieutenant Governor and President of the Senate.

Approved December 20th, 1861.

THOS. O. MOORE,
Governor of the State of Louisiana.

A true copy.
PLINY D. HARDY,
Secretary of State.

No. 12.]   AN ACT

For the relief of the Register of the Land Office at Natchitoches.

Leave of absence.   SECTION 1. *Be it enacted by the Senate and House of Representatives of the State of Louisiana in General Assembly convened,* That leave of absence be and the same is hereby granted to Samuel M. Hyams, Register of the Land Office at Natchitoches, now serving as Lieutenant-Colonel in the

No. 10.]   ACTE

Assignant cinquante mille piastres pour la solde des troupes de volontaires au service de la Louisiane.

SECTION 1. *Le Sénat et la Chambre des Représentants de l'Etat de la Louisiane, réunis en Assemblée Générale, décrètent :* La somme de cinquante mille piastres est et demeure assignée par ces présentes sur tous fonds dans le Trésor non autrement affectés, pour la solde des soldats et officiers actuellement engagés ou qui pourront par la suite s'engager comme volontaires au service de cet Etat, le tout conformément à la loi.   *Allocation.*

SEC. 2. *Décrètent de plus :* Cet Acte sortira son effet à dater de son adoption.

ADOLPHUS OLIVIER,
Orateur de la Chambre des Représentants.
HENRY M. HYAMS,
Lieutenant-Gouverneur et Président du Sénat.

Approuvé le 19 décembre 1861.

THOMAS O. MOORE,
Gouverneur de l'Etat de la Louisiane.

Pour copie conforme,
   PLINY D. HARDY,
      Secrétaire d'Etat.

No. 11.]   ACTE

Relatif à James Welsh.

Le Sénat et la Chambre des Représentants de l'Etat de la Louisiane, réunis en Assemblée Générale, décrètent : Il sera payé à James Welsh, sur présentation d'un mandat tiré par lui sur l'Auditeur des Comptes Publics, la somme de deux cent cinquante piastres, montant de son traitement comme Greffier de la Chambre des Représentants pour le dernier trimestre de l'année 1861.   *Assignation de $250 en faveur de J. Welsh.*

ADOLPHUS OLIVIER,
Orateur de la Chambre des Représentants.
HENRY M. HYAMS,
Lieutenant-Gouverneur et Président du Sénat.

Approuvé le 20 décembre 1861.

THOMAS O. MOORE,
Gouverneur de l'Etat de la Louisiane.

Pour copie conforme,
   PLINY D. HARDY,
      Secrétaire d'Etat.

No. 12.]   ACTE

A l'effet d'accorder un congé au Registrateur du Bureau des Terres à Natchitoches.

SECTION 1. *Le Sénat et la Chambre des Représentants de l'Etat de la Louisiane, réunis en Assemblée Générale, décrètent :* Il est par ces présentes accordé un congé à Samuel M. Hyams, Registrateur du Bureau des Terres à Natchitoches, et actuellement au service des Etats-Confédérés en qualité   *Autorisation d'absence.*

Third Regiment of Louisiana Volunteers in the State of Missiouri; and that this leave of absence shall have force and effect from the time said Hyams entered the said volunteer service until he shall quit the same.

Right to appoint a deputy. SEC. 2. *Be it further enacted, &c.,* That the said Register shall have the power to appoint a Deputy Register, who shall, in the absence of the Register, perform all the duties of said Register in the entering of lands; and all entries of land that have been made or shall be made at said land office during the absence of said Register, shall be as valid in law and shall have the same effect and validity as if the said Register had been personally present performing the duties of said office.

His responsibility of his Deputy's acts. SEC. 3. *Be it further enacted, &c.,* That the said Register shall be responsible and liable for all the acts of said Deputy; *Provided, however,* That the securities of said Register shall file their assent, in writing, to this act in the office of the Auditor of Public Accounts within sixty days from and after the passage of this act.

SEC. 4. *Be it further enacted, &c.,* That this act shall take effect from and after its passage.

ADOLPHUS OLIVIER,
Speaker of the House of Representatives.
HENRY M. HYAMS,
Lieutenant Governor and President of the Senate.
Approved December 20th, 1861.
THOS. O. MOORE,
Governor of the State of Louisiana.

A true copy.
PLINY D. HARDY,
Secretary of State.

No. 13.]   JOINT RESOLUTION

Relative to a vote of thanks tendered to General G. T. Beauregard.

1. *Be it resolved by the Senate and House of Representatives of the State of Louisiana in General Assembly convened,* That the thanks of this General Assembly are hereby tendered to that gallant officer and unswerving patriot, General G. T. Beauregard, for the high military ability, the noble patriotism, and the upright integrity brought by him to the service of his country, and evinced at Fort Sumter, Bull Run and Manassas. While proud of his achievements as a Confederate leader, the State of Louisiana feels a special pride in claiming him as a son of her soil, and cherishes the glory he has won in the present unholy war being waged against the independence of the Confederate States, as a part of her own history.

2. *Be it further resolved, &c.,* That the Governor be requested to transmit to General G. T. Beauregard a copy of these resolutions.

ADOLPHUS OLIVIER,
Speaker of the House of Representatives.
HENRY M. HYAMS,
Lieutenant Governor and President of the Senate.
Approved December 20th, 1861.
THOS. O. MOORE,
Governor of the State of Louisiana.

A true copy.
PLINY D. HARDY,
Secretary of State.

de Lieutenant-Colonel du troisième régiment de Volontaires de la Louisiane, dans le Missouri. Le congé accordé par ces présentes comprendra toute la durée de son engagement comme volontaire.

SEC. 2. *Décrètent de plus :* Ledit Registrateur pourra s'adjoindre un suppléant, qui, pendant son absence, sera habile à remplir toutes les fonctions du titulaire en tout ce qui a rapport aux inscriptions ; et toutes inscriptions prises au bureau, pendant l'absence du titulaire, seront réputées aussi valables en tous points que s'il eût été présent et dans l'exercice de sa charge. *Choix d'un suppléant.*

SEC. 3. *Décrètent de plus :* Ledit Registrateur répondra des faits de son suppléant, pourvu toutefois que ses cautions souscrivent, pardevant l'Auditeur des Comptes Publics, aux obligations imposées par le présent Acte, et ce dans les soixante jours qui suivront son adoption. *Responsabilité du titulaire.*

SEC. 4. *Décrètent de plus :* Cet Acte sortira son effet à compter de son adoption.

        ADOLPHUS OLIVIER,
       Orateur de la Chambre des Représentants.
        HENRY M. HYAMS,
      Lieutenant-Gouverneur et Président du Sénat.

Approuvé le 20 décembre 1861.

        THOMAS O. MOORE,
       Gouverneur de l'Etat de la Louisiane.

Pour copie conforme,
  PLINY D. HARDY,
    Secrétaire d'Etat.

No. 13.]   RESOLUTION CONJOINTE

Votant des félicitations au Général G. T. Beauregard.

SECTION 1. *Le Sénat et la Chambre des Représentants de l'Etat de la Louisiane, réunis en Assemblée Générale, ont résolu :* L'Assemblée Générale, par ces présentes, vote des félicitations au Général G. T. Beauregard, l'officier intrépide, le patriote irréprochable, en reconnaissance des capacités militaires, de la haute intégrité et du noble patriotisme avec lesquels il a servi son pays, et qu'il a déployés avec tant d'éclat à Sumter, à Bull's Run et à Manassas. La Louisiane s'honore de ses exploits comme un des chefs militaires de la Confédération, mais elle s'enorgueillit tout particulièrement de pouvoir le compter au nombre de ses fils, et elle revendique, comme partie de sa propre histoire, la gloire qu'il s'est acquise en combattant les ennemis de notre indépendance.

SEC. 2. *Ont résolu de plus :* Le Gouverneur est chargé de transmettre une copie de cette résolution au Général Beauregard.

        ADOLPHUS OLIVIER,
       Orateur de la Chambre des Représentants.
        HENRY M. HYAMS,
      Lieutenant-Gouverneur et Président du Sénat.

Approuvé le 20 décembre 1861.

        THOMAS O. MOORE,
       Gouverneur de l'Etat de la Louisiane.

Pour copie conforme,
  PLINY D. HARDY,
    Secrétaire d'Etat.

No. 14.] JOINT RESOLUTION

Relative to Defaulters.

Be it resolved by the Senate and House of Representatives of the State of Louisiana, in General Assembly convened, That the Auditor of Public Accounts shall not publish on the fifteenth day of December, one thousand eight hundred and sixty-one, in the official gazette of the State, for thirty days, the names of persons who may have become defaulters to the State during the year, with the amount of said defalcation, and so much of the effect or operation of act No. twenty, approved March twelfth, one thousand eight hundred and fifty-nine, be and the same is hereby suspended.

ADOLPHUS OLIVIER,
Speaker of the House of Representatives.
HENRY M. HYAMS,
Lieutenant Governor and President of the Senate.

Approved December 19th, 1861.
THOMAS O. MOORE,
Governor of the State of Louisiana.

A true copy.
PLINY D. HARDY,
Secretary of State.

No. 15.] AN ACT

To emancipate Ellis K. Ogle and Volney E. Ogle, of the parish of Tensas.

SECTION 1. *Be it enacted by the Senate and House of Representatives of the State of Louisiana, in General Assembly convened,* That Ellis K. Ogle and Volney E. Ogle, of the parish of Tensas, be and they are hereby emancipated.

SEC. 2. *Be it further enacted, &c.,* That this act take effect from and after its passage.

ADOLPHUS OLIVIER,
Speaker of the House of Representatives.
HENRY M. HYAMS,
Lieutenant Governor and President of the Senate.

Approved December 19th, 1861.
THOMAS O. MOORE,
Governor of the State of Louisiana.

A true copy.
PLINY D. HARDY,
Secretary of State.

No. 14.]   RESOLUTION CONJOINTE

Relative aux Percepteurs des Deniers Publics retardataires.

Le Sénat et la Chambre des Représentants de l'Etat de la Louisiane, réunis en Assemblée Générale, ont résolu :   L'Auditeur des Comptes Publics ne publiera point, le quinzième jour de décembre 1861, dans la Gazette officielle de l'Etat, et pendant trente jours, les noms des Percepteurs des deniers publics qui auront négligé de régler avec l'Etat pour l'année courante ; non plus que le montant du déficit dans le réglement de chacun ; et toutes dispositions de l'Acte No. 20, approuvé le 12 mars 1859, à ce dérogeant, sont par ces présentes suspendues.

<small>Défense de publier les noms des percepteurs retardataires.</small>

ADOLPHUS OLIVIER,
Orateur de la Chambre des Représentants.
HENRY M. HYAMS,
Lieutenant-Gouverneur et Président du Sénat.

Approuvé le 19 décembre 1861.

THOMAS O. MOORE,
Gouverneur de l'Etat de la Louisiane.

Pour copie conforme,
PLINY D. HARDY,
Secrétaire d'Etat.

No. 15.]   ACTE

Emancipant Ellis K. Ogle et Volney E. Ogle, de la paroisse de Tensas.

SECTION 1. *Le Sénat et la Chambre des Représentants de l'Etat de la Louisiane, réunis en Assemblée Générale, décrètent :* Ellis K. Ogle et Volney E. Ogle sont et demeurent, par ces présentes, affranchis de toutes les incapacités dont la loi frappe les mineurs.

SEC. 2. *Décrètent de plus :* Cet Acte aura force de loi à compter de son adoption.

<small>Emancipation.</small>

ADOLPHUS OLIVIER,
Orateur de la Chambre des Représentants.
HENRY M. HYAMS,
Lieutenant-Gouverneur et Président du Sénat.

Approuvé le 19 décembre 1861.

THOMAS O. MOORE,
Gouverneur de l'Etat de la Louisiane.

Pour copie conforme,
PLINY D. HARDY,
Secrétaire d'Etat.

No. 16.]   AN ACT

To authorize the Police Jury of the parish of Carroll to grant relief to the Parish Treasury thereof.

Credit to be allowed the Parish Treasurer of the parish of Tensas.

SECTION 1. *Be it enacted by the Senate and House of Representatives of the State of Louisiana, in General Assembly convened,* That the Police Jury of the parish of Carroll be, and they are hereby authorized to give credit upon the books of Mr. R. H. Dollenhide, the Treasurer of said parish, for the sum of eleven hundred dollars, the same being funds belonging to T 21 N R 10 E, T 22 N R 11 E, T 22 N R 12 E, T 22 N R 13 E, in the districts of lands north of Red River, and subject to entry at Monroe, and lost by him in its transmission from Baton Rouge to said parish, if in the opinion of said Police Jury, after an investigation of the circumstances attending the loss of the funds, the said Treasurer should receive such credit.

SEC. 2. *Be it further enacted, &c.,* That this act shall take effect from and after its passage.

         ADOLPHUS OLIVIER,
      Speaker of the House of Representatives.
         HENRY M. HYAMS,
    Lieutenant Governor and President of the Senate.
Approved December 19th, 1861.
         THOMAS. O. MOORE,
       Governor of the State of Louisiana.

A true copy.
 PLINY D. HARDY,
  Secretary of State.

No. 17.]   AN ACT

To Appropriate the sum of Two Thousand Dollars to pay the Expenses of Presidential Electors.

SECTION 1. *Be it enacted by the Senate and House of Representatives of the State of Louisiana, in General Assembly convened,* That the sum of two thousand dollars, or so much thereof as may be necessary, be, and the same is hereby appropriated out of any money in the Treasury not otherwise appropriated, to pay the daily compensation and other allowances according to law.

SEC. 2. *Be it further enacted, &c.,* That this act take effect from and after its passage.

         ADOLPHUS OLIVIER,
      Speaker of the House of Representatives.
         HENRY M. HYAMS,
    Lieutenant Governor and President of the Senate.
Approved December 19th, 1861.
         THOS. O. MOORE,
       Governor of the State of Louisiana.

A true copy.
 PLINY D. HARDY,
  Secretary of State.

No. 16.] ACTE

Autorisant le Juri de Police de la Paroisse de Carroll à décharger le Trésorier de la Paroisse de certaines responsabilités.

SECTION. 1. *Le Sénat et la Chambre des Représentants de l'État de la Louisiane, réunis en Assemblée Générale, décrètent :* Le Juri de police de la paroisse de Carroll est autorisé par ces présentes à créditer R. H. Dollenhide, Trésorier de Paroisse, d'une somme de onze cents piastres perdue par lui et appartenant aux divisions territoriales marquées T 21 N, R 10 E, T 22 N, R 11 E, T 22 N, R 12 E, T 22 N, R 13 E, dans les Districts situés au Nord de la Rivière-Rouge, et dont l'inscription ressortit au bureau des terres à Monroe, s'il appert, après un examen des circonstances qui se rattachent à la perte de cette somme, qu'il n'en doit point être tenu responsable.

Le Juri de Police pourra donner quittance à R. H. Dollenhide.

SEC. 2. *Décrètent de plus :* Cet Acte aura force de loi à dater de son adoption.

Mise en vigueur.

ADOLPHUS OLIVIER,
Orateur de la Chambre des Représentants.
HENRY M. HYAMS,
Lieutenant-Gouverneur et Président du Sénat.

Approuvé le 19 décembre 1861.

THOMAS O. MOORE,
Gouverneur de l'Etat de la Louisiane.

Pour copie conforme,
PLINY D. HARDY,
Secrétaire d'Etat.

No. 17.] ACTE

Affectant deux mille piastres au paiement des délégués au collége électoral de la Présidence.

SECTION 1. *Le Sénat et la Chambre des Représentants de l'État de la Louisiane, réunis en Assemblée Générale, décrètent :* La somme de deux mille piastres, ou tout autant qu'il en faudra pour les fins de cet Acte, est affectée par ces présentes, sur tous fonds dans le Trésor dont il n'aura pas été autrement disposé, pour le paiement de l'indemnité que la loi accorde aux électeurs susdits.

SEC. 2. *Décrètent de plus :* Cet Acte aura force de loi à dater de son adoption.

ADOLPHUS OLIVIER,
Orateur de la Chambre des Représentants.
HENRY M. HYAMS,
Lieutenant Gouverneur et Président du Sénat.

Approuvé le 19 décembre 1861.

THOMAS O. MOORE,
Gouverneur de l'Etat de la Louisiane.

Pour copie conforme,
PLINY D. HARDY,
Secrétaire d'Etat.

No. 18.]   AN ACT

Relative to Judicial Proceedings against Persons in the Military or Naval Service.

SECTION 1. *Be it enacted by the Senate and House of Representatives of the State of Louisiana, in General Assembly convened,* That no suit or other judicial proceedings shall hereafter be instituted, or had against any person or persons of the State who may be at the time in the military or naval service of the State, or the Confederate States.

SEC. 2. *Be it further enacted, &c.,* That all suits and further proceedings on judgments obtained, and all compulsory process against persons in the military or naval service of the State, or Confederate States, shall be suspended, except for the purpose of taking testimony in the cause.

SEC. 3. *Be it further enacted &c.,* That this act shall take effect from and after its passage, and continue in force for six months after the treaty of peace shall have been signed between the Confederate and Federal States.

      ADOLPHUS OLIVIER,
       Speaker of the House of Representatives.
      HENRY M. HYAMS,
       Lieutenant Governor and President of the Senate.

Approved December 21st, 1861.
      THOS. O. MOORE,
       Governor of the State of Louisiana.

A true copy.
  PLINY D. HARDY,
    Secretary of State.

No. 19.]   AN ACT

Supplementary to an act Appropriating Fifty Thousand Dollars for the purpose of Paying Volunteer Troops in the Service of the State, approved December 19th, 1861.

Payment of the said $50,000. SECTION 1. *Be it enacted by the Senate and House of Representatives of the State of Louisiana, in General Assembly convened,* That the amount appropriated in the above entitled act be, and the same is ordered to be paid to the Governor of the State, by the Treasurer, on the warrant of the Auditor of Public Accounts.

SEC. 2. *Be it further enacted, &c.,* That this act take effect from and after its passage.

      ADOLPHUS OLIVIER,
       Speaker of the House of Representatives.
      HENRY M. HYAMS,
       Lieutenant Governor and President of the Senate.

Approved December 21st, 1861.
      THOS. O. MOORE,
       Governor of the State of Louisiana.

A true copy.
  PLINY D. HARDY,
    Secretary of State.

No. 18.]   ACTE

Portant surséance des poursuites judiciaires dirigées contre les militaires dans l'armée de terre ou de mer.

SECTION 1. *Le Sénat et la Chambre des Représentants de l'Etat de la Louisiane, réunis en Assemblée Générale, décrètent :* A l'avenir il ne pourra être intenté de procès ni dirigé de poursuites judiciaires contre aucune personne de cet Etat, pendant son engagement dans l'armée ou dans la marine, soit de la Louisiane, soit des Etats-Confédérés. *Surséance.*

SEC. 2. *Décrètent de plus :* Il sera sursis à tous procès, procédures en exécution de jugements déjà rendus, ainsi qu'à tout décret portant contrainte par corps ou par saisie de biens, contre toutes personnes enrôlées dans l'armée ou la marine de cet Etat ou de la Confédération ; excepté dans le cas où il sera nécessaire de recueillir un témoignage. *Surséance.*

SEC. 3. *Décrètent de plus :* Le présent acte sortira son effet à partir du jour de son adoption, et restera en vigueur durant les six mois qui suivront la signature d'un traité de paix entre la Confédération et les Etats-Unis. *Mise en vigueur.*

ADOLPHUS OLIVIER,
Orateur de la Chambre des Représentants.
HENRY M. HYAMS,
Lieutenant-Gouverneur et Président du Sénat.

Approuvé le 2 décembre 1861.

THOMAS O. MOORE,
Gouverneur de l'Etat de la Louisiane.

Pour copie conforme,
PLINY D. HARDY,
Secrétaire d'Etat.

No. 19.]   ACTE

Servant de supplément à un Acte intitulé : "Acte assignant cinquante mille piastres pour la solde des troupes de volontaires au service de l'Etat," approuvé le 19 décembre 1861.

SECTION 1. *Le Sénat et la Chambre des Représentants de l'Etat de la Louisiane, réunis en Assemblée Générale, décrètent :* Le montant assigné par l'Acte précité sera payé au Gouverneur de l'Etat, par le Trésorier, sur le mandat de l'Auditeur des Comptes Publics. *Paiement.*

SEC. 2. *Décrètent de plus :* Le présent Acte aura plein effet à dater du jour de son adoption.

ADOLPHUS OLIVIER,
Orateur de la Chambre des Représentants.
HENRY M. HYAMS,
Lieutenant-Gouverneur et Président du Sénat.

Approuvé le 21 décembre 1861.

THOMAS O. MOORE,
Gouverneur de l'Etat de la Louisiane.

Pour copie conforme,
PLINY D. HARDY,
Secrétaire d'Etat.

No. 20.] AN ACT

For the Relief of the Sufferers by the recent Fire in Charleston, South Carolina.

$25,000 appropriated.

SECTION 1. *Be it enacted by the Senate and House of Representatives of the State of Louisiana, in General Assembly convened,* That the sum of twenty-five thousand dollars be, and the same is hereby appropriated out of any moneys in the Treasury, not otherwise appropriated, for the relief of the sufferers by the recent fire in Charleston, and that the same be paid by the Treasurer, on the warrant of the Auditor, to the Governor of this State, who is hereby required to transmit the amount to the Mayor of Charleston, South Carolina.

SEC. 2. *Be it further enacted, &c.,* That this act take effect from and after its passage.

ADOLPHUS OLIVIER,
Speaker of the House of Representatives.
HENRY M. HYAMS,
Lieutenant Governor and President of the Senate.

Approved December 21st, 1861.

THOS. O. MOORE,
Governor of the State of Louisiana.

A true copy.
PLINY D. HARDY,
Secretary of State.

No. 21.] AN ACT

To Authorize Amelia Grumbles, Wife of Sterlin Powel, to Adopt Nancy Ann Rebecca Grumbles, a Minor.

Adoption.

SECTION 1. *Be it enacted by the Senate and House of Representatives of the State of Louisiana, in General Assembly convened,* That Amelia Grumbles, the wife of Sterlin Powel, of the parish of Caddo, be, and she is hereby authorized to adopt as her own child Nancy Ann Rebecca Grumbles, a minor, which adoption shall be evidenced by an act passed by her before any duly qualified Notary Public of the parish of Caddo, provided that this act shall not interfere with the rights of forced heirs, if any there be.

SEC. 2. *Be it further enacted, &c.,* That this act shall take effect from and after its passage.

ADOLPHUS OLIVIER,
Speaker of the House of Representatives.
HENRY M. HYAMS,
Lieutenant Governor and President of the Senate.

Approved December 21st, 1861.

THOS. O. MOORE,
Governor of the State of Louisiana.

A true copy.
PLINY D. HARDY,
Secretary of State.

No. 20.]   ACTE

Votant du secours aux victimes du récent incendie à Charleston, dans la 'Caroline du Sud.

SECTION 1. *Le Sénat et la Chambre des Représentants de l'Etat de la Louisiane, réunis en Assemblée Générale, décrètent :* La somme de vingt-cinq mille piastres est et demeure assignée, par ces présentes, sur tous fonds dans le Trésor qui n'ont point été affectés à d'autres objets, pour secourir les victimes du récent incendie à Charleston. Ce montant sera payé au Gouverneur de la Louisiane par le Trésorier, sur présentation du mandat de l'Auditeur ; et le Gouverneur devra le transmettre au Maire de Charleston, dans la Caroline du Sud.

SEC. 2. *Décrètent de plus :* Le présent Acte aura force de loi à partir du jour de son adoption.

Assignation de $25,000.

                    ADOLPHUS OLIVIER,
            Orateur de la Chambre des Représentants.
                    HENRY M. HYAMS,
            Lieutenant-Gouverneur et Président du Sénat.
Approuvé le 21 décembre 1861.
                    THOMAS O. MOORE,
            Gouverneur de l'Etat de la Louisiane.

Pour copie conforme,
        PLINY D. HARDY,
            Secrétaire d'Etat.

No. 21.]   ACTE

Autorisant Amélia Grumbles, épouse de Sterlin Powell, à adopter Nancy Anne Rebecca Grumbles, mineure.

SECTION 1. *Le Sénat et la Chambre des Représentants de l'Etat de la Louisiane, réunis en Assemblée Générale, décrètent :* Amélia Grumbles, épouse de Sterlin Powell, de la paroisse de Caddo, est autorisée par ces présentes à adopter la mineure Nancy Anne Rebecca Grumbles comme son enfant légitime. Il sera passé acte de cette adoption pardevant un des notaires de la paroisse de Caddo ; et de ladite adoption l'acte ainsi passé sera la preuve authentique.

SEC. 2. *Décrètent de plus :* Cet acte aura force de loi à partir du jour de son adoption.

Adoption.

                    ADOLPHUS OLIVIER,
            Orateur de la Chambre des Représentants.
                    HENRY M. HYAMS,
            Lieutenant-Gouverneur et Président du Sénat.
Approuvé le 21 décembre 1861.
                    THOMAS O. MOORE,
            Gouverneur de l'Etat de la Louisiane.

Pour copie conforme,
        PLINY D. HARDY,
            Secrétaire d'Etat.

No. 22.]

AN ACT
For the Relief of the Sheriffs and State Tax Collectors.

Extension of time to Sheriffs who have failed to settle up in full with the Auditor.

SECTION 1. *Be it enacted by the Senate and House of Representatives of the State of Louisiana, in General Assembly convened,* That all the Sheriffs and State Tax Collectors who have failed to settle up in full with the Auditor of Public Accounts and Treasurer on the first day of December, eighteen hundred and sixty-one, be, and they are hereby granted time till the first day of June, eighteen hundred and sixty-two, to come forward and settle with the said officers for all balances due by them on the State taxes of eighteen hundred and sixty, and licenses of eighteen hundred and sixty-one. Their final settlement shall be made in the same manner and upon the same terms as if the said taxes and licenses had been paid within the time prescribed by law, and commissions shall be allowed them for the same;

Proviso.

Provided further, that the securities on the bonds of the said Sheriffs and State Tax Collectors approve of this section of the act in writing, deposited and recorded in the office of the Recorder of their parish, and in case of absence, death or refusal of the securities already on the bond to give their assent, the Sheriffs and Tax Collectors shall give a new bond and security according to law, in a sum which shall be the full amount of the balance due by him. Said securities on a new bond shall be moreover unconditionally bound for the payment of all the balances due the State by said Sheriff and State Tax Collector, whether he had collected any part thereof previous to giving a new bond or not.

Approval of this extension of time by the securities required.

SEC. 2. *Be it further enacted, &c.,* That this act shall have effect as to any Sheriff and State Tax Collector who is now in arrears until he shall send to the Auditor of Public Accounts certified copies of the approval of the securities on their bonds, relative to the extension of the time of the payment granted, or give a new bond as directed in the first section of this act; and

Penalty for not complying with the provisions of this act.

if he fail to comply with the provisions of this section, he shall be published as defaulter, and not be allowed to receive his commissions unless said assent be furnished within three months after the passage of this act.

Extension of time for giving bond and security by State Tax Collectors.

SEC. 3. *Be it further enacted, &c.,* That the time now fixed by law for Sheriffs and State Tax Collectors to give bond and security, on or before the first day of January of each year, be, and the same is hereby extended to three months after the passage of this act to such Sheriffs and State Tax Collectors as may have been re-elected at the last general election; and in case the same shall fail to give their bond and security on or before the expiration of that time, their offices of Collectors shall be deemed vacant, and such vacancies shall be filled as provided by law.

When commissions shall be issued to Sheriffs re-elected.

SEC. 4. *Be it further enacted, &c.,* That the Governor shall issue commissions to such Sheriffs and State Tax Collectors who have been re-elected immediately after they comply with the provisions of this act.

When to take effect.

SEC. 5. *Be it further enacted, &c.,* That this act shall take effect from and after its passage.

ADOLPHUS OLIVIER,
Speaker of the House of Representatives.
HENRY M. HYAMS,
Lieutenant Governor and President of the Senate.

Approved December 21st, 1861.

THOS. O. MOORE,
Governor of the State of Louisiana.

A true copy.
PLINY D. HARDY,
Secretary of State.

No. 22.] ACTE
Accordant un delai aux Shérifs et Percepteurs de Taxes d'Etat pour la reddition de leurs comptes.

Section 1. *Le Sénat et la Chambre des Représentants de l'Etat de la Louisiane, réunis en Assemblée Générale, décrètent :* A tous shérifs et percepteurs de taxes d'Etat qui, à la date du 1er décembre 1861, n'ont pas rendu compte à l'Auditeur et au Trésorier d'Etat du montant intégral des revenus dont la perception leur est confiée, il sera accordé jusqu'au premier jour de juin 1862 pour faire apurer leurs comptes et solder le montant des taxes pour 1860 et des licences pour 1861 dont ils sont reliquataires. Dans cette reddition définitive de leurs comptes, ils seront astreints aux mêmes formalités et obligations que s'ils avaient fait leurs versements dans les délais prescrits par la loi, et ils recevront des droits de perception ; à la charge pour les cautions desdits shérifs et percepteurs de donner leur assentiment à la présente section par instrument déposé et enregistré au bureau du recorder de la paroisse où chacun des fonctionnaires sus-nommés aura son domicile. En cas d'absence, de mort ou de refus des cautions, lesdits shérifs et percepteurs fourniront de nouveaux cautionnements pour garantir le paiement des sommes dont ils sont respectivement redevables ; et les cautions signataires de cette nouvelle obligation répondront de la manière la plus absolue du paiement intégral des sommes dues à l'Etat par les officiers pour lesquels elles se seront portées garantes, et elles ne seront point recevables à s'enquérir s'il a été ou s'il n'a point été perçu une partie desdites sommes avant la signature de la nouvelle obligation.

Sec. 2. *Décrètent de plus :* Cet acte continuera en vigueur contre tous shérifs et percepteurs de taxes d'Etat retardataires, jusqu'au moment où chacun d'eux transmettra à l'Auditeur une expédition soit du nouveau cautionnement, soit de l'instrument où aura été consigné l'assentiment des cautions actuellement constituées à la prorogation décrétée par la première section de cet acte ; et si lesdits shérifs et percepteurs négligeaient de se conformer aux dispositions de cette section, dans les trois mois qui suivront l'adoption du présent acte, ils seraient déclarés concussionnaires et privés de leurs droits de perception.

Sec. 3. *Décrètent de plus :* Les shérifs et percepteurs de taxes réélus à la dernière élection générale ne seront point tenus de fournir leurs cautionnements pour le premier jour de janvier, ainsi qu'il est dit aux termes de la loi relative à cette matière, mais ils devront les fournir dans les trois mois qui suivront l'adoption du présent acte, à défaut de quoi ils seront destitués ; et quand leurs places viendront à vaquer par suite de destitution, il y sera pourvu suivant les prescriptions de la loi.

Sec. 4. *Décrètent de plus :* Le Gouverneur devra délivrer des commissions aux shérifs et percepteurs qui ont été réélus, aussitôt qu'ils se seront conformés à la présente loi.

Sec. 5. *Décrètent de plus :* Cet acte sortira son effet à compter du jour de son adoption.

ADOLPHUS OLIVIER,
Orateur de la Chambre des Représentants.
HENRY M. HYAMS,
Lieutenant-Gouverneur et Président du Sénat.

Approuvé le 21 décembre 1861.

THOMAS O. MOORE,
Gouverneur de l'Etat de la Louisiane.

Pour copie conforme,
PLINY D. HARDY,
Secrétaire d'Etat.

No. 23.]   AN ACT

To authorize the construction of a Revolving Gun, invented by George C. Taylor, of Louisiana, and to appropriate three thousand dollars therefor.

Appropriation.

SECTION 1. *Be it enacted by the Senate and House of Representatives of the State of Louisiana, in General Assembly convened,* That the sum of three thousand dollars be, and the same is hereby appropriated out of any moneys in the Treasury, not otherwise appropriated, for the purpose of constructing a Revolving Gun, invented by George C. Taylor, of Louisiana, according to the plans submitted to the General Assembly.

Committee of Examination.

SEC. 2. *Be it further enacted, &c.,* That John Laidlaw, Fergus Gardere, John B. Robertson, and John G. McLearn, be constituted a committee to receive said gun when completed, and hand it over to the Governor of the State; and that said committee be further empowered to direct the Auditor of Public Accounts to issue his warrant on the Treasury to the said Taylor for said sum of three thousand dollars.

Privilege reserved by the State.

SEC. 3. *Be it further enacted, &c.,* That the State shall have the right, free from any charge by the inventor, to make as many of said revolving guns as may be deemed necessary for the exclusive use of the State hereafter.

SEC. 4. *Be it further enacted, &c.,* That this act take effect from and after its passage.

ADOLPHUS OLIVIER,
Speaker of the House of Representatives.
HENRY M. HYAMS,
Lieutenant Governor and President of the Senate.

Approved December 19th, 1861.
THOS. O. MOORE,
Governor of the State of Louisiana

A true copy.
PLINY D. HARDY,
Secretary of State.

No. 24.]   JOINT RESOLUTION

Of thanks of the State of Louisiana to Flag Officer George A. Hollins, Confederate States Navy, his officers and men.

Preamble.

WHEREAS, Flag Officer George A. Hollins, Confederate States Navy, stationed at New Orleans, did, on the twelfth day of October, one thousand eight hundred and sixty-one, with three small vessels, four fire boats, and the Ram Manassas—the whole armed with but nine guns—attack and vanquish, in the Mississippi River, near the delta thereof, the United States fleet commanded by Captain Pope, United States Navy, consisting of the ships-of-war Richmond, Vincennes, Preble, and Water Witch, armed with seventy guns—a feat unparalleled in the history of naval warfare; therefore,

Resolution.

Be it Resolved by the Senate and House of Representatives of the State of Louisiana, in General Assembly convened, That the thanks of the State of Louisiana be, and they are hereby tendered to said George A. Hollins,

No. 23.]   ACTE

Affectant trois mille piastres à la confection d'un canon-*revolver* inventé par J. C. Taylor, de la Louisiane.

SECTION. 1. *Le Sénat et la Chambre des Représentants de l'Etat de la Louisiane, réunis en Assemblée Générale, décrètent :* La somme de trois mille piastres est et demeure affectée par ces présentes, sur tous fonds dans le Trésor dont il n'a pas été autrement disposé, pour la confection d'un canon-*revolver* inventé par J. C. Taylor, de la Louisiane, d'après le modèle qu'il en a soumis à l'Assemblée-Générale. *Assignation de $3,000.*

SEC. 2. *Décrètent de plus :* John Laidlaw, Fergus Gardère, J. B. Robertson, et John G. McLearn sont constitués en commission chargée de recevoir et de livrer au Gouverneur de l'Etat l'arme sus dite, après en avoir constaté la conformité avec le modèle exhibé par l'inventeur. La commission est, en outre, autorisée à requérir l'Auditeur d'émettre son mandat sur la Trésorerie en faveur de J. C. Taylor, pour le montant affecté par ces présentes. *Commission d'examen.*

SEC. 3. *Décrètent de plus :* L'Etat se réserve, pour l'avenir, la confection de telle quantité de ces armes qu'il avisera, pour son usage exclusif, et sans que l'inventeur puisse prétendre à aucune indemnité. *Privilège réservé par l'Etat.*

SEC. 4. *Décrètent de plus :* Le présent acte aura force de loi à dater de son adoption.

ADOLPHUS OLIVIER,
Orateur de la Chambre des Représentants.
HENRY M. HYAMS,
Lieutenant-Gouverneur et Président du Sénat.

Approuvé le 19 décembre 1861.

THOMAS O. MOORE,
Gouverneur de l'Etat de la Louisiane.

Pour copie conforme,
   PLINY D. HARDY,
      Secrétaire d'Etat.

No. 24.]   RESOLUTION CONJOINTE

Votant les remerciments de l'Etat à George N. Hollins, Chef d'escadre dans la marine des Etats Confédérés, et aux Officiers et Soldats sous son commandement.

ATTENDU Que G. N. Hollins, commandant l'escadre de la marine confédérée en station devant la Nouvelle-Orléans, a, le 12 octobre 1861, par un fait d'armes sans exemple dans les fastes des combats navals, et avec trois vaisseaux, quatre brulots et la machine de guerre le *Manassas*, portant, toutes pièces comprises, neuf canons seulement, attaqué et vaincu près du Delta du Mississippi, l'escadre de la marine Fédérale sous le commandement du capitaine Pope, laquelle était composée des navires de guerre le *Richmond*, le *Vincennes*, le *Preble* et le *Water-Witch*, portant soixante-dix canons ; en conséquence : *Préambule.*

Le Sénat et la Chambre des Représentants de l'Etat de la Louisiane, réunis en Assemblée Générale, ont résolu : La Louisiane vote des remerciments au Chef d'escadre George N. Hollins, ainsi qu'aux Officiers et Soldats sous *Résolution.*

and the officers and men under his command, for their gallantry and meritorious services rendered on that occasion to the State.
ADOLPHUS OLIVIER,
Speaker of the House of Representatives.
HENRY M. HYAMS,
Lieutenant Governor and President of the Senate.
Approved December 21st, 1861.
THOS. O. MOORE,
Governor of the State of Louisiana.
A true copy.
PLINY D. HARDY,
Secretary of State.

No. 25.] AN ACT
For the relief of William G. Connor.

Confirmation of title.

SECTION 1. *Be it enacted by the Senate and House of Representatives of the State of Louisiana, in General Assembly convened,* That William G. Connor, of the parish of Concordia, be, and he is hereby confirmed in the title to the following described tract of land, lying in the parish of Carroll, viz: The North East quarter of section number fifty-seven, in Township number twenty-two of Range number twelve East, in the district of lands north of Red River, containing one hundred and sixty acres, upon the payment into the State Treasury of the amount of four promissory notes (together with all interest), executed by Wiley G. Davis, each for the sum of one hundred and sixty dollars, and payable to the Auditor of Public Accounts, as well as all costs in the suit styled Robert A. Hunter, Treasurer, vs. Robert A. Williams, in the District Court for the parish of Carroll, and in the Supreme Court of the State.

Condition.

SEC. 2. *Be it further enacted, &c.,* That this act take effect immediately upon the compliance with the conditions enumerated in the first section of this act by the said William G. Connor, or his agent.

ADOLPHUS OLIVIER,
Speaker of the House of Representatives.
HENRY M. HYAMS,
Lieutenant Governor and President of the Senate.
Approved December 21st, 1861.
THOS. O. MOORE,
Governor of the State of Louisiana.
A true copy.
PLINY D. HARDY,
Secretary of State.

No. 26.] AN ACT
Appropriating Twenty Thousand Dollars for the purpose of paying Volunteer Troops in the Service of the State.

Appropriation.

SECTION 1. *Be it enacted by the Senate and House of Representatives of the State of Louisiana, in General Assembly convened,* That the sum of

son commandement, pour le courage qu'ils ont déployé et les sentiments de vices qu'ils ont rendus à l'État dans cette circonstance.

ADOLPHUS OLIVIER,
Orateur de la Chambre des Représentants.
HENRY M. HYAMS,
Lieutenant-Gouverneur et Président du Sénat.

Approuvé le 21 décembre 1861.

THOMAS O. MOORE,
Gouverneur de l'Etat de la Louisiane.

Pour copie conforme,
   PLINY D. HARDY,
     Secrétaire d'Etat.

No. 25.]   ACTE

Portant confirmation de certains titres appartenant à Wm. Conner.

SECTION 1. *Le Sénat et la Chambre des Représentants de l'Etat de la Louisiane, réunis en Assemblée Générale, décrètent :* Wm. G. Conner de la paroisse de Concordia est, par ces présentes, confirmé dans la propriété d'une terre située dans la paroisse de Carroll, au Nord de la Rivière Rouge, contenant cent cinquante acres et ainsi décrite : le quart N. E. de la 57me Section, *Township* 22me, 12me *Rangée*, Est. Ledit Conner jouira du bénéfice de cette confirmation à la charge de verser dans le Trésor de l'Etat le principal et l'intérêt de quatre billets souscrits par Niley J. Davis, (chaque billet pour une somme de cent soixante piastres,) et payables à l'Auditeur des comptes publics, ainsi que le montant des frais dans le procès intenté par R. Hunter, Trésorier de l'Etat, contre R. A. Williams, pardevant la Cour de District séante à Carroll, et porté en appel devant la Cour Suprême de l'Etat. *Conditions de la confirmation.*

SEC. 2. *Décrètent de plus :* Le présent Acte aura force de loi aussitôt que ledit Conner, en personne ou par procuration, se sera conformé à la première section dudit Acte. *Mise en vigueur de l'acte.*

ADOLPHUS OLIVIER,
Orateur de la Chambre des Représentants.
HENRY M. HYAMS,
Lieutenant-Gouverneur et Président du Sénat.

Approuvé le 21 décembre 1861.

THOMAS O. MOORE,
Gouverneur de l'Etat de la Louisiane.

Pour copie conforme,
   PLINY D. HARDY,
     Secrétaire d'Etat.

No. 26]   ACTE

Affectant vingt mille piastres à la solde des Volontaires enrôlés au service de l'Etat.

SECTION 1. *Le Sénat et la Chambre des Représentants de l'Etat de la Louisiane, réunis en Assemblée Générale, décrètent :* La somme de vingt mille piastres ($20,000) est et demeure affectée, par ces présentes, sur tous *Assignation de $20,000.*

twenty thousand dollars be, and the same is hereby appropriated out of any moneys in the Treasury not otherwise appropriated, to pay the volunteer troops in the service of the State.

Payment of the same. SEC. 2. *Be it further enacted, &c.,* That the Treasurer be, and he is hereby directed to pay the same to the order of the Governor, on the warrant of the Auditor of Public Accounts

SEC. 3 *Be it further enacted, &c.,* That this act take effect from and after its passage.

ADOLPHUS OLIVIER,
Speaker of the House of Representatives.
HENRY M. HYAMS,
Lieutenant Governor and President of the Senate.

Approved December 21st, 1861.

THOS. O. MOORE,
Governor of the State of Louisiana.

A true copy.
P. D. HARDY,
Secretary of State.

No. 27.] AN ACT
Relative to the Registry of Voters in the City of New Orleans.

Original registry of voters in New Orleans cancelled. New book to be opened. SECTION 1. *Be it enacted by the Senate and House of Representatives of the State of Louisiana, in General Assembly convened,* That the original registry of voters of the city of New Orleans now existing, be, and the same is hereby cancelled and annulled, and the register of voters in said city be, and is hereby authorized and required to open a new book, to be called the original registry of voters, to be kept in the same manner as the registry of voters cancelled by this act has been heretofore kept.

Cancellation of old certificates of registry and qualifications of voters hereafter required.

Oath to be taken by every voter. SEC. 2. *Be it further enacted, &c.,* That all the certificates of registry heretofore issued are hereby cancelled and declared null and void, and no qualified elector of the city of New Orleans shall hereafter be entitled to vote at any election held in said city, unless he be registered on the new original registry of voters, provided for in the first section of this act, and it shall be the duty of the register of voters to register in the manner required by the act of 1856, all the qualified voters of the city of New Orleans, and issue to them certificates of registry, as required by existing laws; *Provided,* That no elector shall be entitled to registry before taking the following oath, which the register of voters or his deputy is hereby authorized to administer, to-wit: "I do solemnly swear (or affirm) that I am qualified according to the Constitution and laws of this State to vote; I will be faithful and true allegiance bear to the State of Louisiana and the Confederate States of America, and that I will support, protect and defend the Constitution of the State and of the said Confederate States. So help me God."

Monthly returns to be made by the sextons of cemeteries. SEC. 3. *Be it further enacted, &c,* That the sextons of the various cemeteries in the city of New Orleans be, and they are hereby required to make monthly returns unto the register of voters of the names of all white males above the age of twenty-one years, buried in their respective cemeteries, and, if practicable, their places of residence; and the register shall thereupon note on his original registry, opposite the names of such deceased persons, the word "dead;" and in making out the lists required by law for the commissioners of election at the respective polls, he shall also furnish the names of the persons returned, deceased, with the annotation of

fonds dans le Trésor dont il n'aura pas été autrement disposé, pour la solde des volontaires au service de cet Etat.

SEC. 2. *Décrètent de plus :* Le Trésorier paiera la somme sus-dite au Gouverneur, sur présentation du mandat de l'Auditeur des Comptes publics.

SEC. 3. *Décrètent de plus :* Cet acte aura force de loi à dater de son adoption.

ADOLPHUS OLIVIER,
Orateur de la Chambre des Représentants.

HENRY M. HYAMS,
Lieutenant-Gouverneur et Président du Sénat.

Approuvé le 21 décembre 1861.

THOMAS O. MOORE,
Gouverneur de l'Etat de la Louisiane.

Pour copie conforme,
    PLINY D. HARDY,
        Secrétaire d'Etat.

Payable au Gouverneur.

No. 27]   ACTE

Relatif au Registre Electoral dans la ville de la Nouvelle Orléans.

SECTION 1. *Le Sénat et la Chambre des Représentants de l'Etat de la Louisiane, réunis en Assemblée Générale, décrètent :* Le registre original des électeurs de la Nouvelle-Orléans actuellement existant, est et demeure annulé et cancellé ; et il est enjoint au registrateur d'ouvrir un nouveau registre, lequel sera connu sous le nom de "Registre original des électeurs de la Nouvelle-Orléans," et tenu de la même manière que celui dont la cancellation est prononcée par cet acte.

SEC. 2. *Décrètent de plus :* Tous certificats d'enregistrement émis par le passé sont révoqués, et nulle personne ayant qualité d'électeur ne sera admise à voter dans une élection quelconque à la Nouvelle-Orléans, si elle ne peut justifier d'une inscription au nouveau registre dont il est parlé à la première section de cet acte. Il sera du devoir du registrateur d'enregistrer, suivant les termes de l'acte de l'an 1856, les noms de tous les électeurs de ladite ville, et de leur délivrer des certificats d'enregistrement, conformément aux lois existantes. Il est entendu, toutefois, qu'aucun électeur ne sera reçu à se faire inscrire audit registre avant d'avoir prêté le serment qui suit, entre les mains du registrateur ou de son adjoint : "Je jure (ou j'affirme) que je réunis les qualités requises par la Constitution et les lois de cet Etat pour les électeurs ; je jure, en outre, fidélité et obéissance à l'Etat de la Louisiane et aux Etats-Confédérés, et m'engage à soutenir, protéger et défendre la Constitution de la Louisiane et celle des Etats-Confédérés. Ainsi que Dieu me soit en aide."

SEC. 3. *Décrètent de plus :* Les gardiens des différents cimetières de la Nouvelle-Orléans seront requis de délivrer mensuellement, au registrateur des votants, une liste contenant les noms et la résidence (quand elle sera connue) de tous les mâles, blancs, agés de plus de vingt-et-un ans, qui auront été inhumés dans leurs cimetières respectifs. Le registrateur devra écrire, sur le registre original, le mot "décédé," en regard de chaque nom figurant aux états de mortalité qui lui auront été délivrés ; et sur les listes que la loi lui enjoint de dresser pour l'usage des commissaires scrutateurs

Cancellation du registre électoral.

Nouveau registre.

Révocation des anciens certificats.

Emission de certificats nouveaux.

Prestation de serment.

Etats de mortalité.

"dead" affixed to each name so returned; and in case any person shall present himself at the polls to vote, having in his possession a **certificate** of registry issued in the name of any person represented on the poll lists aforesaid, as "dead," he shall not be allowed to vote, unless the commissioners be satisfied, on due proof by respectable witnesses, that some mistake has been made, or that the person holding the certificate is the bona fide holder thereof, and the identical person mentioned therein.

Providing against attempts to vote under a false certificate of registry.

SEC. 4. *Be it further enacted, &c.*, That each sexton, making said monthly returns, shall be entitled to receive from the city of New Orleans the sum of ten dollars for each return, to be paid by the Treasurer and Comptroller, on the warrant of the register of voters; and every sexton willfully failing or neglecting to make said monthly returns shall be liable, on prosecution and conviction before the First District Court of New Orleans, to fine and imprisonment, or both, for each failure or neglect; the fine not to exceed twenty dollars for each offense, and the imprisonment not to exceed thirty days.

Compensation of sexton for making his monthly returns, and penalty for failure so to do.

SEC. 5. *Be it further enacted, &c.*, That the register shall have the right of appointing one or more deputies, to be paid by himself, for whose acts he shall be responsible; said deputies are hereby authorized to perform and fulfill all the duties and functions incumbent on said register by law, in the same manner as the register himself, and said register shall administer to his deputies the oath required by the Constitution.

Register to appoint a deputy or deputies, their duties and obligations.

SEC. 6. *Be it further enacted, &c.*, That this act shall take effect from and after its passage, and all laws inconsistent herewith are repealed.

      ADOLPHUS OLIVIER,
    Speaker of the House of Representatives.
      HENRY M. HYAMS,
  Lieutenant Governor and President of the Senate.

Approved December 21st, 1861.

      THOS. O. MOORE,
    Governor of the State of Louisiana.

A true copy.
 PLINY D. HARDY,
  Secretary of State.

No. 28.]   AN ACT

To change the name of Mrs. Eliza E. Pouncy to that of Mrs. Eliza E. Robertson.

SECTION 1. *Be it enacted by the Senate and House of Representatives of the State of Louisiana, in General Assembly convened*, That the name of Mrs. Eliza E. Pouncy, of the parish of Morehouse, be, and the same is hereby changed to that of Mrs. Eliza E. Robertson.

SEC. 2. *Be it further enacted, &c.*, That this act take effect and be in force from and after its passage.

      ADOLPHUS OLIVIER,
    Speaker of the House of Representatives.
      HENRY M. HYAMS,
  Lieutenant Governor and President of the Senate.

Approved December 20th, 1861.

      THOS. O. MOORE,
    Governor of the State of Louisiana.

A true copy.
 PLINY D. HARDY,
  Secretary of State.

de chaque arrondissement électoral, il accusera les mortalités portées à sa connaissance, de la même manière que sur le registre ; et dans le cas où un individu quelconque, muni d'un certificat d'enregistrement, demanderait à voter sous un des noms portés sur les états de mortalité, il n'y serait admis qu'autant qu'il pourrait justifier, par des témoins dignes de foi, qu'il a été commis quelque erreur, et qu'il est le porteur légitime dudit certificat. — *Justification de qualité.*

Sec. 4. *Décrètent de plus :* Lesdits gardiens de cimetières percevront chacun un droit de dix piastres pour chaque état de mortalité qu'ils délivreront au registrateur. Ce montant leur sera payé par le Trésorier et le Contrôleur, sur présentation d'un mandat tiré par le registrateur sur la Trésorerie de la Nouvelle-Orléans ; et tout gardien qui négligera de se conformer aux prescriptions de cet acte sera, sur poursuite et conviction du délit, pardevant la Première Cour de District de la Nouvelle-Orléans, passible d'amende ou d'emprisonnement, ou des deux, pour chaque contravention. Le maximum de l'amende est fixé à vingt-cinq piastres, celui de l'emprisonnement à trente jours. — *Droits des gardiens. Pénalité décernée contre les gardiens.*

Sec. 5. *Décrètent de plus :* Le registrateur pourra s'adjoindre un ou plusieurs aides ou suppléants, qu'il payera de ses propres deniers, et des actes officiels desquels il répondra. Lesdits aides ou suppléants posséderont toutes les attributions dont la loi revêt le registrateur, et devront prêter le serment prescrit par la Constitution entre les mains dudit registrateur. — *Aides et suppléants du Registrateur.*

Sec. 6. *Décrètent de plus :* Le présent acte sortira son effet à partir de son adoption, et toutes lois y dérogeant sont par ces présentes annulées.

ADOLPHUS OLIVIER,
Orateur de la Chambre des Représentants.
HENRY M. HYAMS,
Lieutenant-Gouverneur et Président du Sénat.

Approuvé le 21 décembre 1861.

THOMAS O. MOORE,
Gouverneur de l'Etat de la Louisiane.

Pour copie conforme,
P. D. HARDY,
Secrétaire d'Etat.

No. 28. ACTE
Changeant le nom d'Eliza E. Pouncy en celui d'Eliza E. Robertson.

Section 1. *Le Sénat et la Chambre des Représentants de l'Etat de la Louisiane, réunis en Assemblée Générale, décrètent :* Le nom d'Eliza E. Pouncy, de la paroisse de Morehouse, est par ces présentes changé en celui d'Eliza E. Robertson. — *Changement de nom.*

Sec. 2. *Décrètent de plus :* Le présent acte aura force de loi à dater de son adoption.

ADOLPHUS OLIVIER,
Orateur de la Chambre des Représentants.
HENRY M. HYAMS,
Lieutenant-Gouverneur et Président du Sénat.

Approuvé le 20 décembre 1861.

THOMAS O. MOORE,
Gouverneur de l'Etat de la Louisiane.

Pour copie conforme,
P. D. HARDY,
Secrétaire d'Etat.

No. 29.]   AN ACT

Making an appropriation to pay the amount of the War Tax levied on the people of the State of Louisiana by virtue of an act of the Provisional Congress of the Confederate States of America, approved August nineteenth, one thousand eight hundred and sixty-one.

Assumption of the Confederate States War Tax of the State, and appropriation to meet the same.

SECTION 1. *Be it enacted by the Senate and House of Representatives of the State of Louisiana in General Assembly convened,* That the sum of two million five hundred thousand dollars or so much thereof as may be necessary to carry out the object of this act, be, and the same is hereby appropriated, out of any money in the treasury not otherwise appropriated, towards the payment of the amount of the war tax assessed upon the people of this State under an act of the Provisional Congress of the Confederate States of America, entitled "An act to authorize the issue of Treasury Notes, and to provide a war tax for their redemption," approved August nineteenth, one thousand eight hundred and sixty-one, the payment of which is hereby assumed by the State of Louisiana, in accordance with the conditions contained in the twenty-fourth section of the aforementioned act.

Payment of said Tax.

SEC. 2. *Be it further enacted, &c.,* That on or before the first day of April, one thousand eight hundred and sixty-two, and after ascertaining the amount assumed by the State under the foregoing section, the Treasurer is hereby directed to pay, on the warrant of the Auditor of Public Accounts, the amount so due by the State to the Secretary of the Treasury of the Confederate States, or to any person or persons authorized by him or by existing laws to receive the same.

Information to be given to the Secretary of the Treasury of Confederate States by the Governor.

SEC. 3. *Be it further enacted, &c.,* That the Governor of the State is hereby requested to inform the Secretary of the Treasury of the Confederate States of America that the State of Louisiana has assumed the payment of the war tax imposed under the act of the Provisional Congress, and that she has made the necessary appropriation to pay the same.

ADOLPHUS OLIVIER,
Speaker of the House of Representatives.
H. M. HYAMS,
Lieutenant Governor and President of the Senate.
Approved January 6th, 1862.
THOS. O. MOORE,
Governor of the State of Louisiana.

A true copy.
P'ANY D. HARDY,
Secretary of State.

No. 30.]   AN ACT
Relative to the sales of Public Lands.

C. State Treasury notes receivable in all sales of lands.

SECTION 1. *Be it enacted by the Senate and House of Representatives of the State of Louisiana, in General Assembly convened,* That Confederate States Treasury Notes and bonds shall be, and the same are hereby made receivable in payment of all sales of the public lands of this State.

Cumulation of interest on Confederate Bonds.

SEC. 2. *Be it further enacted, &c.,* That in the receipt of Confederate bonds the interest accrued up to the day of receipt shall be cumulated with the par value thereof.

No. 29.]   ACTE

Affectant un fonds au paiement de la taxe de guerre décrétée par Acte du Congrès Provisoire des Etats Confédérés d'Amérique, à la date du 19 août 1861.

SECTION 1. *Le Sénat et la Chambre des Représentants de l'Etat de la Louisiane, réunis en Assemblée Générale, décrètent :* La somme de deux millions cinq cent mille piastres ($2,500,000), ou tout autant qu'il en faudra pour les fins de cet Acte, est et demeure affectée par ces présentes, sur tous fonds dans le Trésor dont il n'a pas été autrement disposé, pour le paiement de la taxe de guerre décrétée par Acte du Congrès Provisoire des Etats Confédérés d'Amérique à la date du 19 août 1861 et intitulé : "Acte autorisant l'émission de bons de la Trésorerie et votant une taxe de guerre pour leur rachat." Au paiement de cette taxe la Louisiane s'oblige par ces présentes, dans le sens de la 2ième section de l'Acte précité. — *Assignation d'un fonds pour la taxe de guerre.*

SEC. 2. *Décrètent de plus :* Le premier jour d'avril 1862 ou avant cette époque, mais après détermination de la quotité fixée pour la Louisiane, aux termes de la susdite section, le Trésorier payera, sur le mandat de l'Auditeur des Comptes Publics, au Secrétaire de la Trésorerie des Etats-Confédérés ou à toute personne autorisée par lui ou les lois existantes à le recevoir, le montant de la contribution présentement consentie par l'Etat. — *Paiement.*

SEC. 3. *Décrètent de plus :* Le Gouverneur de la Louisiane devra donner avis au Secrétaire de la Trésorerie des Etats-Confédérés d'Amérique que l'Etat a donné son adhésion à l'Acte du Congrès Provisoire décrétant l'assiette de ladite taxe de guerre, et qu'il a affecté un fonds au paiement de sa cote de contribution. — *Le Gouverneur devra en aviser le Secrétaire de la Trésorerie.*

ADOLPHUS OLIVIER,
Orateur de la Chambre des Représentants.
HENRY M. HYAMS,
Lieutenant-Gouverneur et Président du Sénat.

Approuvé le 6 janvier 1862.

THOMAS O. MOORE,
Gouverneur de l'Etat de la Louisiane.

Pour copie conforme,
PLINY D. HARDY,
Secrétaire d'Etat.

No. 30.]   ACTE

Relatif à la vente des Terres Publiques.

SECTION 1. *Le Sénat et la Chambre des Représentants de l'Etat de la Louisiane, réunis en Assemblée Générale, décrètent :* Tous bons et billets de la Trésorerie des Etats-Confédérés seront reçus en paiement des terres publiques de cet Etat. — *Paiement en bons confédérés.*

SEC. 2. *Décrètent de plus :* Les bons confédérés ainsi offerts en paiement seront reçus au pair, et les intérêts échus devront être joints au principal. — *Valeur de ces bons.*

When to have effect.   SEC. 3. *Be it further enacted, &c.,* That this act shall have force and effect from and after its passage.

        ADOLPHUS OLIVIER,
       Speaker of the House of Representatives.
        HENRY M. HYAMS,
     Lieutenant Governor and President of the Senate.
Approved January 6th, 1862.
        THOS. O. MOORE,
       Governor of the State of Louisiana.
A true copy.
  PLINY D. HARDY,
    Secretary of State.

No. 31.]   AN ACT

To amend and re-enact the sixth section of an act entitled "An act to incorporate the Louisiana, Arkansas and Texas Navigation Company."

Sixth section amended.   SECTION 1. *Be it enacted by the Senate and House of Representatives of the State of Louisiana, in General Assembly convened,* That the sixth section of an act entitled "An act to incorporate the Louisiana, Arkansas, and Texas Navigation Company" be amended and re-enacted so as to read as follows : That if it shall be ascertained that the capital stock **Permission to enlarge their stock.** hereinbefore mentioned shall not be sufficient to accomplish the objects of this act, the said company may enlarge the same as they deem necessary, and open subscriptions therefor in any manner they direct ; and that said company shall have power to issue their bonds and to raise money to carry on said work.

SEC. 2. *Be it further enacted, &c.,* That this act take effect from and after its passage.

        ADOLPHUS OLIVIER,
       Speaker of the House of Representatives.
        H. M. HYAMS,
     Lieutenant Governor and President of the Senate.
Approved January 6th, 1862.
        THOS. O. MOORE,
       Governor of the State of Louisiana.
A true copy.
  PLINY D. HARDY,
    Secretary of State.

No. 32.]   AN ACT

To amend an act entitled "An act relative to the District Courts," approved March 16th, 1861.

Jury terms of the Courts in the Fifth Judicial District.   SECTION 1. *Be it enacted by the Senate and House of Representatives of the State of Louisiana in General Assembly convened,* That the fifth paragraph of an act entitled "An act relative to District Courts," approved March sixteenth, one thousand eight hundred and sixty-one, shall be

Sec. 3. *Décrètent de plus :* Le présent Acte entrera en vigueur à partir de son adoption.   Mise en vigueur.

ADOLPHUS OLIVIER,
Orateur de la Chambre des Représentants.
HENRY M. HYAMS,
Lieutenant-Gouverneur et Président du Sénat.

Approuvé le 6 janvier 1862.

THOMAS O. MOORE,
Gouverneur de l'Etat de la Louisiane.

Pour copie conforme,
PLINY D. HARDY,
Secrétaire d'Etat.

No. 31]   ACTE

A l'effet d'amender et de rédicter la section 6 d'un Acte incorporant la Compagnie de Navigation de la Louisiane, de l'Arkansas et du Texas.

SECTION 1. *Le Sénat et la Chambre des Représentants de l'Etat de la Louisiane, réunis en Assemblée Générale, décrètent :* La section 6 d'un acte intitulé : "Acte incorporant la Compagnie de Navigation de la Louisiane, de l'Arkansas et du Texas" est et demeure réédictée dans les termes suivants : "Si le fonds capital dont il est parlé plus haut ne suffisait pas pour faire exécuter les travaux énoncés dans le présent Acte, la Compagnie serait autorisée à l'augmenter, jusqu'à concurrence du montant qu'elle jugerait nécessaire, et à cet effet elle pourrait ouvrir des souscriptions." La Compagnie est également autorisée à émettre des bons et à se procurer tous fonds nécessaires pour l'exécution des travaux susdits.   Amendement.

Augmentation du fonds capital, etc.

SEC. 2. *Décrètent de plus :* Cet Acte sortira son effet à compter de son adoption.

ADOLPHUS OLIVIER,
Orateur de la Chambre des Représentants.
HENRY M. HYAMS,
Lieutenant-Gouverneur et Président du Sénat.

Approuvé le 6 janvier 1862.

THOMAS O. MOORE,
Gouverneur de l'Etat de la Louisiane.

Pour copie conforme,
PLINY D. HARDY,
Secrétaire d'Etat.

amended and re-enacted so as to read as follows: Fifth District—parish of East Baton Rouge; jury terms, first Monday of March, second Monday of June, and first Monday of November; parish of East Feliciana—jury terms, second Monday of May, first Monday of October, and second Monday of January; parish of Iberville—jury terms, third Monday of April, fourth Monday of July, and third Monday of December; parish of West Baton Rouge—jury terms, first Monday of April and first Monday of December.

Sec. 2. *Be it further enacted*, &c., That this act take effect from and after its passage.

ADOLPHUS OLIVIER,
Speaker of the House of Representatives.
H. M. HYAMS,
Lieutenant Governor and President of the Senate.

Approved January 6th, 1862.

THOS. O. MOORE,
Governor of the State of Louisiana.

A true copy.
PLINY D. HARDY,
Secretary of State.

No. 33.] AN ACT

For the relief of certain settlers on Public Lands that are now or may be hereafter in the military or naval service of the State or Confederate States.

SECTION 1. *Be it enacted by the Senate and House of Representatives of the State of Louisiana, in General Assembly convened,* That any person in the military or naval service of the Confederate States or of this State, who have, prior to the passage of this act, settled or improved any of the public lands of this State, (provided he shall, within six months after the expiration of the term of service for which he may have enlisted or volunteered, file with the Register of the local Land Office a written statement describing as near as may be the tract intended to be claimed,) shall be entitled to enter any number of acres of the public land, not to exceed one hundred and sixty acres, at the minimum price of one dollar and twenty-five cents per acre, and shall be allowed three years from and after the ratification of the treaty of peace between the Confederate States and the United States, to make proof and payment for the same.

Right of entry by persons in Military service of lands settled on before they was age of this act.

Price to be paid for said lands.

SEC. 2. *Be it further enacted*, &c., That when by reason of the death of any party entitled to the benefits of this act before having perfected his rights, the same shall enure to the benefit of his heirs and legatees, and if a married man the property so acquired shall be considered a community right.

Benefits of the act to enure to the benefit of heirs.

SEC. 3. *Be it further enacted,* &c., That this act shall take effect from and after its passage.

ADOLPHUS OLIVIER,
Speaker of the House of Representatives.
HENRY M. HYAMS,
Lieutenant Governor and President of the Senate.

Approved 6th January, 1862.

THOS. O. MOORE,
Governor of the State of Louisiana.

A true copy.
PLINY D. HARDY,
Secretary of State.

le premier lundi d'octobre, et le second lundi de janvier ; dans la paroisse d'Iberville, le troisième lundi d'avril, le quatrième lundi de juillet et le troisième lundi de décembre ; dans la paroisse d'Ouest-Baton-Rouge, le premier lundi d'avril et le premier lundi de décembre.

Sec. 2. *Décrètent de plus :* Le présent Acte entrera en vigueur le jour de son adoption.

ADOLPHUS OLIVIER,
Orateur de la Chambre des Représentants.
HENRY M. HYAMS,
Lieutenant-Gouverneur et Président du Sénat.

Approuvé le 6 janvier 1862.

THOMAS O. MOORE,
Gouverneur de l'Etat de la Louisiane.

Pour copie conforme,
PLINY D. HARDY,
Secrétaire d'Etat.

No. 33.] ACTE

Accordant certains priviléges aux personnes établies sur les terres publiques et qui ont pris, ou qui pourraient par la suite prendre du service dans l'armée ou dans la marine de la Louisiane ou des Etats Confédérés.

SECTION. 1. *Le Sénat et la Chambre des Représentants de l'Etat de la Louisiane, réunis en Assemblée Générale, décrètent :* Toutes personnes qui auront pris du service, soit dans l'armée, soit dans la marine de la Louisiane ou des Etats-Confédérés, et qui, avant l'adoption du présent Acte, se seront établies sur les terres publiques de cet Etat, on y auront apporté quelque amélioration, pourront prendre des inscriptions pour telle quantité de ces terres qu'elles désireront, pourvu que cette quantité n'excède pas cent soixante acres, et ce, à raison d'une piastre et vingt-cinq sous par acre : et il leur sera accordé trois ans, à dater de la ratification du traité de paix que les Etats-Confédérés concluront avec les Etats-Unis, pour faire apparaître de leurs droits auxdites terres et en payer le prix. Les personnes sus-mentionnées qui voudront jouir du bénéfice de la présente loi seront tenues, dans les six mois qui suivront l'expiration de leur temps de service, de déposer au Bureau du Registrateur à qui ressortira l'examen de ces pièces, une description aussi exacte que possible des terres auxquelles elles prétendront.

Inscriptions aux bureaux des terres publiques.

Prix que devront payer les militaires pour ces terres.

SEC. 2. *Décrètent de plus :* Au cas où un militaire ayant droit au bénéfice de cet Acte, viendrait à mourir avant d'avoir parfait ses titres, ils seraient dévolus à ses héritiers et légataires, et toutes propriétés ainsi acquises, pendant le mariage, seront soumises au régime de la communauté.

Transmission des droits accordés par cet Acte.

SEC. 3. *Décrètent de plus :* Cet Acte entrera en vigueur le jour de son adoption.

ADOLPHUS OLIVIER,
Orateur de la Chambre des Représentants.
HENRY M. HYAMS,
Lieutenant-Gouverneur et Président du Sénat.

Approuvé le 6 janvier 1862.

THOMAS O. MOORE,
Gouverneur de l'Etat de la Louisiane.

Pour copie conforme,
PLINY D. HARDY,

No. 34.]   AN ACT
For the relief of Wm. F. Hadleigh, Sheriff and Tax Collector for the parish of St. Mary.

SECTION 1. *Be it enacted by the Senate and House of Representatives of the State of Louisiana, in General Assembly convened,* That the sum of two hundred and thirty-four dollars be, and the same is hereby appropriated out of any moneys in the Treasury, not otherwise appropriated, to be paid to Wm. F. Hadleigh on the warrant of the Auditor of Public Accounts, to refund him as Sheriff and Tax Collector for the parish of St. Mary that amount, which was paid by him for licenses on trades, professions and occupations for the year 1861, the same having been lost but accounted for by him to the State in his final settlement.

SEC. 2. *Be it further enacted, &c.,* That this act take effect from and after its passage.

ADOLPHUS OLIVIER,
Speaker of the House of Representatives.
HENRY M. HYAMS,
Lieutenant Governor and President of the Senate.

Approved January 6th, 1862.

THOS. O. MOORE,
Governor of the State of Louisiana.

A true copy.
PLINY D. HARDY,
Secretary of State.

No. 35.]   AN ACT
To incorporate the town of Port Barrow, in the parish of Ascension.

Title and powers.

SECTION 1. *Be it enacted by the Senate and House of Representatives of the State of Louisiana, in General Assembly convened,* That the inhabitants of the town of Port Barrow, in the parish of Ascension, be, and are hereby made a body politic and corporate, by the name of town council of Port Barrow, and as such can sue and be sued, implead and be impleaded, shall possess a right to establish a common seal, and the same to annul, alter or change at pleasure.

Land.

SEC. 2. *Be it further enacted, &c.,* That the limits of said town of Port Barrow shall be as follows, to-wit: Beginning at the lower line of the estate of Adelard Dicharry, thence down the Mississippi River to the Bayou Lafourche, thence down the said Bayou to Eight street, thence up Eight street to Catalpa street, thence up said street to the point of beginning as laid down in a plat of said town, drawn by V. Sulakowski, and deposited in the office of the Recorder, of the parish of Ascension.

Members of the Board.

SEC. 3. *Be it further enacted, &c.,* That the municipality of said town shall consist of a Mayor and five Aldermen, three of whom, together with the Mayor, shall constitute a quorum to transact business; no person shall be eligible to the office of Mayor or Alderman, who does not reside within

Per on eligible to the Board.

the limits of said corporation, or is not a qualified voter in the parish and the said Mayor and Aldermen shall be elected by the qualified voters residing within the limits of the corporation, in the manner hereinafter provided for in this act; said Mayor and Aldermen shall be elected on the first Monday in June, of each and every year, and the members thus elected shall continue in office for the term of one year next ensuing, and

Time of holding the election.

until others are elected and qualified in their stead, according to the provisions of this act; provided, that should an election for any cause no

No. 34.]	ACTE

Accordant une indemnité à Wm. F. Haifleigh, Shérif et Percepteur de taxes pour la paroisse de Ste-Marie.

SECTION 1. *Le Sénat et la Chambre des Représentants de l'État de la Louisiane, réunis en Assemblée Générale, décrètent :* Il sera payé à Wm. F. Haifleigh, sur le mandat de l'Auditeur des Comptes Publics, la somme de deux cent trente-quatre piastres qui lui est présentement assignée sur tous fonds dans le Trésor qui n'ont pas été affectés à d'autres objets, pour le rembourser d'un montant versé par lui entre les mains du Trésorier, à défaut de la représentation de certaines licences égarées par lui, mais de la perte desquelles il a justifié dans la reddition définitive de ses comptes.

SEC. 2. *Décrètent de plus :* Le présent Acte entrera en vigueur à dater de son adoption.

ADOLPHUS OLIVIER,
Orateur de la Chambre des Représentants.
HENRY M. HYAMS,
Lieutenant-Gouverneur et Président du Sénat.

Approuvé le 6 janvier 1862.

THOMAS O. MOORE,
Gouverneur de l'État de la Louisiane.

Pour copie conforme,
PLINY D. HARDY,
Secrétaire d'État.

No. 35.]	ACTE

Incorporant la ville de Port Barrow, dans la Paroisse d'Ascension.

SECTION 1. *Le Sénat et la Chambre des Représentants de l'État de la Louisiane, réunis en Assemblée Générale, décrètent :* Les habitants de la ville de Port-Barrow, dans la paroisse d'Ascension, sont et demeurent, par ces présentes, constitués en corporation politique sous le nom et titre de "Conseil Municipal de Port Barrow" ; et ils pourront en cette qualité ester en justice, adopter un sceau commun, et l'annuler ou le modifier à volonté.

SEC. 2. *Décrètent de plus :* La ligne de délimitation de ladite ville partira de l'extrémité inférieure de la terre d'Adelard Dicharry, et suivant le Mississippi jusqu'au bayou Lafourche, elle longera ce cours d'eau jusqu'à la rue No. 8 qu'elle remontera jusqu'à la rue Catalpa, d'où elle rejoindra son point de départ, conformément au plan de ladite ville levé par V. Sulakowski et déposé au Bureau du Recorder de la paroisse d'Ascension.

SEC. 3. *Décrètent de plus :* Le Conseil Municipal sera composé d'un Maire et de cinq conseillers municipaux, dont trois, assistés du Maire, constitueront une majorité suffisante pour délibérer et statuer sur toutes matières de leur ressort et compétence. Nul ne sera éligible aux fonctions de maire ou de conseiller municipal s'il n'est domicilié dans les limites de la corporation et électeur de la paroisse ; et lesdits maire et conseillers seront élus par les électeurs domiciliés dans lesdites limites, de la manière prescrite par le présent Acte. L'élection des officiers sus-nommés aura lieu le premier lundi de juin de chaque année, et les membres élus exerceront leurs fonctions pendant l'année qui suivra ladite élection, et jusqu'au moment où leurs successeurs auront pris qualité, conformément au présent

take place on the day fixed by this act, then an election shall be held thereafter as soon as possible, the Mayor, or a majority of the Aldermen, giving ten days notice of said election by advertisement in a newspaper, or by a notice in writing stuck up in three of the most public places in said town of Port Barrow.

<small>Powers of the Board.</small>

Sec. 4. *Be it further enacted, &c.*, That the said Mayor and Aldermen shall constitute a Board for the Government of said town, and they shall have and possess the following powers, to-wit:

1st. They shall have power to lay a tax on all taxable property and professions within their limits, not to exceed fifty per cent. the amount of the State tax upon the same property.

2d. They shall possess all the powers, within the said limits, which shall have heretofore been exercised by the Police Jury of the parish of Ascension.

3d. They shall have power to prohibit houses of ill-fame and disorderly houses, and to impose a fine not to exceed fifty dollars for each contravention of this act in relation to said disorderly houses, or houses of ill fame.

4th. They shall have power to remove all nuisances, tax all plays, shows, billiard tables, coffee houses, games, hotels, professions or trades, and every other species of property not expressly prohibited by the laws of this State, in such sum, not exceeding by more than fifty per cent. the State tax, as to them may seem just and proper; provided, that the Police Jury of the parish of Ascension shall no longer have any jurisdiction within the limits of said town, or impose any tax on persons or property therein, except such jurisdiction as may be necessary to impose a special tax for making or repairing the court house or jail in said parish, for which purpose taxes may be levied on the property within said town or corporation by said Police Jury, equal and no more than on property in other portions of said parish.

5th. They shall have power to appoint a Treasurer, Secretary and Collector, and such other officers as they may deem necessary for the administration of said town of Port Barrow, and to require such bond and security for the faithful performance of their duties as the said Mayor and Aldermen by their by-laws may prescribe.

6th. They shall have the right of purchasing, receiving by donation, constructing public works, and holding and conveying any estate, real or personal, for the use and benefit of said town.

7th. They shall have power to prescribe fines for all breaches of this act of incorporation or the by-laws of said town of Port Barrow, not to exceed fifty dollars, and the same to sue for and recover for the use of said town or corporation.

8th. They shall possess all the powers that are prescribed by law for the government of corporations in general.

<small>The Mayor shall be ex-officio Justice of the Peace.</small>

Sec. 5. *Be it further enacted, &c.*, That the Mayor shall be ex-officio justice of the peace within said limits, and shall be commissioned accordingly, and in case of non-acceptance of said commission, he shall forfeit his office of Mayor, and the inhabitants of said town shall proceed to the election of a successor agreeably to the provisions of this act. Said Mayor shall have power to suppress all riots, routs and unlawful assemblies, affrays and tumults, and all breaches of the peace, and to arrest all offenders in the same way that Justices of the Peace may or can do.

Sec. 6. *Be it further enacted, &c.*, That the Mayor and Aldermen shall, immediately after their election, take the necessary oath of office to dis-

acte. Au cas où pour une cause quelconque cette élection n'aurait pas lieu à cette époque, il y serait procédé sans délai ; et le Maire ou une majorité des conseillers seraient tenus d'en donner avis pendant dix jours, soit par la voie des journaux, soit par affiches dans trois des endroits les plus publics de la ville.

SEC. 4. *Décrètent de plus :* Lesdits maire et conseillers municipaux formeront un conseil pour l'administration des affaires municipales, avec les attributions suivantes : Attributions du Conseil.

1o. Ils pourront lever, dans les limites de la corporation, une taxe sur toutes propriétés et professions sujettes à l'impôt, jusqu'à concurrence de cinquante pour cent de la contribution assise par l'Etat sur les mêmes objets.

2o. Ils exerceront, dans leurs limites, les pouvoirs attribués par le passé au juri de police de la paroisse d'Ascension.

3o. Ils pourront prohiber l'établissement de toutes maisons de prostitution et de débauche et décerner une amende qui n'excédera pas cinquante piastres contre toute personne qui contreviendra à cette prohibition.

4o. Ils sont autorisés à faire disparaître toutes causes d'incommodité ou de préjudice pour les habitants de la ville, et à lever des droits sur tous spectacles publics, billards, cafés, jeux, hôtels, vacations et emplois que la loi n'affranchit pas expressément de l'impôt, jusqu'à concurrence de cinquante pour cent du montant de la taxe d'Etat ; il est entendu, toutefois, que le juri de police n'exercera plus de juridiction dans les limites de la ville et qu'il n'y pourra asseoir de taxe autre que celle qu'il affectera à la construction ou réparation de la maison de cour et de la prison de paroisse, et alors la taxe sera répartie par égalité proportionnelle sur toutes les propriétés de la paroisse, dans la ville et hors de la ville.

5o. Ils pourront élire un secrétaire, un trésorier, un collecteur, et tels autres officiers qu'ils jugeront nécessaires à l'administration des affaires municipales, lesquels devront, pour garantir le fidèle accomplissement de leurs devoirs, fournir les cautionnements fixés par le Conseil dans ses statuts et réglements.

6o. Ils sont autorisés à ordonner des travaux publics, à acquérir, recevoir à titre de donation, posséder et aliéner tous effets, tant mobiliers qu'immobiliers, pour l'usage de ladite ville.

7o. Ils pourront décerner des amendes pour toutes infractions au présent acte ou aux ordonnances municipales de la ville. Ces amendes n'excéderont point cinquante piastres par contravention et seront recouvrées au nom et pour l'usage de la corporation.

8o. Enfin, ils posséderont en général les pouvoirs et attributions dont la loi revêt les corporations.

SEC. 5. *Décrètent de plus :* Le maire exercera *ex-officio* les fonctions de juge-de-paix dans les limites de la corporation, et à cet effet il lui sera envoyé une commission qu'il devra accepter sous peine d'être déclaré démissionnaire et de voir procéder à son remplacement, ainsi qu'il est dit au présent acte. Le maire aura les mêmes pouvoirs que le juge-de-paix pour ce qui concerne la répression de tous attroupements tumultueux et désordres quelconques, l'arrestation et condamnation des délinquants. Le Maire sera ex-officio juge de paix

SEC. 6. *Décrètent de plus :* Aussitôt élus, lesdits maire et conseillers municipaux prêteront le serment d'office et ordonneront le lever d'un plan de la ville représentant les différents terrains, leur contenance et position, ainsi que la largeur, la longueur et le parcours des rues ; et ils seront autorisés à apporter à ce plan toutes les modifications que les circonstances pourraient exiger par la suite, sans préjudice, toutefois, des droits acquis. Serment d'office etc.

charge their several duties, and immediately thereafter cause a correct survey and plan of said town to be made, which shall exhibit the position of the various lots therein and their several contents, the length and width of the streets and their relative courses; and make such alterations in the present plan of said town, if any there be, as may meet the exigencies of the occasion; provided, however, that nothing contained in this act shall interfere with the established rights and privileges of individuals.

SEC. 7. *Be it further enacted, &c*, That any Justice of the Peace residing in the parish of Ascension, be, and he is hereby authorized to call the first meeting of the inhabitants of said town of Port Barrow, for the purpose of electing a Mayor and five Aldermen, by publishing in a newspaper, or by posting up a notification at three of the most public places in said town, at least fifteen days previous to holding the said election, and that every free white male citizen over the age of twenty-one years, who shall reside in said town, shall have the right of voting at said election for Aldermen and Mayor of said town; provided, that no person shall be entitled to vote unless he be a citizen of the State.

SEC. 8. *Be it further enacted, &c*, That the Mayor and Aldermen shall have power to make by-laws for the government of said town, and the same to repeal or modify; provided, said by-laws are not inconsistent with the laws and Constitution of the State of Louisiana.

SEC. 9. *Be it further enacted, &c*, That this act shall take effect from and after its passage.

ADOLPHUS OLIVIER,
Speaker of the House of Representatives.
HENRY M. HYAMS,
Lieutenant Governor and President of the Senate.

Approved January 7th, 1862.
THOS. O. MOORE,
Governor of the State of Louisiana.

A true copy.
PLINY D. HARDY, Secretary of State.

No. 36.] JOINT RESOLUTION
Extending the hospitalities of this State to Governor Jackson, of Missouri, and requesting him to visit the city of Baton Rouge.

WHEREAS, it appears that Governor Jackson, of Missouri, is now in the city of New Orleans, and that he intends in a short time to return to his State; Whereas, the people of Louisiana have seen with great pleasure his bold and patriotic political course since the commencement of the present revolution; therefore

Be it resolved by the Senate and House of Representatives of the State of Louisiana, in General Assembly convened, That the hospitalities of this State be extended to him, with a request that he visit Baton Rouge during the present session of the Legislature.

ADOLPHUS OLIVIER,
Speaker of the House of Representatives.
HENRY M. HYAMS,
Lieutenant Governor and President of the Senate.

Approved January 7th, 1862.
THOMAS O. MOORE,
Governor of the State of Louisiana.

A true copy.
PLINY D. HARDY, Secretary of State.

SEC. 7. *Décrètent de plus :* Autorisation est donnée par ces présentes à tout juge-de-paix résidant dans la paroisse d'Ascension, de convoquer les citoyens de la ville de Port Barrow pour la première élection du maire et des cinq conseillers municipaux ; et à cet effet il donnera avis de ladite élection par la voie des journaux ou en l'affichant dans trois des endroits les plus publics de la ville, pendant les quinze jours qui précéderont l'élection. Tout blanc, mâle, ayant vingt-et-un ans accomplis et un domicile réél dans la ville, sera admis à voter pour les susdits fonctionnaires ; pourvu bien entendu, qu'il soit citoyen de la Louisiane.

Convocation des électeurs.

Conditions voulues pour être électeur.

SEC. 8. *Décrètent de plus :* Le conseil municipal sera chargé d'élaborer et d'adopter des statuts et réglements pour le gouvernement de la ville, et il pourra par la suite les amender ou les abroger quand il le jugera nécessaire. Il est entendu que ces réglements ne devront point être contraires à la Constitution et aux lois de l'Etat.

Statuts et réglements municipaux

SEC. 9. *Décrètent de plus :* Le présent Acte sortira son effet à dater de son adoption.

       ADOLPHUS OLIVIER,
     Orateur de la Chambre des Représentants.
       HENRY M. HYAMS,
    Lieutenant-Gouverneur et Président du Sénat.

Approuvé le 6 janvier 1862.

       THOMAS O. MOORE,
     Gouverneur de l'Etat de la Louisiane.

Pour copie conforme,
 PLINY D. HARDY,
  Secrétaire d'Etat.

No. 36.]   RESOLUTION CONJOINTE

Déclarant le Gouverneur du Missouri l'hôte de l'Etat, et l'invitant a visiter Baton-Rouge.

Attendu que le Gouverneur Jackson est en ce moment à la Nouvelle-Orléans et qu'il se propose de retourner au Missouri dans quelques jours ; *Et attendu* que le peuple de la Louisiane a approuvé la fermeté et le patriotisme qu'il a déployés dans tous ses actes politiques depuis le commencement de la présente révolution ; en conséquence :

Le Sénat et la Chambre des Représentants de l'Etat de la Louisiane, réunis en Assemblée Générale, ont résolu : Le Gouverneur du Missouri est par ces présentes déclaré l'hôte de la Louisiane, qui l'invite par ses Représentants à se rendre au siége du Gouvernement pendant la présente session des Chambres.

       ADOLPHUS OLIVIER,
     Orateur de la Chambre des Représentants.
       HENRY M. HYAMS,
    Lieutenant-Gouverneur et Président du Sénat.

Approuvé le 7 janvier 1862.

       THOMAS O. MOORE,
     Gouverneur de l'Etat de la Louisiane.

Pour copie conforme,
 PLINY D. HARDY,
  Secrétaire d'Etat.

No. 37.] JOINT RESOLUTION

Authorizing the purchase of copies of the Civil Code and Code of Practice for the use of the Legislature, and also the Acts of the Legislature of 1842.

Be it resolved by the Senate and House of Representatives of the State of Louisiana, in General Assembly convened, That twelve copies of the Civil Code and twelve copies of the Code of Practice of Louisiana, be forthwith purchased by the Senate and the House of Representatives, as also twelve copies of the Acts of the Legislature of 1842 ; *Provided*, The cost of said works shall not exceed two hundred and fifty dollars.

ADOLPHUS OLIVIER,
Speaker of the House of Representatives.
HENRY M. HYAMS,
Lieutenant Governor and President of the Senate.

Approved January 13th, 1862.

THOMAS O. MOORE,
Governor of the State of Louisiana.

A true copy.
PLINY D. HARDY,
Secretary of State.

No. 38.] AN ACT

Relative to Criminal Fees in the parish of Jefferson.

SECTION 1. *Be it enacted by the Senate and House of Representatives of the State of Louisiana, in General Assembly convened*, That from and after the first day of March, one thousand eight hundred and sixty-two, all criminal fees arising from the prosecutions of person or persons for crimes, offenses, and keeping vagrants, shall be paid by the different corporations in which the offense has been committed ; that is to say, those arising in the city of Jefferson shall be paid by said city; those arising in the city of Carrollton shall be paid by said city of Carrollton ; those arising in the parish of Jefferson (Right Bank) shall be paid by said parish of Jefferson (Right Bank); those arising from the parish of Jefferson (Left Bank) shall be paid by said parish of Jefferson (Left Bank).

SEC. 2. *Be it further enacted, &c.*, That the Sheriff and Clerk of the Second Judicial District Court of the parish of Jefferson, shall keep a correct list of criminals or vagrants sent by each corporation to the District Court or Parish Prison, and keep an account against each corporation of said parish.

SEC. 3. *Be it further enacted, &c.*, That said Sheriff and Clerk of Court shall make their account twice a year, on the 31st day of December and 30th day of June of each year, for payment.

SEC. 4. *Be it further enacted, &c.*, That all acts in contravention of or inconsistent with the provisions of this act are hereby repealed.

ADOLPHUS OLIVIER,
Speaker of the House of Representatives.
HENRY M. HYAMS,
Lieutenant Governor and President of the Senate.

Approved January 13th, 1862.

THOMAS O. MOORE,
Governor of the State of Louisiana.

A true copy.
PLINY D. HARDY,
Secretary of State.

No. 37.] RESOLUTION CONJOINTE.

Autorisant l'achat, pour l'usage de la Législature, d'un certain nombre d'exemplaires du Cod Civil, du Code de Procédure et des Actes de 1842.

Le Sénat et la Chambre des Représentants de l'Etat de la Louisiane, réunis en Assemblée Générale, ont résolu : La somme de deux cent cinquante piastres est par ces présentes affectée à l'achat, pour l'usage de la Législature, de douze exemplaires de chacun des ouvrages suivants : le Code Civil, le Code de Procédure et les Actes de la Législature de 1842. Il est entendu que le prix des ouvrages sus-énumérés n'excèdera pas deux cent cinquante piastres.

ADOLPHUS OLIVIER,
Orateur de la Chambre des Représentants.
HENRY M. HYAMS,
Lieutenant-Gouverneur et Président du Sénat.

Approuvé le 13 janvier 1862.

THOMAS O. MOORE,
Gouverneur de l'Etat de la Louisiane.

Pour copie conforme.
PLINY D. HARDY,
Secrétaire d'Etat.

No. 38.] ACTE

Relatif au paiement des frais en matière criminelle, dans la paroisse de Jefferson.

SECTION 1. Le Sénat et la Chambre des Représentants de l'Etat de la Louisiane, réunis en Assemblée Générale, décrètent : A partir du 1er mars 1862, les frais de poursuites au criminel et pour la détention des personnes convaincues de vagabondage, seront à la charge des corporations dans les limites desquelles les crimes ou les délits auront été commis ; ainsi seront respectivement tenues au paiement des susdits frais, la ville de Jefferson, la ville de Carrolton, la paroisse de Jefferson (rive droite), la paroisse de Jefferson (rive gauche).

SEC. 2. Décrètent de plus : Le Shérif et le Greffier de la 2me Cour de District séante en la paroisse Jefferson, feront une liste des personnes envoyées soit à la prison de paroisse, soit devant la Cour de District, sur prévention ou conviction de crime ou de vagabondage ; ils devront aussi débiter chaque corporation, par compte séparé, des frais dont elles sont présentement rendues comptables.

SEC. 3. Décrètent de plus : Le Shérif et le Greffier de ladite Cour exigeront le paiement de ces comptes deux fois par an, savoir : le 30 juin et le 31 décembre.

SEC. 4. Décrètent de plus : Toutes lois contraires aux présentes dispositions sont et demeurent abrogées.

ADOLPHUS OLIVIER,
Orateur de la Chambre des Représentants.
HENRY M. HYAMS,
Lieutenant-Gouverneur et Président du Sénat.

Approuvé le 13 janvier 1862.

THOMAS O. MOORE,
Gouverneur de l'Etat de la Louisiane.

Pour copie conforme,
PLINY D. HARDY,
Secrétaire d'Etat.

No. 39.] AN ACT

To amend and re-enact the second section of an act entitled "An act to incorporate Amite City, in the parish of St. Helena."

Fixing the limits of Amite City.

SECTION 1. *Be it enacted by the Senate and House of Representatives of the State of Louisiana, in General Assembly convened,* That the second section of the act entitled "An act to incorporate Amite City, in the parish of St. Helena," approved March seventh, one thousand eight hundred and sixty-one, be and the same is hereby amended and re-enacted so as to read as follows: That the limits and boundaries of said Amite City shall include the whole of section four in township number four south of range number seven east, and the north half of section number nine, in township four south of range seven east; the south half of section thirty-three, in township number three south of range number seven east; and such portion of the head right on the east of section four included between parallel lines north and south, necessary to make said section four equivalent to a full section of six hundred and forty acres.

SEC. 2. *Be it further enacted, &c.,* That this act shall take effect from and after its passage.

ADOLPHUS OLIVIER,
Speaker of the House of Representatives.
HENRY M. HYAMS,
Lieutenant Governor and President of the Senate.

Approved January 13th, 1862.

THOS. O. MOORE,
Governor of the State of Louisiana.

A true copy.
PLINY D. HARDY,
Secretary of State.

No. 40.] AN ACT

To authorize Samuel P. Williams, of the parish of DeSoto, to adopt Sarah Perdita Woodruff, and to change her name.

Authorization to adopt.

SECTION 1. *Be it enacted by the Senate and House of Representatives of the State of Louisiana, in General Assembly convened,* That Samuel P. Williams, of the parish of DeSoto, be, and he is hereby authorized to adopt as his heir Sarah Perdita Woodruff, a minor orphan child.

Name changed.

SEC. 2. *Be it further enacted, &c.,* That the name of said child be changed from Sarah Perdita Woodruff to Sarah Perdita Williams.

Said adoption not to interfere with rights of forced heirs.

SEC. 3. *Be it further enacted, &c.,* That the rights of the forced heirs of the said Samuel P. Williams, if any he have, shall not be prejudiced or affected in any manner whatever by the adoption of said minor.

When to take effect.

SEC. 4. *Be it further enacted, &c.,* That this act shall take effect from and after its passage.

ADOLPHUS OLIVIER,
Speaker of the House of Representatives.
HENRY M. HYAMS,
Lieutenant Governor and President of the Senate.

Approved January 13th, 1862.

THOS. O. MOORE,
Governor of the State of Louisiana.

A true copy.
PLINY D. HARDY,
Secretary of State.

No. 39.] ACTE

A l'effet d'amender et de réédicter la Section 2 de l'Acte d'incorporation de la ville d'Amite, dans la paroisse de Ste-Hélène.

SECTION 1. *Le Sénat et la Chambre des Représentants de l'Etat de la Louisiane, réunis en Assemblée Générale, décrètent :* La section 2 d'un acte intitulé : "Acte incorporant la ville d'Amite, dans la paroisse de Ste-Hélène," approuvé le 7 mars 1861, est et demeure par ces présentes amendée de manière à être ainsi conçue : Les limites de la ville d'Amite comprendront toute la section 4me du Township No. 4 au Sud de la 7me Rangée Est ; la moitié Nord de la section 9me du Township No. 4 au Sud de la 7me Rangée Est ; la moitié sud de la section 33me du Township No. 3 au Sud de la 7me Rangée Est ; ainsi qu'une portion de l'établissement particulier situé à l'Est de la section 4me et borné Nord et Sud par deux lignes parallèles, de manière à ce que la susdite section 4me comprenne six cent quarante acres. — Délimitation.

SEC. 2. *Décrètent de plus :* Le présent Acte entrera en vigueur à partir de son adoption.

ADOLPHUS OLIVIER,
Orateur de la Chambre des Représentants
HENRY M. HYAMS,
Lieutenant-Gouverneur et Président du Sénat.

Approuvé le 13 janvier 1862.

THOMAS O. MOORE,
Gouverneur de l'Etat de la Louisiane.

Pour copie conforme,
PLINY D. HARDY,
Secrétaire d'Etat.

No 40.] ACTE

Autorisant Samuel P. Williams, de la Paroisse de DeSoto, a adopter Sarah Perdita Woodruff et a changer son nom.

SECTION 1. *Le Sénat et la Chambre des Représentants de l'Etat de la Louisiane, réunis en Assemblée Générale, décrètent :* Samuel P. Williams, de la paroisse de DeSoto, est par ces présentes autorisé à adopter, comme son héritière, l'orpheline mineure Sarah Perdita Woodruff. — Adoption.

SEC. 2. *Décrètent de plus :* Le nom de Sarah Perdita Woodruff est présentement changé en celui de Sarah Perdita Williams. — Changement de nom.

SEC. 3. *Décrètent de plus :* L'adoption autorisée par ces présentes ne préjudiciera en aucune manière aux droits des héritiers forcés dudit Samuel P. Williams. — Droits des heritiers forcés.

SEC. 4. *Décrètent de plus :* Le présent acte sortira son effet à partir de son adoption.

ADOLPHUS OLIVIER,
Orateur de la Chambre des Représentants.
HENRY M. HYAMS,
Lieutenant-Gouverneur et Président du Sénat.

Approuvé le 13 janvier 1862.

THOMAS O. MOORE,
Gouverneur de l'Etat de la Louisiane.

Pour copie conforme,
PLINY D. HARDY,
Secrétaire d'Etat.

No. 41.]   AN ACT

To authorize Frances L. Murdoch, widow of John Murdoch, to qualify as natural Tutrix in this State.

<small>Authorization to qualify as natural tutrix.</small>

SECTION 1. *Be it enacted by the Senate and House of Representatives of the State of Louisiana, in General Assembly convened*, That Frances L. Murdoch, widow of the late John Murdoch, of the State of Mississippi, be, and she is hereby authorized to qualify in this State as natural tutrix of her minor children, upon the same terms and conditions as are now prescribed by law for natural tutors residents of this State.

<small>When to take effect.</small>

SEC. 2. *Be it further enacted, &c.*, That this act take effect from and after its passage.

ADOLPHUS OLIVIER,
Speaker of the House of Representatives.
H. M. HYAMS,
Lieutenant Governor and President of the Senate.
Approved January 13th, 1862.
THOS. O. MOORE,
Governor of the State of Louisiana.

A true copy.
PLINY D. HARDY,
Secretary of State.

No. 42.]   AN ACT

Relative to Salt Springs and Saline Waters of this State.

<small>Prohibition.</small>

SECTION 1. *Be it enacted by the Senate and House of Representatives of the State of Louisiana, in General Assembly convened*, That the public lands belonging to this State (except such lands as may be on the Gulf shore), upon which are situated salt springs or saline waters that now are, or may hereafter be used for making salt, be withdrawn from sale at the several land offices of this State.

<small>Entries of such lands null and void.</small>

SEC. 2. *Be it further enacted, &c.*, That any entry of such lands, made during the existence of the present war, shall be null and void.

SEC. 3. *Be it further enacted, &c.*, That this act take effect from and after its passage.

ADOLPHUS OLIVIER,
Speaker of the House of Representatives.
HENRY M. HYAMS,
Lieutenant Governor and President of the Senate.
Approved January 13th, 1862.
THOS. O. MOORE,
Governor of the State of Louisiana.

A true copy.
PLINY D. HARDY,
Secretary of State.

No. 41.] ACTE

Autorisant Francis L. Murdoch a prendre qualité, en Louisiane, comme tutrice naturelle de ses enfants.

SECTION 1. *Le Sénat et la Chambre des Représentants de l'Etat de la Louisiane, réunis en Assemblée Générale, décrètent :* Francis L. Murdoch, veuve de John Murdoch, du Mississippi, est et demeure autorisée, par ces présentes, à prendre qualité en Louisiane, comme tutrice naturelle de ses enfants mineurs, conformément aux lois en vertu desquelles la tutelle est déférée aux personnes résidant dans cet Etat.

F. L. Murdoch autorisée à prendre qualité comme tutrice.

SECTION 2. *Décrètent de plus :* La présente loi entrera en vigueur à dater de son adoption.

ADOLPHUS OLIVIER,
Orateur de la Chambre des Représentants.
HENRY M. HYAMS,
Lieutenant-Gouverneur et Président du Sénat.

Approuvé le 13 janvier 1862.

THOMAS O. MOORE,
Gouverneur de l'Etat de la Louisiane.

Pour copie conforme,
PLINY D. HARDY,
Secrétaire d'Etat.

No. 42.] ACTE

Relatif aux Eaux et Sources Salines dans cet Etat.

SECTION 1. *Le Sénat et la Chambre des Représentants de l'Etat de la Louisiane, réunis en Assemblée Générale, décrètent :* Il ne sera vendu dans les différents bureaux de terres de cet Etat, aucunes terres publiques contenant des eaux propres à la fabrication du sel, à l'exception de celles qui sont situées sur le littoral du Golfe.

Prohibition.

SEC. 2. *Décrètent de plus :* Toutes inscriptions prises pour les susdites terres pendant la durée de la présente guerre seront nulles et de nulle valeur.

Certaines inscriptions interdites.

SEC. 3. *Décrètent de plus :* Le présent acte sortira son effet à dater de son adoption.

ADOLPHUS OLIVIER,
Orateur de la Chambre des Représentants.
HENRY M. HYAMS,
Lieutenant-Gouverneur et Président du Sénat.

Approuvé le 13 janvier 1862.

THOMAS O. MOORE,
Gouverneur de l'Etat de la Louisiane.

Pour copie conforme,
PLINY D. HARDY,
Secrétaire d'Etat.

No. 43.] AN ACT

To emancipate Mrs. Harriet G. Worsham, a minor, wife of Dr. William C. Lewis.

Emancipation.

Be it enacted by the Senate and House of Representatives of the State of Louisiana, in General Assembly convened, That Mrs. Harriet G. Worsham, a minor, wife of Dr. William C. Lewis, of the parish of Pointe Coupée, be, and she is hereby emancipated from all legal disabilities appertaining to her as a minor, and that she have the same powers, rights and privileges, in relation to her property and affairs generally, that she would have by law had she attained the full age of twenty-one years; and that this act take effect from and after its passage.

ADOLPHUS OLIVIER,
Speaker of the House of Representatives.
HENRY M. HYAMS,
Lieutenant Governor and President of the Senate.

Approved January 13th, 1862.

THOS. O. MOORE,
Governor of the State of Louisiana.

A true copy.
PLINY D. HARDY,
Secretary of State.

No. 44.] AN ACT

To create an additional Justice of the Peace in and for the parish of Avoyelles.

Additional Justice of the Peace, located in Third Ward.

SECTION 1. Be it enacted by the Senate and House of Representatives of the State of Louisiana, in General Assembly convened, That there shall be an additional Justice of the Peace created in the Third Police Jury ward in the parish of Avoyelles, who shall be elected by the qualified voters of said ward.

Notice of election for the same.

SEC. 2. Be it further enacted, &c., That said election be held according to existing laws regulating the same, after public notice having been posted up in said ward for ten days previous to said election.

When to take effect.

SEC. 3. Be it further enacted, &c., That this act take effect from and after its passage.

ADOLPHUS OLIVIER,
Speaker of the House of Representatives.
HENRY M. HYAMS,
Lieutenant Governor and President of the Senate.

Approved January 13th, 1862.

THOS. O. MOORE,
Governor of the State of Louisiana.

A true copy.
PLINY D. HARDY,
Secretary of State.

No. 43.]	ACTE

Emancipant Harriet G. Worsham, épouse mineure de Wm. C. Lewis.

Le Sénat et la Chambre des Représentants de l'Etat de la Louisiane, réunis en Assemblée Générale, décrètent : Harriet G. Worsham, épouse mineure de Wm. C. Lewis, de la Pointe-Coupée, est par ces présentes affranchie de toutes les incapacités dont la loi frappe les mineurs, et elle jouira de tous les droits, priviléges et capacités légales pour la gestion de ses affaires et l'administration de ses biens, que si elle eût atteint l'âge de majorité ; et le présent acte sortira son effet à partir de son adoprion.

Emancipation.

ADOLPHUS OLIVIER,
Orateur de la Chambre des Représentants.
HENRY M. HYAMS,
Lieutenant-Gouverneur et Président du Sénat.

Approuvé le 13 janvier 1862.

THOMAS O. MOORE,
Gouverneur de l'Etat de la Louisiane.

Pour copie conforme,
PLINY D. HARDY,
Secrétaire d'Etat.

No. 44.]	ACTE

Etablissant une Cour de Juge de Paix additionnelle dans la Paroisse des Avoyelles.

SECTION 1. *Le Sénat et la Chambre des Représentants de l'Etat de la Louisiane, réunis en Assemblée Générale, décrètent :* Il sera établi une Cour de Juge de Paix additionnelle pour le Troisième arrondissement du juri de police de la paroisse des Avoyelles, et les électeurs dudit arrondissement y pourvoiront par élection.

Etablissement d'une Cour de juge de paix.

SEC. 2. *Décrètent de plus :* L'élection sera tenue conformément aux lois existantes et il en devra être donné avis par affiches dans l'arrondissement, pendant les dix jours qui précèderont l'époque fixée pour ladite élection.

Election du juge de paix.

SEC. 3. *Décrètent de plus :* Le présent Acte entrera en vigueur le jour de son adoption.

Mise en vigueur de l'acte.

ADOLPHUS OLIVIER,
Orateur de la Chambre des Représentants.
HENRY M. HYAMS,
Lieutenant-Gouverneur et Président du Sénat.

Approuvé le 13 janvier 1862.

THOMAS O. MOORE,
Gouverneur de l'Etat de la Louisiane.

Pour copie conforme,
PLINY D. HARDY,
Secrétaire d'Etat.

No. 45.] AN ACT

To appropriate one million of dollars in bonds of the State for the purpose of arming and equipping the Volunteers and Militia for the defense of the State, and to repel invasion.

Coupon Bonds of $50, $100, $500 or $1000, to be issued by the Governor for military purposes.

SECTION 1. *Be it enacted by the Senate and House of Representatives of the State of Louisiana, in General Assembly convened,* That in consequence of the war, and to repel invasion, the Governor be, and he is hereby authorized and required to issue the coupon bonds of the State for one million of dollars, in sums of fifty, one hundred, five hundred, and one thousand dollars, payable in five equal instalments of two hundred thousand dollars each, at eight to twelve years inclusive, to bear interest at the rate of six per cent. per annum, payable annually at the Treasurer's office.

Sale of said Bonds.

SEC. 2. *Be it further enacted, &c.,* That the Governor shall invite proposals for the purchase of said bonds by advertisement in two papers published in the city of New Orleans, in both languages, as he may select, reserving the right to reject any or all of said proposals.

Proceeds of the sale of said Bonds to be placed in the Treasury, subject to the order of the Governor.

SEC. 3. *Be it further enacted, &c.,* That the proceeds of the sale of said bonds shall be placed in the Treasury to the credit of a fund to be called the Military Fund, and shall be subject to the order of the Governor, for the purpose of purchasing arms and munitions of war, and equipments for the volunteers and militia of the State.

When to take effect.

SEC. 4. *Be it further enacted, &c.,* That this act shall take effect from and after its passage.

ADOLPHUS OLIVIER,
Speaker of the House of Representatives.
HENRY M. HYAMS,
Lieutenant Governor and President of the Senate.

Approved January 13th, 1862.

THOS. O. MOORE,
Governor of the State of Louisiana.

A true copy.
PLINY D. HARDY,
Secretary of State.

No. 46.] AN ACT

To provide for the survey of Township Ten South, Range Two and Three West, Soutewestern District, Louisiana.

Survey to be caused to be made by the Commissioner of Public Lands.

SECTION 1. *Be it enacted by the Senate and House of Representatives of the State of Louisiana, in General Assembly convened,* That the Commissioner of Public Lands be directed to cause to be surveyed township ten south, range two and three west, Southwestern District, Louisiana, and to make such approval of and returns thereof as required by law; *Provided,* In the opinion of said Commissioner, the survey is demanded by the public interest.

SEC. 2. *Be it further enacted, &c.,* That no higher price shall be allowed for said survey than that heretofore permitted for similar work; and that

No. 45.]   ACTE

Assignant un million de piastres en bons de l'Etat pour l'équipement et armement de la Milice et des volontaires chargés de la défense de l'Etat.

SECTION 1. *Le Sénat et la Chambre des Représentants de l'Etat de la Louisiane, réunis en Assemblée Générale, décrètent :* Vu la guerre actuelle et le danger d'une invasion, le Gouverneur est autorisé par ces présentes à émettre pour un million de piastres de bons coupons de l'Etat en effets de cinquante, cent, cinq cents et mille piastres. Le montant de l'émission présentement décrétée sera payé en cinq termes de huit à douze ans et par sommes de deux cent mille piastres, et ce montant portera intérêt à raison de six pour cent par an, payable annuellement au bureau du Trésorier.

Émission de bons de l'Etat.

SEC. 2. *Décrètent de plus :* Le Gouverneur fera annoncer la mise en vente des susdits bons, en anglais et en français, dans deux journaux de la Nouvelle-Orléans, et il sera autorisé à accepter ou à rejeter toutes propositions pour l'achat de ces bons.

Vente des bons.

SEC. 3. *Décrètent de plus :* Les sommes provenant de la susdite vente seront versées dans le Trésor au crédit d'un fonds qui portera le nom de "caisse militaire", laquelle sera affectée par le Gouverneur à l'acquisition d'armes, de munitions de guerre et d'équipements pour la milice et les volontaires de cet Etat.

Caisse militaire.

SEC. 4. *Décrètent de plus :* Le présent Acte aura plein effet à dater du jour de son adoption.

     ADOLPHUS OLIVIER,
    Orateur de la Chambre des Représentants.
     HENRY M. HYAMS,
    Lieutenant-Gouverneur et Président du Sénat.

Approuvé le 13 janvier 1862.
     THOMAS O. MOORE,
    Gouverneur de l'Etat de la Louisiane.

Pour copie conforme,
  PLINY D. HARDY,
   Secrétaire d'Etat.

No. 46.]   ACTE.

Autorisant le Commissaire des terres publiques a ordonner le relevé du Township No. 10 Sud, Ranges 2 et 3 Ouest, dans le District Sud-Ouest de la Louisiane.

SECTION 1. *Le Sénat et la Chambre des Représentants de l'Etat de la Louisiane, réunis en Assemblée Générale, décrètent :* Le Commissaire des terres publiques pourra, si l'intérêt général le requiert, faire procéder au relevé du Township No. 10 Sud, Rangées 2 et 3 Ouest, dans le District Sud-Ouest de la Louisiane. Au cas où il userait de l'autorisation accordée par cet Acte, il serait chargé de la vérification des susdits travaux, et tenu d'en transmettre procès-verbal ainsi qu'il est dit aux termes de la loi relative à cette matière.

SEC. 2. *Décrètent de plus :* L'entrepreneur desdits travaux recevrait le prix précédemment fixé pour les relevés, et le montant lui en serait payé

Price to be allowed for said work. the survey shall be paid by the Treasurer, upon the warrant of the Commissioner of Public Lands, out of the fund created by the sale of the public lands.

ADOLPHUS OLIVIER,
Speaker of the House of Representatives.
H. M. HYAMS,
Lieutenant Governor and President of the Senate.

Approved January 13th, 1862.

THOS. O. MOORE,
Governor of the State of Louisiana.

A true copy.
    PLINY D. HARDY,
        Secretary of State.

- - -

No. 47.]   AN ACT

To amend the fourth section of an act entitled "An act relative to the drawing of jurors in the parish of St. Landry," approved March 3d, 1860.

Manner of choosing talesmen to sit as jurors in criminal trials in the parish of St. Landry. Be it enacted by the Senate and House of Representatives of the State of Louisiana, in General Assembly convened, That the fourth section of an act entitled "An act relative to the drawing of Jurors in the parish of St. Landry," approved March the third, eighteen hundred and sixty, be amended and re-enacted so as to read as follows, to-wit: That when there are any suits, prosecutions, informations or indictments to be tried, and the Judge presiding may be of opinion that there will not be a sufficient number of Jurors remaining in the original panel to try the same, the said Judge may direct the clerk to draw a sufficient number of names out of said box, and cause them to be summoned to attend to serve as talesman or jurors, and they shall remain and serve as such during the term, or until such time as the said Judge deems it necessary to detain them. The said Judge shall have power to increase or diminish the number of said jurors as he may deem necessary.

ADOLPHUS OLIVIER,
Speaker of the House of Representatives.
H. M. HYAMS,
Lieutenat Governor and President of the Senate.

Approved January 13th, 1862.

THOS. O. MOORE,
Governor of the State of Louisiana.

A true copy.
    PLINY D. HARDY,
        Secretary of State.

No. 48.]   AN ACT

Appropriating seven hundred and fifty dollars to pay for certain levees constructed in the parish of Jefferson, Right Bank.

Seven hundred and fifty dollars appropriated to pay Edmond and J. B. Drouet and Cavalier & Co., for the construction of certain levees. SECTION 1. Be it enacted by the Senate and House of Representatives of the State of Louisiana, in General Assembly convened, That the sum of seven hundred and fifty dollars, be, and the same is hereby appropriated out of any moneys in the Treasury not otherwise appropriated, to pay the cost of construction of certain levees destroyed by the commissioners of New Orleans on city defenses, under authority given by the Governor of the

par le Trésorier, de tous fonds provenant de la vente des terres publiques, sur présentation d'un certificat du commissaire des terres.

      ADOLPHUS OLIVIER,
    Orateur de la Chambre des Représentants.
      HENRY M. HYAMS,
    Lieutenant-Gouverneur et Président du Sénat.

Approuvé le 13 janvier 1862.
      THOMAS O. MOORE,
    Gouverneur de l'Etat de la Louisiane.

Pour copie conforme,
 P. D. HARDY,
  Secrétaire d'Etat.

No. 17.]   ACTE

Amendant la section 4 d'un acte réglant le tirage des Jurés dans la paroisse de St-Landry, approuvé le 3 mars 1860.

Le Sénat et la Chambre des Représentants de l'Etat de la Louisiane, réunis en Assemblée Générale, décrètent : La section 4 de l'acte relatif au tirage des jurés dans la paroisse de St-Landry, approuvé le 3 mars 1860, est amendée par ces présentes de manière à être ainsi conçue : Lorsqu'à raison du nombre de poursuites, accusations et procès portés devant le juri, la Cour prévoira l'épuisement de la liste des jurés formée sur un premier tirage, elle enjoindra au Greffier de procéder à un second, et il sera notifié aux jurés désignés par ce tirage d'avoir à se présenter pour servir comme jurés suppléants pendant le temps que la Cour jugera convenable. Le nombre des jurés pourra être ainsi augmenté selon le bon plaisir de la Cour.

Jurés suppléants.

      ADOLPHUS OLIVIER,
    Orateur de la Chambre des Représentants.
      HENRY M. HYAMS,
    Lieutenant-Gouverneur et Président du Sénat.

Approuvé le 13 janvier 1862.
      THOMAS O. MOORE,
    Gouverneur de l'Etat de la Louisiane

Pour copie conforme,
 P. D. HARDY,
  Secrétaire d'Etat.

No. 18.]   ACTE

Affectant sept cent cinquante piastres au paiement des frais de construction de certaines levées dans la paroisse de Jefferson (rive gauche.)

SECTION 1. *Le Sénat et la Chambre des Représentants de l'Etat de la Louisiane, réunis en Assemblée Générale, décrètent :* La somme de sept cent cinquante piastres est et demeure assignée par ces présentes sur tous fonds dans le Trésor dont il n'a pas été autrement disposé, pour payer les frais de construction de certaines levées détruites par la Commission de défense de la Nouvelle-Orléans, en vertu d'une autorisation donnée à cet effet au major Buisson, Chef de la Commission, par le Gouverneur de l'Etat. Ce montant sera payé par le Trésorier de l'Etat, sur présentation d'un mandat tiré par l'Auditeur des comptes publics, en faveur des personnes et

Allocation de $750.

State to Major Reny Buisson, President of said commission, and the aforesaid sum be paid by the State Treasurer on the warrant of the Auditor of Public Accounts, drawn in favor of the following parties, viz: Edmond and J. B. Drouet, three hundred dollars; Cavalier & Co., four hundred and fifty dollars.

When to take effect. SEC. 2. *Be it further enacted, &c.*, That this act shall take effect from and after its passage.

ADOLPHUS OLIVIER,
Speaker of the House of Representatives.
H. M. HYAMS,
Lieutenant Governor and President of the Senate.
Approved January 13th, 1862.
THOS. O. MOORE,
Governor of the State of Louisiana.

A true copy.
PLINY D. HARDY,
Secretary of State.

No. 49.] AN ACT

To amend an act entitled "An act providing for the performance of the clerical business of the General Assembly," approved March 20th, 1861.

Fixing the salary of the chief clerk of the enrolling room for ext r sessions.
Be it enacted by the Senate and House of Representatives of the State of Louisiana, in General Assembly convened, That so much of the fifth section of the act approved March twentieth, eighteen hundred and sixty one, entitled "An act providing for the performance of the clerical business of the General Assembly," which reads as follows, viz: "The chief clerk of the enrolling room shall receive the sum of seven hundred dollars per annum for his services," be so amended and re-enacted as to read as follows, viz: "The chief clerk shall receive during each session seven hundred dollars for his services, payable out of the contingent fund of the General Assembly, except for special sessions when his compensation shall be fixed by a joint resolution of both Houses.

ADOLPHUS OLIVIER,
Speaker of the House of Representatives.
HENRY M. HYAMS,
Lieutenant Governor and President of the Senate.
Approved January 14th, 1862.
THOS. O. MOORE,
Governor of the State of Louisiana.

A true copy.
PLINY D. HARDY,
Secretary of State.

pour les sommes suivantes : A Edmond Drouet et J. B. Drouet, trois cents piastres ; à Cavalier & Cie., quatre cent cinquante piastres.

SEC. 2. *Décrètent de plus :* Cet Acte aura force de loi à compter de son adoption. <small>Mise en vigueur de l'acte.</small>

     ADOLPHUS OLIVIER,
    Orateur de la Chambre des Représentants.
     HENRY M. HYAMS,
    Lieutenant-Gouverneur et Président du Sénat.

Approuvé le 13 janvier 1862.
     THOMAS O. MOORE,
    Gouverneur de l'Etat de la Louisiane.

Pour copie conforme,
 PLINY D. HARDY,
  Secrétaire d'Etat.

No. 49.]   ACTE

Amendant l'Acte relatif au Service du Bureau d'Enrôlement de l'Assemblée Générale, approuvé le 20 mars 1861.

Le Sénat et la Chambre des Représentants de l'Etat de la Louisiane, réunis en Assemblée Générale, décrètent : Toute cette partie de la section 4 de l'Acte du 20 mars 1861, réglant le service du bureau d'enrôlement, dont la teneur est comme suit : "Le chef du bureau aura un traitement annuel de sept cents piastres," est amendée de manière à être ainsi conçue : "Le chef du bureau recevra, pour ses services dans le courant de la session, un traitement de sept cents piastres, qui lui sera payé sur le fonds contingent de l'Assemblée Générale ; et pour tous services par lui rendus pendant les sessions extraordinaires, telle indemnité que l'Assemblée jugera convenable de lui voter par résolution conjointe." <small>Traitement du Chef de Bureau.</small>

     ADOLPHUS OLIVIER,
    Orateur de la Chambre des Représentants.
     HENRY M. HYAMS,
    Lieutenant-Gouverneur et Président du Sénat.

Approuvé le 14 janvier 1862.
     THOMAS O. MOORE,
    Gouverneur de l'Etat de la Louisiane.

Pour copie conforme,
 PLINY D. HARDY,
  Secrétaire d'Etat.

No. 50.] AN ACT

Supplementary to an act entitled "An act in relation to certain debts of the State," approved March 19th, 1857.

Duty of the Auditor of Public Accounts where a township constitutes parts of two parishes.

Be it enacted by the Senate and House of Representatives of the State of Louisiana, in General Assembly convened, That in the execution of the duties imposed by the nineteenth section of the act to which this act is supplemental, upon the Auditor of Public Accounts, it shall be the duty of that officer, where any township constitutes parts of two or more parishes, to devide the interest due such townships between the several parishes in which it lies in proportion to their respected areas in said township.

ADOLPHUS OLIVIER,
Speaker of the House of Representatives.
HENRY M. HYAMS,
Lieutenant Governor and President of the Senate.

Approved January 14th, 1862.
THOS. O. MOORE,
Governor of the State of Louisiana.

A true copy.
PLINY D. HARDY,
Secretary of State.

No. 51.] AN ACT

For the relief of Aristide Barbin, late Secretary of the Senate.

$250 allowed Aristide Barbin.

SECTION 1. Be it enacted by the Senate and House of Representatives of the State of Louisiana, in General Assembly convened, That the sum of two hundred and fifty dollars, be, and the same is hereby appropriated, out of the contingent fund of the General Assembly, for the purpose of paying Aristide Barbin, late Secretary of the Senate, his last quarter's salary for the year eighteen hundred and sixty-one.

When to take effect.

SEC. 2. Be it further enacted, &c., That this act take effect from and after its passage.

ADOLPHUS OLIVIER,
Speaker of the House of Representatives.
HENRY M. HYAMS,
Lieutenant Governor and President of the Senate.

Approved January 14th, 1862.
THOS. O. MOORE,
Governor of the State of Louisiana.

A true copy.
PLINY D. HARDY,
Secretary of State.

No. 50.]   ACTE

Servant de supplément à un acte relatif à certaines dettes de l'Etat, approuvé le 19 mars 1857.

Le Sénat et la Chambre des Représentants de l'Etat de la Louisiane, réunis en Assemblée Générale, décrètent : Quand il y aura lieu d'appliquer la 19me section de l'Acte dont ces présentes sont le supplément, à un Township qui se trouvera faire partie de plusieurs paroisses, il sera du devoir de l'Auditeur des comptes publics de répartir entre ces paroisses les intérêts dus au Township, en raison des fractions dudit Township comprises dans leurs limites respectives.

<small>Cas où un Township ferait partie de plusieurs paroisses.</small>

ADOLPHUS OLIVIER,
Orateur de la Chambre des Représentants.
HENRY M. HYAMS,
Lieutenant-Gouverneur et Président du Sénat.

Approuvé le 14 janvier 1862.

THOMAS O. MOORE,
Gouverneur de l'Etat de la Louisiane.

Pour copie conforme,
P. D. HARDY,
Secrétaire d'Etat.

No. 51.   ACTE

Allouant à Aristide Barbin, ci-devant Secrétaire du Sénat, le montant de son traitement pour le dernier quartier de l'année 1861.

SECTION 1. *Le Sénat et la Chambre des Représentants de l'Etat de la Louisiane, réunis en Assemblée Générale, décrètent :* La somme de deux cent cinquante piastres est par ces présentes allouée à Aristide Barbin, ci-devant Secrétaire du Sénat, sur le fonds contingent de l'Assemblée Générale, en paiement de son traitement pour le dernier quartier de l'année 1861.

SEC. 2. *Décrètent de plus :* Cet Acte aura force de loi à dater de son adoption.

ADOLPHUS OLIVIER,
Orateur de la Chambre des Représentants.
HENRY M. HYAMS,
Lieutenant-Gouverneur et Président du Sénat.

Approuvé le 14 janvier 1862.

THOMAS O. MOORE,
Gouverneur de l'Etat de la Louisiane.

Pour copie conforme,
P. D. HARDY,
Secrétaire d'Etat.

No. 52.] AN ACT

To authorize Stephen Basilisco and his wife Mary Sarah Barousse, to adopt Laura Crawly, a minor.

Adoption.

SECTION 1. *Be it enacted by the Senate and House of Representatives of the State of Louisiana, in General Assembly convened,* That Stephen Basilisco, and his wife Mary Sarah Barousse, of the parish of East Baton Rouge, be, and they are hereby authorized to adopt as their own child **Laura Crawly**, a minor, which adoption shall be complete and binding by an act passed before a duly qualified Notary Public of said parish; and provided, said act shall not impair the rights of forced heirs.

When to take effect.

SEC. 2. *Be it further enacted, &c,* That this act shall take effect from and after its passage.

ADOLPHUS OLIVIER,
Speaker of the House of Representatives.
HENRY M. HYAMS,
Lieutenant Governor and President of the Senate.

Approved January 14th, 1862.
THOS. O. MOORE,
Governor of the State of Louisiana.

A true copy.
PLINY D. HARDY,
Secretary of State.

No. 53.] AN ACT

To legalize the acts of William Randolph, Justice of the Peace in and for the parish of Rapides.

All the acts of Wm. Randolph, Justice of the Peace, rendered valid.

SECTION 1. *Be it enacted by the Senate and House of Representatives of the State of Louisiana, in General Assembly convened,* That all the acts of Wm. Randolph, Justice of the Peace, in and for the parish of Rapides, in rendering judgments and celebrating marriages from the date of the passage of the ordinance of secession of the State, up to the first Monday in June eighteen hundred and sixty-one, be, and the same are hereby as binding as if the said Wm. Randolph had taken the oath prescribed by the ninetieth article of the Constitution as amended.

When to take effect.

SEC. 2. *Be it further enacted, &c.,* That this act take effect from and after its passage.

ADOLPHUS OLIVIER,
Speaker of the House of Representatives.
HENRY M. HYAMS,
Lieutenant Governor and President of the Senate.

Approved January 14th, 1862.
THOS. O. MOORE,
Governor of the State of Louisiana.

A true copy.
PLINY D. HARDY,
Secretary of State.

No. 52.] ACTE

Autorisant Stephen Basilisco et son épouse Marie Sarah Barousse à adopter la mineure Laura Crawly.

SECTION 1. *Le Sénat et la Chambre des Représentants de l'État de la Louisiane, réunis en Assemblée Générale, décrètent :* Stephen Basilisco et son épouse Marie Sarah Barousse, de la paroisse d'Est-Baton-Rouge, sont par ces présentes autorisés à adopter la mineure Laura Crawly. Cette adoption sera parfaite quand il en aura été passé acte pardevant un des notaires de ladite paroisse ; il est entendu toutefois que l'adoption ici autorisée ne préjudiciera point aux droits des héritiers forcés.

SEC. 2. *Décrètent de plus :* Cet Acte aura force de loi à dater de son adoption.

ADOLPHUS OLIVIER,
Orateur de la Chambre des Représentants.
HENRY M. HYAMS,
Lieutenant Gouverneur et Président du Sénat.

Approuvé le 14 janvier 1862.

THOMAS O. MOORE,
Gouverneur de l'État de la Louisiane.

Pour copie conforme,
PLINY D. HARDY,
Secrétaire d'État.

No. 53.] ACTE

A l'effet de légaliser les Actes officiels de William Randolph, Juge de Paix de la paroisse des Rapides.

SECTION 1. *Le Sénat et la Chambre des Représentants de l'État de la Louisiane, réunis en Assemblée Générale, décrètent :* Tous mariages célébrés et jugements rendus par William Randolph, Juge de Paix de la paroisse des Rapides, depuis l'adoption de l'Ordonnance de Sécession de la Louisiane jusqu'au premier lundi de juin de l'an 1861, seront réputés aussi légaux que s'il eût prêté le serment prescrit par l'amendement à l'article 90 de la Constitution.

SEC. 2. *Décrètent de plus :* Cet acte aura force de loi à dater de son adoption.

ADOLPHUS OLIVIER,
Orateur de la Chambre des Représentants.
HENRY M. HYAMS,
Lieutenant-Gouverneur et Président du Sénat.

Approuvé le 14 janvier 1862.

THOMAS O. MOORE,
Gouverneur de l'État de la Louisiane.

Pour copie conforme,
PLINY D. HARDY,

No. 54.] AN ACT

Supplemental to "An Act relative to Judicial proceedings against persons in the Military or Naval service," approved 21st December, 1861.

Construction to be given to a certain act.

SECTION 1. *Be it enacted by the Senate and House of Representatives of the State of Louisiana, in General Assembly convened,* That the provisions of the act approved twenty-first December, eighteen hundred and sixty-one, entitled, "An act relative to judicial proceedings against persons in the Military or Naval service", shall not be construed so as to interfere with the collection of taxes, or with the revenue laws of the State or of the Confederate States.

Prescription suspended in favor of certain parties.

SEC. 2. *Be it further enacted, &c.,* That all laws relative to prescription shall be, and are hereby suspended in favor of the sureties and the creditors of persons in the Military or Naval service of the State of Louisiana, or of the Confederate States, during the time said persons may be engaged in said service.

SEC. 3. *Be it further enacted, &c.,* That this act shall take effect from and after its passage.

ADOLPHUS OLIVIER,
Speaker of the House of Representatives.
HENRY M. HYAMS,
Lieutenant Governor and President of the Senate.

Approved January 14th, 1862.
THOS. O. MOORE,
Governor of the State of Louisiana.

A true copy.
PLINY D. HARDY,
Secretary of State.

No. 55.] AN ACT

To amend an act entitled "An Act to authorize and empower the several Recorders of the city of New Orleans, to appoint certain officers," approved 20th March, 1861.

Amendment.

SECTION 1. *Be it enacted by the Senate and House of Representatives of the State of Louisiana, in General Assembly convened,* That an act entitled "An Act to authorize and empower the several Recorders of the city of New Orleans to appoint certain officers," be, and the same is hereby amended so as to read as follows: That the Recorders of the first and second districts of the city of New Orleans are hereby authorized and empowered to appoint, each, not more than three officers, to act as court-officers; that the Recorders of third and fourth districts of said city shall appoint, each, not more than two officers, to act as court-officers; said officers so appointed to be under the special control of said Recorders.

Recorders authorized to appoint certain officers.

Salary of those officers.

SEC. 2. *Be it further enacted, &c.,* That the monthly salary of each of said officers so appointed, is hereby fixed at the rate of sixty dollars, to be paid by the city of New Orleans monthly; and the Comptroller of the city of New Orleans shall place the names of said officers so appointed, on the monthly pay roll of the city officers of the city of New Orleans, and pay them accordingly.

No. 54.]   ACTE

Servant de supplément à l'acte relatif aux poursuites exercées contre les personnes enrôlées dans l'armée de terre ou de mer, approuvé le 21 décembre 1861.

SECTION 1. *Le Sénat et la Chambre des Représentants de l'Etat de la Louisiane, réunis en Assemblée Générale, décrètent :* Les dispositions de l'Acte du 21 décembre 1861, au sujet des poursuites exercées contre les personnes enrôlées dans l'armée de terre ou de mer, ne devront point être interprétées de manière à suspendre la perception des taxes ou les lois relatives aux revenus, soit de l'Etat, soit de la Confédération.

Interprétation de l'Acte du 21 décembre.

SEC. 2. *Décrètent de plus :* La prescription ne courra point contre les cautions et créanciers des personnes qui ont pris du service dans l'armée ou la marine de la Louisiane ou des Etats Confédérés, pendant la durée de leur engagement.

La prescription ne courra point contre certaines personnes.

SEC. 3. *Décrètent de plus :* Le présent acte aura force de loi à dater de son adoption.

ADOLPHUS OLIVIER,
Orateur de la Chambre des Représentants.
HENRY M. HYAMS,
Lieutenant-Gouverneur et Président du Sénat.

Approuvé le 14 janvier 1862.

THOMAS O. MOORE,
Gouverneur de l'Etat de la Louisiane.

Pour copie conforme,
PLINY D. HARDY,
Secrétaire d'Etat.

No. 55.]   ACTE

A l'effet d'amender l'Acte du 20 mars 1861, autorisant les différents Recorders de la Nouvelle-Orléans à nommer certains Officiers.

SECTION 1. *Le Sénat et la Chambre des Représentants de l'Etat de la Louisiane, réunis en Assemblée Générale, décrètent :* L'acte intitulé : "Acte autorisant les différents Recorders de la Nouvelle-Orléans à nommer certain officiers" est, par ces présentes, amendé de manière à être ainsi conçu : Les Recorders des Premier et Second Districts de la Nouvelle-Orléans sont autorisés à nommer, chacun, trois officiers pour le service de leurs Cours respectives ; les Recorders des 3me et 4me Districts pourront en nommer chacun deux pour le service de leurs Cours ; les officiers ainsi nommés seront sous le contrôle immédiat des Recorders.

Amendement.

Officiers que pourront nommer les Recorders.

SEC. 2. *Décrètent de plus :* Les susdits officiers recevront de la ville un salaire mensuel de soixante piastres, qui leur sera payé par le Contrôleur, qui devra les porter, à cet effet, sur l'état mensuel des salaires payés par la Nouvelle Orléans.

Salaire de ces officiers.

SEC. 3. *Be it further enacted, &c*, That all laws contrary to or conflicting with the provisions of this act be, and the same are hereby repealed.

SEC. 4. *Be it further enacted, &c.,* That this act shall take effect from and after its passage.

ADOLPHUS OLIVIER,
Speaker of the House of Representatives.
HENRY M. HYAMS,
Lieutenant Governor and President of the Senate.
Approved January 14th, 1862.
THOMAS. O. MOORE,
Governor of the State of Louisiana.

A true copy.
PLINY D. HARDY,
Secretary of State.

No. 56.]   AN ACT

Authorizing John Sims, of the parish of Natchitoches, to adopt the minor Victory McPherson, and the minor children of Elijar Jackson, deceased.

Adoption of Victory McPherson, and changing the name.

SECTION 1. *Be it enacted by the Senate and House of Representatives of the State of Louisiana, in General Assembly convened,* That John Sims, of the parish of Natchitoches, be, and he is hereby authorized to adopt Victory McPherson, a minor, and change the name of said Victory McPherson to that of Victory McPherson Sims.

Adoption of the minor children of Elijar Jackson, deceased.

SEC. 2. *Be it further enacted, &c.,* That said John Sims be, and he is hereby authorized to adopt the following named minors of Elijar Jackson, deceased, and natural grand children of said John Sims, viz: Leonidas Jackson, Nancy Jackson, John Jackson, William Jackson, Travis Jackson and Mary Jackson, all issue of said Elijar Jackson, and natural grand children of said John Sims, and that the act of adoption of said Leonidas, Nancy, John, William, Travis and Mary Jackson shall be made before a Notary Public.

Rights acquired by said adoption.

SEC. 3. *Be it further enacted, &c.,* That after said adoption shall have been made, the said Victory McPherson shall bear the name of Victory McPherson Sims, and shall be entitled to all the legal rights and privileges of an heir and child of said John Sims; and also after the act of adoption of Leonidas, Nancy, John, William, Travis and Mary Jackson shall have been made, they shall, through their deceased mother, Elijar Jackson, form one legal heir, and they shall be entitled to all the legal rights and privileges of one heir and child of said John Sims, and shall only represent in the succession of said John Sims, one heir's portion in said succession.

This act to take effect from its passage.

SEC. 4. *Be it further enacted, &c.* That this act shall take effect from and after its passage, provided, nothing in this act shall have effect to the prejudice of forced heirs.

ADOLPHUS OLIVIER,
Speaker of the House of Representatives.
HENRY M. HYAMS,
Lieutenant Governor and President of the Senate.
Approved January 14th, 1862.
THOMAS O. MOORE,
Governor of the State of Louisiana.

A true copy.
PLINY D. HARDY,
Secretary of State.

Sec. 3. *Décrètent de plus :* Toutes lois à ce contraires sont par ces présentes abrogées.

Sec. 4. *Décrètent de plus :* Le present acte entrera en vigueur le jour de son adoption.

ADOLPHUS OLIVIER,
Orateur de la Chambre des Représentants.
HENRY M. HYAMS,
Lieutenant-Gouverneur et Président du Sénat.

Approuvé le 14 janvier 1862.

THOMAS O. MOORE,
Gouverneur de l'Etat de la Louisiane.

Pour copie conforme,
    Pliny D. Hardy,
       Secrétaire d'Etat.

No. 56.]   ACTE

Autorisant John Sims, de la paroisse de Natchitoches, à adopter la mineure Victory McPherson et les enfants mineurs d'Elijar Jackson, décédée.

Section 1. *Le Sénat et la Chambre des Représentants de l'Etat de la Louisiane, réunis en Assemblée Générale, décrètent :* John Sims, de la paroisse de Natchitoches, est par ces présentes autorisé à adopter la mineure Victory McPherson et à changer son nom en celui de Victory McPherson Sims.   *Adoption de Victory McPherson.*

Sec. 2. *Décrètent de plus :* Ledit John Sims est également autorisé à adopter ses descendants naturels, les enfants mineurs d'Elijar Jackson, décédée, savoir : Léonidas Jackson, Nancy Jackson, John Jackson, William Jackson, Travis Jackson et Mary Jackson. Il devra être passé acte de cette adoption pardevant un notaire public.   *Adoption des enfants d'Elijar Jackson.*

Sec. 3. *Décrètent de plus :* L'adoption parfaite, ladite Victory McPherson portera le nom de Victory McPherson Sims et jouira devant la loi de tous les droits et privilèges d'héritière et d'enfant légitime de John Sims; jouiront aussi, après leur adoption, lesdits Léonidas, Nancy, John, William, Travis et Mary Jackson, du bénéfice de la représentation legale et recueilleront la portion de la succession dudit John Sims qui eût été déférée à leur mère, Elijar Jackson, décédée.   *Droits des enfants ainsi adoptés.*

Sec. 4. *Décrètent de plus :* Le présent acte entrera en vigueur le jour de son adoption ; bien entendu qu'il ne préjudiciera point aux droits des héritiers forcés.   *Mise en vigueur du présent acte.*

ADOLPHUS OLIVIER,
Orateur de la Chambre des Représentants.
HENRY M. HYAMS,
Lieutenant-Gouverneur et Président du Sénat.

Approuvé le 14 janvier 1862.

THOMAS O. MOORE,
Gouverneur de l'Etat de la Louisiane.

Pour copie conforme,
    Pliny D. Hardy,
       Secrétaire d'Etat.

No. 57.]   AN ACT

To re-appropriate the unexpended balance of the appropriation made by the act approved 17th March, 1859, entitled "An act for the appropriation of moneys out of the funds belonging to the First Swamp Land District to the parish of Plaquemines, to levee and drain certain swamp lands situated therein."

Appropriation.

Be it enacted by the Senate and House of Representatives of the State of Louisiana, in General Assembly convened, That the sum of twenty-eight hundred and eighty dollars and eighty-five cents, the unexpended balance of the appropriation of fifteen thousand dollars made by the act, approved seventeenth March, eighteen hundred and fifty-nine, and entitled "An act for the appropriation of moneys out of the funds belonging to the first swamp land district to the parish of Plaquemines, to levee and drain certain swamp lands situated therein," be, and the same is hereby re-appropriated for the purposes aforesaid.

ADOLPHUS OLIVIER,
Speaker of the House of Representatives.
HENRY M. HYAMS,
Lieutenant Governor and President of the Senate.

Approved January 14th, 1862.

THOS. O. MOORE,
Governor of the State of Louisiana.

A true copy.
PLINY D. HARDY,
Secretary of State.

No. 58.]   AN ACT

For the relief "of the Association for the relief of the sick and wounded soldiers of Louisiana."

$150,000 appropriated for the use of said Association.

SECTION 1. Be it enacted by the Senate and House of Representatives of the State of Louisiana, in General Assembly convened, That the sum of one hundred and fifty thousand dollars, or so much thereof as may be necessary, be, and the same is hereby appropriated out of any money in the Treasury not otherwise appropriated, for the purpose of enabling the Association for the relief of the sick and wounded soldiers of Louisiana, to establish and outfit Hospitals at any point, which in the opinion of said Association may be proper and necessary for the relief of sick and wounded soldiers from the State of Louisiana, in the service of the State or Confederate States of America.

The amount to be drawn by the President of the Association.

SEC. 2. Be it further enacted, &c., That the President of the above named Association is hereby authorized to draw for said amount on the Treasurer of the State, upon the warrant of the Auditor of Public Accounts, from time to time as the same may become necessary to carry out the provisions of this act.

President of the Association to render an annual account of its operations.

SEC. 3. Be it further enacted, &c., That it shall be the duty of the President of said Association to lay before the General Assembly at its next regular session a detailed statement of their operations under this act.

No. 57.] ACTE

Assignant de nouveau la balance du fonds voté par acte du 17 mars 1859, intitulé : "Acte affectant certains fonds de la caisse du 1er District des terres marécageuses à l'endiguement et desséchement des terres marécageuses de la Paroisse de Plaquemines."

Le Sénat et la Chambre des Représentants de l'Etat de la Louisiane, réunis en Assemblée Générale, décrètent : La somme de deux mille huit cent quatre-vingts piastres et quatre-vingt-cinq sous restant d'une assignation votée par acte du 17 mars 1859, intitulé : "Acte affectant certains fonds de la caisse du 1er District des terres marécageuses à l'endiguement et desséchement des terres marécageuses de la paroisse de Plaquemines," est et demeure présentement affectée, par un second décret, aux travaux ci-dessus énoncés.

ADOLPHUS OLIVIER,
Orateur de la Chambre des Représentants.
HENRY M. HYAMS,
Lieutenant-Gouverneur et Président du Sénat.

Approuvé le 11 janvier 1862.

THOMAS O. MOORE,
Gouverneur de l'Etat de la Louisiane.

Pour copie conforme:
PLINY D. HARDY,
Secrétaire d'Etat.

No. 58.] ACTE

Subventionnant la Société fondée pour l'assistance des Soldats Louisianais malades ou blessés.

SECTION 1. *Le Sénat et la Chambre des Représentants de l'Etat de la Louisiane, réunis en Assemblée Générale, décrètent :* La somme de cent cinquante mille piastres, ou tout autant qu'il en faudra pour les fins de cet acte, est et demeure assignée par ces présentes, sur tous fonds dans le Trésor dont il n'a pas été autrement disposé, pour être par ladite société d'assistance affectée à l'établissement d'hôpitaux sur les différents points où le besoin de secours pour les soldats malades ou blessés, soit de la Louisiane, soit des Etats-Confédérés, se fera le plus vivement sentir.

SEC. 2. *Décrètent de plus :* Le Président de la susdite société sera autorisé à tirer sur le Trésor de l'Etat, par mandat de l'Auditeur des Comptes publics, pour telle partie de la présente subvention qu'il jugera nécessaire pour la réalisation des projets énoncés dans cet acte.

SEC. 3. *Décrètent de plus :* Et le Président devra soumettre à l'Assemblée Générale, à sa prochaine réunion, un rapport détaillé des travaux exécutés en vertu de ces présentes.

SEC. 4. *Be it further enacted, &c.,* That this act take effect from and after its passage.

ADOLPHUS OLIVIER,
Speaker of the House of Representatives.
HENRY M. HYAMS,
Lieutenant Governor and President of the Senate.

Approved January 15th, 1862.

THOMAS O. MOORE,
Governor of the State of Louisiana.

A true copy.
PLINY D. HARDY,
Secretary of State.

No. 59.] AN ACT

To authorize the Police Jury of the parish of Point Coupee to accept the legacy of twenty thousand dollars left to Poydras College, and to provide for the administration of said fund.

SECTION 1. *Be it enacted by the Senate and House of Representatives of the State of Louisiana, in General Assembly convened,* That the Police Jury of the parish of Pointe Coupee, be, and is hereby authorized to accept the legacy of twenty thousand dollars left to Poydras College by the late Zenon Porche of said parish.

SEC. 2. *Be it further enacted, &c.,* That the said Police Jury shall invest the said sum of twenty thousand dollars for the benefit of said College, and the interest produced by said investment shall be used only for the purposes indicated in the will of the said Zenon Porche.

SEC. 3. *Be it further enacted, &c.,* That the said twenty thousand dollars shall be under the same administration and control as the legacy left by the late Julien Poydras for the same purpose, and shall be loaned by the Commissioner and Board, jointly, in the same manner as provided by the act of the Legislature, passed eighteenth March, eighteen hundred and fifty-six, and that the said Commissioner shall receive as his compensation such commissions as the Police Jury may determine.

SEC. 4. *Be it further enacted, &c.,* That this act take effect from and after its passage.

ADOLPHUS OLIVIER,
Speaker of the House of Representatives.
HENRY M. HYAMS,
Lieutenant Governor and President of the Senate.

Approved January 16th, 1862.

THOS. O. MOORE,
Governor of the State of Louisiana.

A true copy.
PLINY D. HARDY,
Secretary of State.

SEC. 4. *Décrètent de plus:* Cet acte aura force de loi à partir de son adoption.

ADOLPHUS OLIVIER,
Orateur de la Chambre des Représentants.
HENRY M. HYAMS,
Lieutenant-Gouverneur et Président du Sénat.

Approuvé le 15 janvier 1862.

THOMAS O. MOORE,
Gouverneur de l'Etat de la Louisiane.

Pour copie conforme.
PLINY D. HARDY,
Secrétaire d'Etat.

No. 59.] ACTE

Autorisant le Juri de Police de la Pointe-Coupée à accepter le legs de vingt mille piastres fait au Collége Poydras, et à statuer sur la gestion de ce fonds.

SECTION 1. *Le Sénat et la Chambre des Représentants de l'Etat de la Louisiane, réunis en Assemblée Générale, décrètent:* Le Juri de Police de la Pointe-Coupée est et demeure autorisé, par ces présentes, à accepter le legs de vingt mille piastres fait au Collége Poydras par feu Zénon Porche, de ladite paroisse. — *Acceptation du legs.*

SEC. 2. *Décrètent de plus:* Le Juri de Police placera ladite somme au profit du Collége, et les intérêts que rapportera ce placement seront employés selon le vœu émis par le testateur dans son acte de dernière volouté. — *Placement.*

SEC. 3. *Décrètent de plus:* La gestion du sus-dit legs de vingt mille piastres sera confiée aux mêmes personnes que le montant légué par feu Julien Poydras pour les mêmes fins; le Conseil, conjointement avec le Commissaire, en feront l'emploi indiqué aux termes de l'acte du 18 mars 1856, et le Commissaire percevra tel droit de commission que le Juri de Police jugera convenable de lui allouer. — *Gestion.*

SEC. 4. *Décrètent de plus:* Le présent acte sortira son effet à partir de son adoption.

ADOLPHUS OLIVIER,
Orateur de la Chambre des Représentants
HENRY M. HYAMS,
Lieutenant-Gouverneur et Président du Sénat.

Approuvé le 16 janvier 1862.

THOMAS O. MOORE,
Gouverneur de l'Etat de la Louisiane.

Pour copie conforme.
PLINY D. HARDY,
Secrétaire d'Etat.

No. 60.]   AN ACT

To amend an act entitled "An act granting additional powers to the Clerks of the District Courts," approved March 20th, 1861.

Addition of powers granted Clerks of District Courts.

Be it enacted by the Senate and House of Representatives of the State of Louisiana, in General Assembly convened, That an act entitled "An act granting additional powers to the Clerks of the District Courts, approved March twentieth, eighteen hundred and sixty-one," be, and the same is hereby amended and re-enacted so as to read as follows, to wit: That in addition to the powers now vested by law in Clerks of the District Courts throughout the State, they shall have power to grant injunctions in all cases and fix the amount of the bond, except in cases where it is now by law, to grant orders of seizure and sale, to homologate the deliberations of family meetings in all cases where no opposition is made, and to appoint experts and appraisers in all cases, and to grant appeals and fix the amount of the bonds thereof, when the same is not fixed by law; provided, that the provisions of this act shall not apply to the parishes of Orleans, Jefferson, St. John the Baptist, St. Bernard and East Baton Rouge.

Proviso.

ADOLPHUS OLIVIER,
Speaker of the House of Representatives.
HENRY M. HYAMS,
Lieutenant Governor and President of the Senate.

Approved January, 16th, 1862.

THOS. O. MOORE,
Governor of the State of Louisiana.

A true copy.
PLINY D. HARDY,
Secretary of State.

No. 61.]   AN ACT

To incorporate the Association for the relief of Sick and Wounded soldiers of Louisiana.

Incorporation.

SECTION 1. Be it enacted by the Senate and House of Representatives of the State of Louisiana, in General Assembly convened, That T. O. Sully, E. D. Fenner, J. P. Freret, D. I. Ricardo, S. L. Chambliss, J. H. Martin, John Perkins, Jr., W. A. Elmore, Riviere Gardere, Henry Bier, S. O. Nelson, Samuel Smith, M. O. H. Norton, John Pemberton, W. C. C. Claiborne, J. M. Lapeyre, W. G. Hewes, J. D. Denégre, M. Musson, Bennett Voorhies, R. J. Harp, M. B. Palmer, Henry M. Smith, Dr. Warren Stone and their associates, be, and are hereby incorporated and created a body politic, under the name and style of "The Association for the relief of the sick and wounded soldiers of Louisiana," and in that name may sue and be sued, and may excercise, use and possess all the rights and powers which may be necessary for the purpose of raising, collecting and receiving contributions of money, property and means for the relief of sick and wounded soldiers of the State of Louisiana, who are now, or who have been heretofore, or who may hereafter be engaged in the naval or military service of the State or of the Confederate States.

Powers.

Election of the President and Secretary of said Association.

SEC. 2. Be it further enacted, &c., That the said corporation, or such of them as consent to this act, shall hold a meeting in the city of New Orleans at as early a day as practicable, and elect a President and Secretary

No. 60.] ACTE

A l'effet d'amender un "Acte attribuant des pouvoirs additionnels aux Greffiers des Cours de District," approuvé le 20 mars 1861.

Le Sénat et la Chambre des Représentants de l'Etat de la Louisiane, réunis en Assemblée Générale, décrètent : L'Acte du 20 mars 1861, attribuant des pouvoirs additionnels aux Greffiers des Cours de District, est par ces présentes amendé et réédicté dans les termes suivants : "Outre les pouvoirs accordés par les lois existantes aux greffiers des différentes Cours de District de cet Etat, ils pourront décerner des injonctions, fixer les montants des cautionnements dans tous les cas où la loi n'a point expressément statué sur ces montants, lancer des ordres de saisie et de vente, homologuer les délibérations des assemblées de famille quand il n'y sera pas mis d'opposition, nommer des experts et des estimateurs, prononcer des sentences d'appel et fixer les cautionnements qui devront être fournis sur interjection d'appel, quand la loi n'en aura point déterminé le montant"; bien entendu que les dispositions du présent acte ne seront point appliquées aux paroisses d'Orléans, Jefferson, St-Jean-Baptiste, St-Bernard et Est-Baton-Rouge.

Amendement.

Pouvoirs additionnels attribués aux Greffiers.

ADOLPHUS OLIVIER,
Orateur de la Chambre des Représentants.
HENRY M. HYAMS,
Lieutenant-Gouverneur et Président du Sénat.

Approuvé le 16 janvier 1862.

THOMAS O. MOORE,
Gouverneur de l'Etat de la Louisiane.

Pour copie conforme,
PLINY D. HARDY,
Secrétaire d'Etat.

No. 61.] ACTE

Incorporant la Société fondée pour l'Assistance des Soldats Louisianais malades ou blessés.

SECTION. 1. *Le Sénat et la Chambre des Représentants de l'Etat de Louisiane, réunis en Assemblée Générale, décrètent :* T. O. Sully, E. D. Fenner, J. P. Freret, D. J. Ricardo, S. L. Chambliss, J. H. Martin, John Perkins fils, W. A. Elmore, Rivière Gardère, Henry Bier, S. O. Nelson, Samuel Smith, M. O. H. Norton, John Pemberton, W. C. C. Claiborne, J. M. Lapeyre, W. G. Hewes, J. D. Denègre, M. Musson, Bennet Voorhies, R. J. Harp, M. B. Palmer, Henry M. Smith, Warren Stone, m. d., et leurs sociétaires, sont et demeurent constitués par ces présentes en corporation politique, sous le titre de *Société pour l'Assistance des Soldats Louisianais malades ou blessés.* En cette qualité ils pourront ester en justice et posséderont les droits et attributions nécessaires pour recevoir ou recouvrer tou-

Décret d'incorporation.

Pouvoirs.

themselves, or, if they prefer it, shall elect an executive committee of not less than five, nor more than seven of the above named corporation, who shall have the power of choosing one of the number to be the President of said Association, and another to act as Secretary; and said Executive Committee shall be authorized to use and exercise all the powers hereby vested in said corporation, subject, however, to the control of the Association, whenever the Association may think proper to exercise it.

Power to appoint agents, employees etc. SEC. 3. *Be it further enacted, &c.* That the said Association shall have full power to appoint agents, employees, nurses and servants, and establish Hospitals in any of the Confederate States, where they may deem it necessary to the relief and comfort of the sick and wounded soldiers of Louisiana, and maintain and supply said Hospitals to the extent of the means which may be at their command by voluntary contributions and appropriations by the Legislature of the State.

Power to adopt By-laws. SEC. 4. *Be it further enacted, &c.*, That said Association be, and it is authorized to adopt by-laws for the government of the Association and the executive committee, and of any and all of its officers, agents and employees, and shall have full power and authority to do and perform all acts which may be necessary to accomplish the charitable and benevolent objects of their association by such a distribution of the means at their command as in their judgment may be most efficient and desirable.

Power to establish Branch Associations. SEC. 5. *Be it further enacted, &c.* That said Association is authorized to establish Branch Associations in any of the States where Louisiana soldiers may be in service and when it may be deemed necessary; or may cooperate with any association already established for the same purposes, on such terms, as they may think expedient and proper.

Domicil of the Association. SEC. 6. *Be it further enacted, &c.*, That the domicil of said Association shall be in the city of New Orleans, and that its corporate existence shall commence at the passage of this act and continue until one year after the close of the war, now pending between the United States and Confederate States of America.

Appointment of subsequent officers. SEC. 7. *Be it further enacted, &c.*, That this Association shall be authorized to hold meetings as often as necessary, and shall have power to remove or displace the executive committee, or the President, or Secretary, and appoint others whenever, in their judgment, it may be necessary to do so.

Annual report to be made by said Association. SEC. 8. *Be it further enacted, &c.*, That it shall be the duty of said Association to make a full report of all their proceedings, receipts and disbursements, etc., to be sent to the Legislature during the first week of each regular session, during the corporate existence of said Association.

When to take effect. SEC. 9. *Be it further enacted, &c.*, That this act shall be enforced from and after its passage.

ADOLPHUS OLIVIER,
Speaker of the House of Representatives.
HENRY M. HYAMS,
Lieutenant Governor and President of the Senate.

Approved January 16th, 1862.

THOS. O. MOORE,
Governor of the State of Louisiana.

A true copy.
PLINY D. HARDY,
Secretary of State.

tes contributions pour l'assistance des soldats louisianais malades ou blessés, tant de ceux qui ont déjà servi que de ceux qui servent actuellement, ou qui pourront par la suite servir dans l'armée ou la marine de l'Etat ou de la Confédération.

SEC. 2. *Décrètent de plus :* Lesdits sociétaires ou ceux d'entre eux qui donneront leur assentiment au présent acte, devront se réunir à la Nouvelle-Orléans le plus tôt possible, afin d'élire un Président et un Secrétaire, si mieux n'aiment créer une commission composée de cinq à sept des membres de la société, laquelle serait chargée de déférer la présidence et le secrétariat à deux des sociétaires. La commission ainsi créée exercera tous les pouvoirs dont cet acte revêt la société elle-même, sauf les cas où ladite société jugera à propos de reprendra son autorité. *Choix des Officiers.*

SEC. 3. *Décrètent de plus :* La Société pourra prendre à son service les agents, employés, garde-malade et domestiques dont elle aura besoin pour prodiguer aux soldats malades ou blessés les soins qu'ils requerront ; elle pourra aussi établir des hôpitaux dans les Etats-Confédérés, et sera chargée de leur entretien dans la mesure des moyens qui lui seront fournis sous forme de contributions volontaires ou de subvention d'Etat. *Agents, Employés, etc., de la Société.*

SEC. 4. *Décrètent de plus :* Elle adoptera, pour son administration, des statuts et règlements qui régiront en même temps la commission exécutive, les agents, officiers et employés à son service. Elle sera autorisée à prendre toutes mesures tendant à l'accomplissement des fins de charité pour lesquelles elle a été constituée, et notamment celles qui auront pour objet l'emploi judicieux et équitable des moyens d'assistance et de secours qu'elle sera appelée à départir. *Statuts et règlements.*

SEC. 5. *Décrètent de plus :* Elle pourra, quand le besoin s'en fera sentir, établir des succursales dans les Etats où les troupes de la Louisiane seront appelées, établir des relations et se concerter avec d'autres sociétés fondées dans le même but. *Succursales.*

SEC. 6. *Décrètent de plus :* Elle aura son domicile à la Nouvelle-Orléans. Son existence légale datera de l'adoption de cet acte, et continuera jusqu'à l'expiration de l'année qui suivra la fin de la guerre actuelle entre la Confédération et les Etats-Unis. *Domicile de la Société.*

SEC. 7. *Décrètent de plus :* Elle se réunira aussi souvent qu'elle jugera convenable, et pourra destituer les membres de la commission exécutive, ainsi que le Président et le Secrétaire, et procéder à leur remplacement quand bon lui semblera. *Destitution des Officiers.*

SEC. 8. *Décrètent de plus :* Elle sera tenue, pendant son existence, de transmettre à la Législature, à chaque session régulière, un rapport détaillé des opérations, recouvrements et déboursés de la société. *Rapport Annuel.*

SEC. 9. *Décrètent de plus :* Cet acte sortira son effet à compter du jour de son adoption.

ADOLPHUS OLIVIER,
Orateur de la Chambre des Représentants.
HENRY M. HYAMS,
Lieutenant-Gouverneur et Président du Sénat.

Approuvé le 16 janvier 1862.

THOMAS O. MOORE,
Gouverneur de l'Etat de la Louisiane.

Pour copie conforme,
PLINY D. HARDY,
Secrétaire d'Etat.

No. 62.] AN ACT
To regulate Forced and Judicial Sales of property.

Standard of value of property under seizure for forced sale.

SECTION 1. *Be it enacted by the Senate and House of Representatives of the State of Louisiana, in General Assembly convened,* That the appraisers appointed, and to be appointed by the provisions of the existing laws for appraising property in case of forced sales, shall adopt as a standard of appraisement the value of such property on the first day of April, eighteen hundred and sixty-one, whenever the property has been depreciated by the existing war.

Property offered for sale must bring its full value.

SEC. 2. *Be it further enacted, &c.,* That if the price offered by the highest and last bidder does not reach the full amount of the appraisement made on it according to the above standard, then the property shall not be adjudged, and the sale shall be postponed for twelve months after the termination of the existing war between the Confederate States and the United States and returned to the defendant, the plaintiff paying the costs of execution and advertisement.

The first and second sections of this act to apply to sales in cases of partition.

SEC. 3. *Be it further enacted, &c.,* That the first and second sections of this act shall also apply to sales of property in cases of partition.

Adjudication of property sold under 12 months bond.

SEC. 4. *Be it further enacted, &c.,* That property seized on an execution issued on a twelve months' bond, or on a judgment, where the appraisement has been waived, shall not be adjudicated unless it brings its appraised value according to the first and second sections of this act.

This act not to apply to Fiduciaries, etc.

SEC. 5. *Be it further enacted, &c.,* That this act shall not apply to fiduciaries or defaulters of any trust fund, nor to the laws for the collection of city, parish, State or Confederate States taxes, nor to the interest due minors or money loaned, nor to moneys due charitable institutions for rents or subscription, nor to special taxes for levee purposes, nor to claims due the State of Louisiana, which have the force and effect of a judgment in the contract.

Certain laws suspended.

SEC. 6. *Be it further enacted, &c.,* That all laws and parts of laws conflicting with this act, be, and the same are hereby suspended until twelve months after the termination of the war.

SEC. 7. *Be it further enacted, &c.,* That this act shall take effect from and after its passage.

ADOLPHUS OLIVIER,
Speaker of the House of Representatives.
HENRY M. HYAMS,
Lieutenant Governor and President of the Senate.

Approved January 17th, 1862.
THOS. O. MOORE,
Governor of the State of Louisiana.

A true copy.
PLINY D. HARDY,
Secretary of State.

No. 63.] AN ACT
To organize the Police of the city of New Orleans, and to create a Police Board therein.

SECTION 1. *Be it enacted by the Senate and House of Representatives of the State of Louisiana, in General Assembly convened,* That from and after the next election of Mayor, for the city of New Orleans, the Police of the said city shall be organized by an ordinance determining the number of officers of which it shall be composed, and the places and functions

No. 62.] ACTE

Réglant les procédures dans les Ventes Judiciaires et forcées.

Section 1. *Le Sénat et la Chambre des Représentants de l'État de la Louisiane, réunis en Assemblée Générale, décrètent :* Les estimateurs nommés ou qui pourront par la suite être nommés, en vertu des lois existantes, pour faire l'estimation des biens dans les ventes forcées, devront, lorsque les biens qu'ils seront appelés à estimer auront subi une dépréciation quelconque par suite de la guerre actuelle, adopter pour base de leur estimation la valeur de ces biens à la date du 1er avril 1861. Base de l'estimation.

Sec. 2. *Décrètent de plus :* Quand l'enchère la plus élevée n'atteindra pas le chiffre de l'estimation arrêté aux termes de la première section de cet acte, il ne sera point fait adjudication de la propriété, mais la vente en sera renvoyée à douze mois après la conclusion d'un traité de paix entre la Confédération et les Etats-Unis ; la propriété, dans ce cas, sera rendue au défendeur, et le poursuivant condamné aux frais d'annonce et d'exécution. Condition de l'adjudication.

Sec. 3. *Décrètent de plus :* Les sections 1 et 2 du présent acte s'appliqueront aux partages de biens entre co-propriétaires. Partages entre co-propriétaires.

Sec. 4. *Décrètent de plus :* Il ne sera vendu aucune propriété en vertu d'un ordre de saisie lancé à l'expiration d'un cautionnement de douze mois, ni en vertu d'un jugement, lorsque la partie saisie n'aura pas réclamé d'estimation, à moins que ladite propriété n'atteigne le chiffre de l'estimation requis par les sections 1 et 2 de cet Acte. Ventes à l'expiration du cautionnement de 12 mois.

Sec. 5. *Décrètent de plus :* Les dispositions de cet acte ne s'appliqueront point aux fiduciaires, ni aux dépositaires qui refuseront de rendre compte des fonds qui leur auront été confiés ; elles ne dérogeront pas non plus aux lois relatives à la perception des taxes de ville, de paroisse, d'Etat ou de Confédération ; elles n'empêcheront pas de recouvrer les intérêts dûs aux mineurs, ni le produit des placements, ni les sommes dues aux institutions charitables à titre de rentes ou de souscriptions, ni les taxes spécialement affectées aux levées, ni l'argent dû à l'Etat de la Louisiane en vertu de contrats portant titres exécutoires. Restrictions.

Sec. 6. *Décrètent de plus :* Toutes lois ou parties de lois contraires à ces présentes sont et demeureront suspendues jusqu'à l'expiration des douze mois qui suivront la conclusion de la paix. Suspension des lois à ce contraires.

Sec. 7. *Décrètent de plus :* Le présent acte entrera en vigueur le jour de son adoption.

ADOLPHUS OLIVIER,
Orateur de la Chambre des Représentants.

HENRY M. HYAMS,
Lieutenant-Gouverneur et Président du Sénat.

Approuvé le 17 janvier 1862.

THOMAS O. MOORE,
Gouverneur de l'Etat de la Louisiane.

Pour copie conforme,
P. JNY D. HARDY,
Secrétaire d'Etat.

No. 63.] ACTE

Pourvoyant à l'organisation de la Police et à l'établissement d'un Bureau de Police, dans la ville de la Nouvelle-Orléans.

Section. 1. *Le Sénat et la Chambre des Représentants de l'État de la Louisiane, réunis en Assemblée Générale, décrètent :* Immédiatement

The number of officers, their functions and salaries, of the Police of New Orleans, to be fixed by an ordinance after the next election of Mayor.

to be assigned to said officers, respectively, as well as the salary to be allowed to them, and the uniform that they shall wear; provided, that the salary of each policeman shall not be less than seventy-five dollars per month.

Appointment of said officers.

SEC. 2. *Be it further enacted, &c.*, That the Mayor shall appoint the said officers, with the advice and consent of the Police Board hereinafter provided, and the officers thus appointed shall remain in office during good behavior.

Qualifications of said officers.

SEC. 3. *Be it further enacted &c.*, That said officers shall be selected from men who can read and write the English language, and in the second and third districts from such as can speak and write both French and English, and who shall give evidence that they are citizens of the Confederate States of America, and that they have resided in the city of New Orleans upwards of ten consecutive years.

Said officers inhibited from intermeddling with elections.

SEC. 4. *Be it further enacted, &c.*, That said Police officers shall be, and are hereby expressly inhibited and forbidden from interfering, or in any manner whatever intermeddling, directly or indirectly, with any election whether of city or of States and Confederate States officers, but will only deposit their votes as all other citizens.

Penalty for meddling with elections.

SEC. 5. *Be it further enacted, &c.*, That any police officer, who shall have been found, or who shall be proved to have in any instance meddled with any election, either directly or indirectly, except so far as casting his vote is concerned, shall be dismissed from the Police, and be incapable to receive any appointment in the same thereafter.

Two citizens to be elected who together with the Mayor shall constitute the Police Board.

SEC. 6. *Be it further enacted, &c.*, That the day on which the next election of Mayor shall take place, the voters of the city of New Orleans shall elect two citizens from each district to be members of a board to be called the Police Board, which shall consist of the members thus elected and of the Mayor, who, by virtue of his office, shall preside over the same and shall have no vote, except in case of division by a tie among the other members.

Qualifications of the said members.

That said members to be thus elected shall be citizens of the Confederate States, have resided in the city upwards of ten years, and have paid the year preceeding his election a city tax on real property and slaves of at least two hundred dollars.

Said Board shall constitute a tribunal to try Police officers.

SEC. 7. *Be it further enacted, &c.*, That said Board shall constitute a tribunal before whom all charges against Police officers shall be brought, and have power to suspend from employment for a time, or to dismiss indefinitely from the Police, such as shall have been found guilty of any misconduct or neglect in office, and such officers so removed shall be incapable of holding any office hereafter in the said Police.

Meetings of said Board shall appoint a Secretary; his duties

SEC. 8. *Be it further enacted, &c.*, That said Board shall meet at stated times in one of the rooms of the City Hall, at least twice every month; and they shall appoint a Secretary, whose duty it shall be to keep a detailed record of their proceedings, and shall receive a salary of one thousand dollars a year, and hold his office at the pleasure of the Board. A majority of the Board shall form a quorum, and have authority to transact the business before them, and the majority of the members present shall decide all questions, the President being entitled to only a casting vote.

Penalty for present Police officers interfering with elections hereafter.

SEC. 9. *Be it further enacted, &c.*, That if any persons now employed as Police officers, shall, at the next election of Mayor and Recorders, and in any elections thereafter, interfere in any manner whatever, directly or indirectly, except so far as the casting of his vote is concerned, shall be incapable of receiving an appointment on the Police to be formed under the provisions of this act, and shall ever be excluded from said Police.

après la prochaine élection du Maire de la Nouvelle-Orléans, il devra être rendu une ordonnance à l'effet d'organiser la police de ladite ville. Cette ordonnance déterminera le nombre d'officiers dont la police sera composée, ainsi que les différentes fonctions qui leur seront assignées ; elle réglera l'uniforme qu'ils devront porter et arrêtera les salaires auxquels ils auront droit ; bien entendu que le salaire d'aucun officier de police ne pourra jamais être moindre de soixante-quinze piastres par mois. *Fonctions, salaires, uniforme, etc., des officiers de police.*

Sec. 2. *Décrètent de plus :* Le Maire, avec l'avis et le consentement du Bureau de Police, nommera aux différentes fonctions créées par cet acte ; bien entendu que les places seront données à vie, et que les officiers qui y seront nommés ne pourront être destitués que pour cause de mauvaise conduite. *Nomination des officiers.*

Sec. 3. *Décrètent de plus :* Nul ne sera admis à occuper un emploi dans la police s'il ne sait lire et écrire l'anglais ; dans les Second et Troisième Districts les employés de la police seront tenus de savoir lire et écrire le français et l'anglais ; ils devront en outre être citoyens des Etats-Confédérés d'Amérique et justifier d'une résidence de dix années consécutives à la Nouvelle-Orléans. *Condition que devront remplir les candidats.*

Sec. 4. *Décrètent de plus :* Il est par ces présentes expressément défendu aux officiers de police de prendre aucune part dans les élections municipales ou générales, soit directement soit indirectement, excepté pour déposer leurs bulletins dans le scrutin de leurs arrondissements respectifs. *Il est fait défense aux officiers de police de prendre part aux élections.*

Sec. 5. *Décrètent de plus :* Tout employé de la police qui sera convaincu d'avoir violé la prohibition portée à la précédente section, sera destitué de ses fonctions et déclaré à tout jamais incapable d'occuper un emploi dans la police. *Pénalité.*

Sec. 6. *Décrètent de plus :* A la prochaine élection du Maire les électeurs de la Nouvelle-Orléans éliront deux citoyens dans chaque district, lesquels formeront un Conseil ou Bureau de Police que le Maire présidera d'office. Ce fonctionnaire n'aura pas voix au conseil, mais il pourra départager les opinions quand il y aura égalité de suffrages. Nul ne sera éligible au Conseil s'il n'est citoyen des Etats Confédérés et s'il n'a résidé à la Nouvelle-Orléans pendant plus de dix ans. Il devra en outre avoir payé, dans le courant de l'année qui précèdera son élection, une taxe municipale d'au moins deux cents piastres, en qualité de propriétaire d'immeubles ou d'esclaves. *Formation du bureau de police.* *Qualités requises pour être élu au Conseil.*

Sec. 7. *Décrètent de plus :* Ledit conseil connaîtra de toutes les accusations portées contre les employés de la police, et pourra suspendre de leurs fonctions ou destituer tous ceux qui seront convaincus d'avoir manqué à leurs devoirs. Les employés qui seront destitués par ce tribunal seront exclus à tout jamais du corps de la police. *Attributions du Conseil.*

Sec. 8. *Décrètent de plus :* Les membres du Conseil se réuniront à des intervalles déterminés, mais au moins une fois tous les deux mois, dans une des chambres de l'Hôtel de Ville. Ils éliront un Secrétaire qui rédigera les procès-verbaux de leurs délibérations ; ce fonctionnaire recevra un traitement annuel de mille piastres et sera destituable par le Conseil, à volonté. Toutes les questions seront réglées dans ce corps à la majorité des suffrages. Le Président n'aura que la voix prépondérante. *Séances.* *Secrétaire du Conseil.*

Sec. 9. *Décrètent de plus :* Tout officier actuellement employé dans le service de la police qui s'immiscera dans la prochaine élection du Maire ou des Recorders, ou dans une élection subséquente, autrement que pour déposer son bulletin, sera exclu, sa vie durant, de tout emploi dans la police qui sera organisée en vertu de cet acte. *Il est défendu aux officiers actuellement employés de s'immiscer dans les élections.*

The days of the meeting of the Board to be fixed at its first meeting. Other powers of the Board.

SEC. 10. *Be it further enacted, &c.*, That the Police Board shall, at its first meeting, determine and fix the days on which it shall meet, and have power to change and increase the number of their meetings as circumstances may require, and have authority to elect a President to act in the place of the Mayor, whenever the latter shall be absent or incapable of attending, but in that case the President thus elected shall be entitled to a vote in case of an equal division.

Time of the election of members of the Police Board.

SEC. 11. *Be it further enacted, &c.*, That the members of said Board shall be elected at the time of election of the Mayor and Recorders of the city of New Orleans, and shall hold their office during the whole time intervening between two elections.

Repealing clause.

SEC. 12. *Be it further enacted, &c.* That all laws, or parts of laws contrary to, or conflicting with the provisions of this bill, be, and the same are hereby repealed.

SEC. 13. *Be it further enacted, &c.*, That this act shall take effect from and after its passage.

ADOLPHUS OLIVIER,
Speaker of the House of Representatives.
HENRY M. HYAMS,
Lieutenant Governor and President of the Senate.

Approved 17th January 1862.

THOS. O. MOORE,
Governor of the State of Louisiana.

A true copy.
PLINY D. HARDY,
Secretary of State.

No. 64.] AN ACT

For the relief of Horace F. Voorhies, Sheriff and Tax Collector in and for the parish of Lafayette.

$88.73 to be refunded to the Sheriff of the parish of Lafayette.

SECTION 1. *Be it enacted by the Senate and House of Representatives of the State of Louisiana, in General Assembly convened*, That the sum of eighty-eight dollars and seventy-three cents, be, and the same is hereby appropriated, out of any moneys in the Treasury not otherwise appropriated, for the purpose of refunding to H. F. Voorhies that amount which he paid into the State Treasury as forfeited on his commission on taxes of one thousand eight hundred and sixty, and licenses of one thousand eight hundred and sixty-one, for not effecting a partial settlement with the State within the first five days of July, one thousand eight hundred and sixty-one.

To take effect from its passage.

SEC. 2. *Be it further enacted, &c.*, That this act take effect from and after its passage.

ADOLPHUS OLIVIER,
Speaker of the House of Representatives.
HENRY M. HYAMS,
Lieutenant Governor and President of the Senate.

Approved January 20th, 1862.

THOS. O. MOORE,
Governor of the State of Louisiana.

A true copy.
PLINY D. HARDY,
Secretary of State.

Sec. 10. *Décrètent de plus :* Les membres du Bureau devront, à leur première séance, fixer l'époque de leurs réunions; bien entendu qu'ils pourront s'assembler aussi souvent qu'ils le jugeront nécessaire, et choisir quelqu'un d'entre eux pour présider la séance dans l'absence du Maire. Le membre appelé à la présidence intérimaire pourra aussi départager les suffrages. Epoque des réunions.
Présidence intérimaire.

Sec. 11. *Décrètent de plus :* Les membres du Bureau de Police seront élus en même temps que le Maire et les Recorders, et occuperont leurs fonctions pendant l'intervalle qui sépare les élections de ces fonctionnaires. Election des membres du bureau.

Sec. 12. *Décrètent de plus :* Toutes lois ou parties de lois à ce contraires sont par ces présentes abrogées. Abrogation des lois contraires au présent acte.

Sec. 13. *Décrètent de plus :* Le présent Acte entrera en vigueur à partir de son adoption.

ADOLPHUS OLIVIER,
Orateur de la Chambre des Représentants.
HENRY M. HYAMS,
Lieutenant-Gouverneur et Président du Sénat.

Approuvé le 17 janvier 1862.

THOMAS O. MOORE,
Gouverneur de l'Etat de la Louisiane.

Pour copie conforme,
 PLINY D. HARDY,
  Secrétaire d'Etat.

No. 64] ACTE

Acccordant une indemnité à Horace F. Voorhies, Shérif et Percepteur de taxes de la paroisse Lafayette.

SECTION 1. *Le Sénat et la Chambre des Représentants de l'Etat de la Louisiane, réunis en Assemblée Générale, décrètent :* La somme de quatre vingt-huit piastres et soixante-treize sous est assignée par ces présentes sur tous fonds dans le Trésor non autrement affectés, à l'effet d'indemniser H. F. Voorhies de la déchéance de certains droits de commission sur une partie des taxes de 1860 et des licences de 1861 versés par lui dans le Trésor, mais dont il était encore reliquataire dans les premiers cinq jours de juillet 1861. Réintégration des droits de commission de H. F. Voorhies.

SEC. 2. *Décrètent de plus :* Le présent acte aura force de loi à dater de son adoption.

ADOLPHUS OLIVIER,
Orateur de la Chambre des Représentants.
HENRY M. HYAMS,
Lieutenant-Gouverneur et Président du Sénat.

Approuvé le 20 janvier 1862.

THOMAS O. MOORE,
Gouverneur de l'Etat de la Louisiane.

Pour copie conforme,
 PLINY D. HARDY,
  Secrétaire d'Etat.

No. 67.]   AN ACT

For the relief of Isaac N. Collins.

$2,603 allowed Isaac N. Collins for work done on the State House.

SECTION 1. *Be it enacted by the Senate and House of Representatives of the State of Louisiana, in General Assembly convened,* That the Auditor of Public Accounts is hereby authorized and required to issue his warrant on the State Treasurer in favor of Isaac N. Collins for the sum of twenty six hundred and three dollars and seventy cents in full, for work done at the State House, under act number two hundred and sixty-five, approved March twenty first, eighteen hundred and sixty-one.

This act to take effect from its passage.

SEC. 2. *Be it further enacted, &c.,* That this act take effect from and after its passage.

ADOLPHUS OLIVIER,
Speaker of the House of Representatives.
HENRY M. HYAMS,
Lieutenant Governor and President of the Senate.

Approved January 20th, 1862.

THOS. O. MOORE,
Governor of the State of Louisiana.

A true copy.
PLINY D. HARDY,
Secretary of State.

No. 68.]   AN ACT

To authorize the Free Banks now existing to issue circulating notes in accordance with the provisions of Ordinance number thirty of the State Convention.

Authorized to issue circulating notes.

SECTION 1. *Be it enacted by the Senate and House of Representatives of the State of Louisiana, in General Assembly convened,* That the Free Banks now existing in the State, be, and the same are hereby authorized to issue circulating notes in pursuance of an Ordinance of the late State Convention entitled "An ordinance relative to Banking corporations in the State of Louisiana;" provided, that the amount of circulating notes

Proviso.

issued by any Bank, and outstanding at any one time, shall not exceed three-fourths of the amount of the capital thereof paid in, including circulating notes issued under the Free Banking Law.

Execution and registration of said notes.

SEC. 2. *Be it further enacted, &c.,* That the circulating notes hereby authorized to be issued, shall be executed and signed in the manner prescribed by the eighteenth section of an act entitled "An act to establish a general system of Free Banking in the State of Louisiana," approved fifteenth March, eighteen hundred and fifty-five, except that the same shall not be countersigned by the Auditor nor registered by him; but the same shall be registered by the Bank issuing the same in a book to be kept for that purpose, a copy of which shall be deposited with the Board of Currency.

Said notes to constitute a part of the cash liabilities of the Banks issuing them.

SEC. 3. *Be it further enacted, &c.,* That the circulating notes, issued under the provisions of this act, shall constitute a part of the cash liabilities of the Bank issuing the same; that the cash liabilities of each Bank shall always be represented by at least one-third in specie, and the balance in good paper, payable in full at maturity within ninety days, and that no

Cash liabilities of said Banks.

Bank shall issue from its counter any other than its own notes, nor charge

Rates of discount.

a greater rate of discount than six per cent on paper, having not over one

No. 67.]   ACTE

Allouant certaine réclamation d'Isaac N. Collins.

SECTION 1. *Le Sénat et la Chambre des Représentants de l'Etat de la Louisiane, réunis en Assemblée Générale, décrètent :* L'Auditeur des Comptes publics est requis par ces présentes d'émettre son mandat sur le Trésor de l'Etat en faveur d'Isaac N. Collins, pour la somme de deux mille six cent trois piastres et soixante-dix sous, en paiement de certains travaux exécutés au Capitole par ledit Collins, en vertu de l'acte No. 265, approuvé le 21 mars 1861. — Allocation

SEC. 2. *Décrètent de plus :* Le présent acte aura force de loi à dater de son adoption.

ADOLPHUS OLIVIER,
Orateur de la Chambre des Représentants.
HENRY M. HYAMS,
Lieutenant-Gouverneur et Président du Sénat.

Approuvé le 20 janvier 1862.

THOMAS O. MOORE,
Gouverneur de l'Etat de la Louisiane.

Pour copie conforme,
PLINY D. HARDY,
Secrétaire d'Etat.

No. 68.]   ACTE

Autorisant les Banques libres actuellement existantes à émettre des billets de circulation, conformément aux dispositions de l'ordonnance No. 30 de la Convention d'Etat.

SECTION 1. *Le Sénat et la Chambre des Représentants de l'Etat de la Louisiane, réunis en Assemblée Générale, décrètent :* Les banques libres actuellement existantes dans cet Etat sont autorisées, par ces présentes, à émettre des billets de circulation, conformément aux dispositions d'une ordonnance de la dernière Convention d'Etat intitulée : "Ordonnance relative aux corporations de banque dans l'Etat de la Louisiane" ; bien entendu que le montant desdits billets mis en circulation par une banque quelconque, ne devra jamais excéder les trois quarts du capital en caisse, en y comprenant les billets de circulation émis sous l'autorité de la loi relative aux banques libres. — Emission de billets de circulation. Restriction.

SEC. 2. *Décrètent de plus :* Les billets de circulation dont l'émission est autorisée par ces présentes devront être faits et signés suivant les prescriptions de la 18me section d'un acte intitulé : "Acte pourvoyant à l'établissement d'un système général de banques libres dans l'Etat de la Louisiane," approuvé le 15 mars 1855 ; ils ne seront, néanmoins, ni contresignés ni enregistrés par l'Auditeur, mais chaque banque tiendra son registre de circulation dont elle fournira une copie au Bureau de Circulation. — Forme et enregistrement de ce billet.

SEC. 3. *Décrètent de plus :* Les billets de circulation émis par une banque quelconque, en vertu de cet acte, formeront une partie des effets dont elle sera comptable à la première réquisition du porteur, et afin de garantir les détenteurs de tels effets de ce genre mis en circulation par les banques, elles seront tenues d'avoir en caisse des valeurs réelles correspondantes, dont un tiers en numéraire et le reste en effets payables dans leur intégralité à des échéances de quatre-vingt-dix jours. Il ne sera permis à aucune banque d'émettre d'autres billets que les siens. Le taux de

hundred and thirty days to run, and not more than nine per cent on paper having over that time to run.

Penalty for not complying with the requisitions of this act. SEC. 4. *Be it further enacted, &c.*, That any Bank, which shall willfully issue circulating notes in excess of the amount authorized by this act, shall forfeit its charter and privileges, and shall be liable to a penalty of *ten thousand dollars*, to be sued for and recovered by the Attorney General for the use of the State.

Withdrawal of their Bonds by said Banks. SEC. 5. *Be it further enacted, &c.*, That the bonds now deposited with the Auditor, for the security of the circulation of said Banks, shall not be withdrawn until the notes to secure which they were deposited are returned and cancelled; and that they be allowed to withdraw their dies and plates.

This act shall take effect from its passage. SEC. 6. *Be it further enacted, &c.*, That this act shall take effect from and after its passage.

ADOLPHUS OLIVIER,
Speaker of the House of Representatives.
HENRY M. HYAMS,
Lieutenant Governor and President of the Senate.
Approved January 20th, 1862.
THOS. O. MOORE,
Governor of the State of Louisiana.

A true copy.
PLINY D. HARDY,
Secretary of State.

No. 69.] AN ACT

Relative to suits or proceedings for the forfeiture of charters of the Banks of this State, or the involuntary liquidation thereof.

Suits and proceedings against Banks for forfeiture of their charter suspended. SECTION 1. *Be it enacted by the Senate and House of Representatives of the State of Louisiana, in General Assembly convened,* That during the existing war, and for twelve months thereafter, no suit or proceeding shall be instituted or prosecuted, nor any act done, or protest made for the nonpayment of Bank notes in coin or specie, or for non payment of their weekly balances in specie or coin; or for receiving and paying out other notes than their own at their counter; or for issuing circulating notes of denominations less than five dollars, or for granting any renewals; nor for declaring dividends; nor authority exercised for the purpose of procuring the forfeiture of the charter, or the involuntary. liquidation of any Bank, created or organized under any law of this State, by any court, or officer, or Notary, or other person, except by special direction of the General Assembly, or of the Governor, who is hereby vested with discretionary power over the subject during the recess of the General Assembly; provided, that said Banks shall continue to receive and pay out at par Confederate *Proviso.* States Treasury notes; provided, further, that said Confederate States Treasury Notes shall not be considered a part of their cash liabilities.

Said Banks shall conform in all other respects to the act of 5th February, 1852. SEC. 2. *Be it further enacted, &c.*, That in all other respect, the said several Banks shall strictly conform to, and obey the requisitions of the act approved the fifth of February, eighteen hundred and forty-two, entitled "An act to revive the charters of the several Banks located in the city of New Orleans, and for other purposes," except the second,

l'escompte qu'elles seront autorisées à percevoir ne pourra jamais excéder six pour cent sur les effets payables dans cent trente jours ou moins, ni neuf pour cent sur les effets à plus longues échéances.

SEC. 4. *Décrètent de plus :* Toute banque qui dans l'émission de ses ses billets excèdera sciemment le chiffre déterminé par cet acte, sera déchue de ses priviléges et privée de sa charte, et sera en outre passible d'une amende de dix mille piastres, recouvrable à la diligence de l'Avocat-Général, pour l'usage de l'Etat. <small>Section comminatoire.</small>

SEC. 5. *Décrètent de plus :* Les cautionnements déposés au Bureau de l'Auditeur pour garantir la circulation des banques, ne leur seront remis qu'après remise et cancellation des billets en garantie desquels ils ont été fournis. Les différentes banques seront autorisées à reprendre les coins et planches qui leur appartiennent. <small>Remise des coins et planches</small>

SEC. 6. *Décrètent de plus :* Le présent Acte entrera en vigueur le jour de son adoption.

ADOLPHUS OLIVIER,
Orateur de la Chambre des Représentants.
HENRY M. HYAMS,
Lieutenant-Gouverneur et Président du Sénat.

Approuvé le 20 janvier 1862.

THOMAS O. MOORE,
Gouverneur de l'Etat de la Louisiane.

Pour copie conforme,
    P. D. HARDY,
        Secrétaire d'Etat.

No. 69.]   ACTE

Relatif aux poursuites et procédures en révocation des chartes des Banques de l'Etat et à leur liquidation forcée.

SECTION. 1. *Le Sénat et la Chambre des Représentants de l'Etat de la Louisiane, réunis en Assemblée Générale, décrètent :* Pendant la durée de la présente guerre et pendant les douze mois qui suivront la conclusion de la paix, il ne sera ni intenté de procès, ni exercé de poursuites, ni fait de protêts contre aucune banque qui refusera de convertir ses billets en numéraire, ou de payer en espèces les balances dont elle sera redevable dans ses règlements hebdomadaires, ou qui aura reçu et passé d'autres billets que les siens, ou émis des billets de circulation d'une dénomination moindre de cinq piastres, ou accordé un renouvellement de ses effets, ou déclaré des dividendes ; et il ne sera rendu aucun décret ni fait aucun acte officiel par aucun tribunal, notaire ou fonctionnaire quelconque, à l'effet de révoquer ou de faire révoquer les priviléges des banques organisées en vertu des lois de cet Etat, sans l'autorisation spéciale de l'Assemblée Générale ou du Gouverneur, qui est par ces présentes revêtu de pleins pouvoirs en cette matière, pendant l'intervalle des sessions de la Législature ; bien entendu que lesdites banques continueront à recevoir et à émettre, au pair, les billets de la Trésorerie des Etats-Confédérés, et qu'elles n'en seront point comptables en numéraire à la réquisition des porteurs <small>Surséance des poursuites judiciaires contre les banques.</small>

SEC. 2. *Décrètent de plus :* Sauf les restrictions sus-énumérées, les banques seront régies, en tout point, par les dispositions de l'acte du 5 février 1842, intitulé : "Acte à l'effet de renouveler les chartes des banques établies à la Nouvelle-Orléans, etc." Elles ne seront cependant pas tenues de se conformer aux dispositions contenues dans les paragraphes 1, 2 et 3 <small>Suspension de certaines lois relatives aux banques.</small>

Except the 2d, 3d and 4th paragraphs of said act.

third and fourth paragraphs of the first section of said act, which are hereby suspended until twelve months after the termination of the existing war, and of the several acts amending the same ; and the Banks in operation under this act, approved the fifteenth of March, eighteen hundred and fifty-five, entitled "An act to establish a general system of Free Banking in the State of Louisiana," commonly called the Free Banks, shall conform to, and obey the requisitions of all the laws in force under which they were in operation on the sixteenth of September, eighteen hundred and sixty-one, except those specially excepted or suspended by this act.

Free Banks to conform to the Law of 1855, creating the same.

Penalty for disobeying the 2nd section of this act.

SEC. 3. *Be it further enacted, &c.,* That if any of said Banks shall neglect or refuse to conform to and obey the dictates of the second section of this act, it shall be the duty of the Attorney General to proceed against said Bank or Banks as the case may be, according to law.

The Banks shall not sell their coin for a certain time.

SEC. 4. *Be it further enacted, &c.,* That no Bank shall sell any of its coin during the time that the provisions of the first section of this act shall have effect, and that any violations of this section shall work a forfeiture of the charter of such Bank or Banks; and the President and Directors of such Bank or Banks, shall be liable, *in solido,* for the amount or amounts of coin so sold, recoverable on the suit of the State of Louisiana, and the amounts so recovered shall be deposited in the Treasury of the State ; provided, nothing in this act shall be so construed as to prevent any of said Banks from loaning coin to this State, or the Confederate States.

Proviso.

This act shall take effect from its passage.

SEC. 5. *Be it further enacted, &c.,* That this act shall take effect from and after its passage.

ADOLPHUS OLIVIER,
Speaker of the House of Representatives.
H. M. HYAMS,
Lieutenant Governor and President of the Senate.

Approved January 20th, 1862.

THOS. O. MOORE,
Governor of the State of Louisiana.

A true copy.
PLINY D. HARDY,
Secretary of State.

No. 70.]   AN ACT

To authorize the issue of State bonds to Railroad Companies, agreeably to Ordinance number twenty-nine, of the Louisiana State Convention, adopted March twenty-third, one thousand eight hundred and sixty one.

Bonds of six thousand dollars per mile to be issued by the Governor to certain Railroad Companies.

SECTION 1. *Be it enacted by the Senate and House of Representatives of the State of Louisiana, in General Assembly convened,* That whenever the Governor of this State shall be satisfied that either the Vicksburg, Shreveport and Texas Railroad Company; the Baton Rouge, Gross Tete and Opelousas Railroad Company; the Central Stem of the Mississippi and Pacific Railroad Company, or the New Orleans, Opelousas and Great Western Railroad Company, to the stock of which the State is a subscriber, shall have graded within the State five or more consecutive miles of road upon which iron shall not have been laid, then, and in that case, the Governor shall cause bonds to be issued to such Railroad Companies aforesaid, not exceeding six thousand dollars per mile of road so actually graded,

de la première section de cet acte ; cette partie de la loi telle qu'elle a été amendée par des actes subséquents, sera nulle et de nul effet pendant la guerre et jusqu'à l'expiration des douze mois qui suivront la conclusion de la paix. Les banques organisées en vertu de la loi du 15 mars 1855, intitulée : "Acte pourvoyant à l'établissement d'un système général de banques libres en Louisiane," se conformeront aux lois par lesquelles elles étaient régies à la date du 16 septembre 1861 ; bien entendu qu'elles jouiront du bénéfice de toutes les modifications apportées aux dites lois par le présent acte.

Sec. 3. *Décrètent de plus :* Au cas où une banque négligerait ou refuserait de se conformer aux dispositions de la section précédente, il sera du devoir de l'Avocat-Général d'exercer contre elle les poursuites prescrites par la loi.

Sec. 4. *Décrètent de plus :* Toute banque qui vendra son numéraire durant l'opération de la première section de cet acte, sera privée de sa charte ; et les Président et Directeurs d'icelle, (sur poursuites intentées au nom de l'Etat), pourront être condamnés solidairement, à verser dans le Trésor de l'Etat le montant intégral du numéraire dont ils auront ainsi disposé. Les banques seront autorisées à prêter leur numéraire à l'Etat de la Louisiane et aux Etats-Conféderés, nonobstant les dispositions précédentes.

Sec. 5. *Décrètent de plus :* Le présent Acte entrera en vigueur à dater de son adoption.

ADOLPHUS OLIVIER,
Orateur de la Chambre des Représentants.

HENRY M. HYAMS,
Lieutenant-Gouverneur et Président du Sénat.

Approuvé le 20 janvier 1862.

THOMAS O. MOORE,
Gouverneur de l'Etat de la Louisiane.

Pour copie conforme,
PLINY D. HARDY,
Secrétaire d'Etat.

No. 70.]   ACTE

Autorisant l'émission de bons de l'Etat en faveur des Compagnies de chemins de fer, sous l'autorité de l'Ordonnance No. 29, adoptée par la Convention d'Etat, le 23 mars 1861.

SECTION 1. *Le Sénat et la Chambre des Représentants de l'Etat de la Louisiane, réunis en Assemblée Générale, décrètent :* Lorsque l'Etat aura souscrit au fonds capital d'une des compagnies suivantes : La Compagnie de chemin de fer de Vicksburg et du Texas, la Compagnie de chemin de fer de Baton-Rouge, Vicksburg et Opelousas, la Compagnie de la ligne centrale du chemin de fer du Mississippi à l'Océan Pacifique, la Compagnie du chemin de fer Grand-Occidental de la Nouvelle-Orléans et des Opelousas, et que cette Compagnie aura tracé et nivelé, dans les limites de l'Etat, cinq milles ou plus de cinq milles de chemin sur lesquels il n'aura pas été posé de rails, le Gouverneur, en vertu de l'Ordonnance du 23 mars 1861,

according to the provisions of ordinance number twenty-nine, of the Louisiana State Convention, adopted March twenty-third, eighteen hundred and sixty-one; provided, that the bonds so issued shall not exceed the subscription of the State in the stock of said Company.

<small>Proviso.</small>

<small>Manner of issuing said bonds.</small>

SEC. 2. *Be it further enacted, &c.*, That the said bonds shall be issued in conformity to the provisions of section two, of the act entitled "An act to provide for the manner of giving the aid of the State to Railroad and Plankroad Companies," approved March twelfth, eighteen hundred and fifty-five, except that the words "Confederate States," shall be substituted for the words "United States;" provided, that said bonds shall not be sold or disposed of by said Companies at a greater discount than five per cent.; and provided, further, that the Governor may defer the issuing of said bonds until satisfied that the same may be used exclusively for the purchase of railroad iron.

<small>Proviso.</small>

ADOLPHUS OLIVIER,
Speaker of the House of Representatives.
HENRY M. HYAMS,
Lieutenant Governor and President of the Senate.
Approved January 20th, 1862.
THOS. O. MOORE,
Governor of the State of Louisiana.

A true copy.
PLINY D. HARDY,
Secretary of State.

No. 71.] AN ACT
To change the terms of the District Court of the Ninth Judicial District, in and for the parish of Sabine.

<small>Fixing the Jury terms in parish of Sabine.</small>

Be it enacted by the Senate and House of Representatives of the State of Louisiana, in General Assembly convened, That the Jury terms of the District Court, in and for the parish of Sabine, shall be held on the third Mondays in April and November, and the Court terms on the first Mondays in January and August.

ADOLPHUS OLIVIER,
Speaker of the House of Representatives.
HENRY M. HYAMS,
Lieutenant Governor and President of the Senate.
Approved January 20th, 1862.
THOS. O. MOORE,
Governor of the State of Louisiana.

A true copy.
PLINY D. HARDY,
Secretary of State.

fera émettre des bons en sa faveur jusqu'à concurrence de six mille piastres pour chaque mille de chemin ainsi tracé et nivelé. Bien entendu que l'émission desdits bons ne devra jamais excéder le montant que l'Etat aura souscrit au fonds capital de la Compagnie.

SEC. 2. *Décrètent de plus :* Les susdits bons seront émis conformément aux dispositions de la section 2 d'un acte intitulé : "Acte relatif aux subventions que l'Etat pourra voter aux chemins de fer et chemins planchéiés," approuvé le 12 mars 1855, excepté que les mots "Etats-Confédérés" devront être substitués aux mots "Etats Unis ; il est entendu qu'aucune Compagnie ne sera reçue à faire escompter les bons émis en sa faveur à un taux plus élevé que cinq pour cent, et que le Gouverneur sera autorisé à en différer l'émission jusqu'au moment où ils pourront être affectés à l'acquisition de rails pour le chemin.

Emission des bous de l'Etat.

ADOLPHUS OLIVIER,
Orateur de la Chambre des Représentants.
HENRY M. HYAMS,
Lieutenant-Gouverneur et Président du Sénat.

Approuvé le 20 janvier 1862.
THOMAS O. MOORE,
Gouverneur de l'Etat de la Louisiane.

Pour copie conforme,
PLINY D. HARDY,
Secrétaire d'Etat.

No. 71.] ACTE

A l'effet de changer l'époque des sessions de la 9me Cour de District, séante en la paroisse de Sabine.

Le Sénat et la Chambre des Représentants de l'Etat de la Louisiane, réunis en Assemblée Générale, décrètent : Les troisièmes lundis d'avril et de novembre la Cour de District de la paroisse de Sabine siègera avec juri ; les premiers lundis de janvier et d'août elle siègera sans juri.

ADOLPHUS OLIVIER,
Orateur de la Chambre des Représentants.
HENRY M. HYAMS,
Lieutenant-Gouverneur et Président du Sénat.

Approuvé le 20 janvier 1862.
THOMAS O. MOORE,
Gouverneur de l'Etat de la Louisiane

Pour copie conforme,
PLINY D. HARDY,
Secrétaire d'Etat.

No. 72.] AN ACT

To extend the incorporated limits of the town of Springfield, in the parish of Livingston.

Extension of the limits of the town of Springfield.

Be it enacted by the Senate and House of Representatives of the State of Louisiana, in General Assembly convened, That the incorporated limits of the town of Springfield, in the parish of Livingston, are hereby declared to be extended so as to include the entire tract of land surveyed by Brent, U. S. Deputy Surveyor, as the Springfield or Alexander Broockter tract of land, upon which the present incorporated town of Springfield, in the parish of Livingston, now stands.

ADOLPHUS OLIVIER,
Speaker of the House of Representatives.
HENRY M. HYAMS,
Lieutenant Governor and President of the Senate.
Approved January 20th, 1862.
THOS. O. MOORE,
Governor of the State of Louisiana.

A true copy.
PLINY D. HARDY,
Secretary of State.

No. 73.] AN ACT

For the relief of the Female Orphan Society, known as the Poydras Asylum of New Orleans.

Exemption from taxation.

Be it enacted by the Senate and House of Representatives of the State of Louisiana, in General Assembly convened, That the property of the Female Orphan Society, (known as the Poydras Asylum,) domiciled in the city of New Orleans, is hereby exempted from the payment of all State, parish and city taxes during the existing war.

ADOLPHUS OLIVIER,
Speaker of the House of Representatives.
HENRY M. HYAMS,
Lieutenant Governor and President of the Senate.
Approved January 20th, 1862.
THOS. O. MOORE,
Governor of the State of Louisiana.

A true copy.
PLINY D. HARDY,
Secretary of State.

No. 72.] ACTE

A l'effet de reculer les limites de la ville de Springfield dans la paroisse de Livingston.

Le Sénat et la Chambre des Représentants de l'Etat de la Louisiane, réunis en Assemblée Générale, décrètent :   Les limites de la ville de Springfield, dans la paroisse de Livingston, comprendront toute la terre arpentée par Brent, Arpenteur adjoint au service des Etats-Unis, et connue sous le nom de "Terre de Springfield" ou "Terre d'Alexandre Brookter." La ville de Springfield est située sur cette terre.

Limites de la ville.

ADOLPHUS OLIVIER,
Orateur de la Chambre des Représentants.
HENRY M. HYAMS,
Lieutenant-Gouverneur et Président du Sénat.

Approuvé le 20 janvier 1862.

THOMAS O. MOORE,
Gouverneur de l'Etat de la Louisiane.

Pour copie conforme,
Pliny D. Hardy,
Secrétaire d'Etat.

No. 73.] ACTE

Exemptant de la taxe la Société des Orphelines dite : "Asile Poydras de la Nouvelle-Orléans."

Le Sénat et la Chambre des Représentants de l'Etat de la Louisiane, réunis en Assemblée Générale, décrètent :   Les propriétés de la Société des Orphelines dite "Asile Poydras de la Nouvelle-Orléans", sont par ces présentes exemptées des taxes municipales, ainsi que des taxes de paroisse et d'Etat, pendant toute la durée de la présente guerre.

Exemption.

ADOLPHUS OLIVIER,
Orateur de la Chambre des Représentants.
HENRY M. HYAMS,
Lieutenant-Gouverneur et Président du Sénat.

Approuvé le 20 janvier 1862.

THOMAS O. MOORE,
Gouverneur de l'Etat de la Louisiane.

Pour copie conforme,
Pliny D. Hardy,
Secrétaire d'Etat.

No. 74.] AN ACT
To appropriate two thousand five hundred dollars, to the Hospital at Monroe, for the Sick and Wounded soldiers.

Appropriation of $2,500.

SECTION 1. *Be it enacted by the Senate and House of Representatives of the State of Louisiana, in General Assembly convened,* That the sum of two thousand five hundred dollars, be, and is hereby appropriated out of any money in the Treasury, not otherwise appropriated, for the use of the Hospital at Monroe, for the sick and wounded soldiers, to be drawn, used and expended by Robert W. Richardson, John Ray, Worley J. Q. Baker, and the Reverend John A McGuire, citizens of said town, who shall, at the next session of the General Assembly, lay before it a detailed account of the manner said sum has been expended.

R. W. Richardson and others, authorized to draw and use the same.

SEC. 2. *Be it further enacted, &c.,* That this act take effect from and after its passage.

ADOLPHUS OLIVIER,
Speaker of the House of Representatives.
HENRY M. HYAMS,
Lieutenant Governor and President of the Senate.

Approved January 20th, 1862.

THOS. O. MOORE,
Governor of the State of Louisiana.

A true copy.
PLINY D. HARDY,
Secretary of State.

No. 75.] JOINT REOLUTIONS
Acknowledging the indebtedness of the State of Louisiana and of the Confederate States to the patriotism and devotion of the Women of the State and Confederacy.

WHEREAS, The Legislature of the State of Louisiana is profoundly impressed with a sense of sincere and heartfelt pride in the exalted character of the women of the Confederate States of America, as it has been developed and displayed by their pride and public conduct upon numerous occasions of trial and trouble, (well calcultated to test the souls of men,) with which the history of the last five months of war, rapine, battle and blood has been characterized; and

WHEREAS, Sheer justice demands a public acknowledgement before the country and all generous and enlightened nations, that there exists in the bosom of this Legislature, and we believe in the bosom of every true and loyal patriot of the South, a deep seated emotion of regard, esteem and admiration, too deep and thrilling to be adequately expressed for the heroic, patriotic, noble and enlightened spirit of devotion of the women of the South to the cause of their beloved country, now engaged in a fearful but glorious struggle for independence; therefore,

First. *Be it resolved by the Senate and House of Representatives of the State of Louisiana, in General Assembly convened,* That the thanks and acknowledgements of this Legislature are due, and are hereby publicly tendered to the women of the State of Louisiana, and of the Confederate States of America, as a feeble but heart-felt return of gratitude to them for the generous and enthusiastic devotion of their talents, their industry and their means to the cause of their country, thereby eminently conducive to the comfort, health and efficiency of our army, and for the unlimited and abiding confidence which they have ever expressed and felt in the successful termination of our glorious struggle for freedom and independence.

No. 74.] ACTE

Votant une subvention de deux mille cinq cents piastres à l'Hôpital de Monroe, pour l'usage des militaires malades et blessés.

SECTION 1. *Le Sénat et la Chambre des Représentants de l'Etat de la Louisiane, réunis en Assemblée Générale, décrètent :* La somme de deux mille cinq cents piastres est votée par ces présentes à l'Hôpital de Monroe, sur tous fonds dans le Trésor dont il n'a pas été disposé par une assignation précédente, à l'effet de secourir les militaires malades ou blessés. Messieurs Robert W. Richardson, John Ray, Wesly J. Q. Baker et le révérend John McGuire, citoyens de la ville de Monroe, formeront une commission chargée de mandater pour ce montant et d'en surveiller l'emploi dont elle devra rendre compte par état détaillé, à la prochaine réunion des Chambres.

Appropriation de $2 500.

Commission chargée d'en faire l'emploi.

SEC. 2. *Décrètent de plus :* Cet Acte entrera en vigueur le jour de son adoption.

ADOLPHUS OLIVIER,
Orateur de la Chambre des Représentants.
HENRY M. HYAMS,
Lieutenant-Gouverneur et Président du Sénat.

Approuvé le 20 janvier 1862.

THOMAS O. MOORE,
Gouverneur de l'Etat de la Louisiane.

Pour copie conforme,
  PLINY D. HARDY,
    Secrétaire d'Etat.

No. 75.] RESOLUTION CONJOINTE

Rendant hommage au patriotisme et au dévouement des dames de la Louisiane et des Etats-Confédérés.

Attendu que l'Assemblée Générale de la Louisiane éprouve un légitime orgueil au souvenir du noble dévouement déployé en toutes occasions par les dames de la Confédération pendant ces journées sanglantes de notre révolution, où les âmes les plus intrépides sentaient défaillir leur courage ; *Et attendu* que l'Assemblée croit devoir exprimer devant la nation et tous les peuples généreux et civilisés, les sentiments de reconnaissance et d'admiration dont elle est pénétrée et qu'elle sait être partagés par tous les vrais patriotes témoins de l'héroïsme et du dévouement des dames de la Confédération, dans cette lutte suprême de la patrie pour son indépendance, en conséquence ;

Le Sénat et la Chambre des Représentants de l'Etat de la Louisiane, réunis en Assemblée Générale, ont résolu : Les remerciments de l'Assemblée sont par ces présentes votés aux dames de la Louisiane et des Etats-Confédérés d'Amérique pour la consécration à la cause de la patrie de leurs talents et de leurs fortunes, pour les généreux secours qu'elles ont portés à l'armée, et surtout pour leur inébranlable confiance dans le succès de nos armes et la conquête de notre indépendance.

Second. *Be it further resolved, &c.,* That the promptness and patriotism displayed by our country women, in cheerfully giving up their husbands, sons, fathers and brothers, and with holy zeal encouraging them to go forth from their homes, hitherto peaceful and happy, to the fields of battle, carnage and blood, and if necessary to death itself in defense of their honor and political rights, and in defense of freedom, and their sacred altars and firesides, have excited in our bosoms the deepest and sweetest emotions of thankfulness and praise, inciting us to prove ourselves worthy of such women.

Third. *Be it further resolved, &c.,* That in the opinion of this Legislature the standard of female character in any country, is also the standard of civilization and enlightenment of the people of that country, and of its legitimate rank among the nations of the earth; and we declare, for the people of Louisiana, our solemn determination to prove that we are worthy the high position so assigned to us as a nation, by the proud stand taken by the women of this State and of this Confederacy, and to this end, and unto our beloved country women, and in behalf of our citizen soldiers, we pledge our estates, our lives, and our sacred honor.

ADOLPHUS OLIVIER,
Speaker of the House of Representatives.
HENRY M. HYAMS,
Lieutenant Governor and President of the Senate.
Approved January 20th, 1862.
THOS. O. MOORE,
Governor of the State of Louisiana.

A true copy.
PLINY D. HARDY,
Secretary of State.

No. 76.]   AN ACT

To amend and re-enact the eighth section of an act entitled "An act to incorporate Amite city, in the parish of St. Helena."

Certain powers of the Police Jury to cease in said city.

SECTION 1. *Be it enacted by the Senate and House of Representatives of the State of Louisiana, in General Assembly convened,* That the eighth section of an act entitled "An act to incorporate Amite city, in the parish of St. Helena," be, and the same is hereby amended and re-enacted so as to read as follows: "Be it further enacted, etc., That the powers of the Police Jury of the parish of St. Helena, shall cease as regards the police and government of said city, and also, as regards the powers of imposing and levying taxes on coffee houses, shows, plays and all games taxable by the laws of this State.

SEC. 2. *Be it further enacted, &c.,* That this act take effect from and after the first day of January, eighteen hundred and sixty-three.

ADOLPHUS OLIVIER,
Speaker of the House of Representatives.
HENRY M. HYAMS,
Lieutenant Governor and President of the Senate.
Approved January 21st, 1862.
THOS. O. MOORE,
Governor of the State of Louisiana.

A true copy.
PLINY D. HARDY,
Secretary of State.

2o. L'allégresse avec laquelle chaque mère, fille, sœur et épouse, dans nos campagnes, a rompu les liens les plus sacrés de la famille pour fournir des soldats à la patrie ; le généreux élan imprimé par elles aux défenseurs de nos libertés, de nos foyers et de nos temples, alors même qu'en les exhortant au combat elles savaient les vouer à une mort certaine, sont des traits de vertu civique que l'Assemblée se plait à reconnaître et dont la nation devra tâcher d'être toujours digne.

3o. Les vertus de la femme étant la vraie mesure de la civilisation et des lumières d'un peuple, et chaque nation devant prendre rang à raison de ces vertus, la Louisiane, par la voix de ses Représentants, jure solennellement de maintenir la position conquise par les Dames de la Confédération, et de la maintenir au prix de la fortune et de la vie de tous ses citoyens.

ADOLPHUS OLIVIER,
Orateur de la Chambre des Représentants.
HENRY M. HYAMS,
Lieutenant-Gouverneur et Président du Sénat.

Approuvé le 20 janvier 1862.

THOMAS O. MOORE,
Gouverneur de l'Etat de la Louisiane.

Pour copie conforme.
PLINY D. HARDY,
Secrétaire d'Etat.

No. 76.] ACTE

Amendant et reédictant la 8me section d'un Acte incorporant la ville d'Amite dans la paroisse de Ste-Hélène.

SECTION I. *Le Sénat et la Chambre des Représentants de l'Etat de la Louisiane, réunis en Assemblée Générale, décrètent :* La section 8 d'un acte intitulé : "Acte incorporant la ville d'Amite dans la paroisse de Ste-Hélène" est amendée par ces présentes de manière à être ainsi conçue : "Le Juri de Police de la paroisse de Ste-Hélène n'aura plus d'autorité en ce qui concerne les règlements de police et autres règlements municipaux de la ville d'Amite ; il ne pourra pas non plus y asseoir de contribution sur les cafés, spectacles et jeux sujets à la taxe en vertu des lois de cet Etat."

Limitation des pouvoirs du Juri de Police.

SEC. 2. *Décrètent de plus :* Le présent Acte sortira son effet à dater de son adoption.

ADOLPHUS OLIVIER,
Orateur de la Chambre des Représentants.
HENRY M. HYAMS,
Lieutenant-Gouverneur et Président du Sénat.

Approuvé le 21 janvier 1862.

THOMAS O. MOORE,
Gouverneur de l'Etat de la Louisiane.

Pour copie conforme,
PLINY D. HARDY,
Secrétaire d'Etat.

No. 77.] AN ACT

For the relief of the Merchants' Bank of New Orleans.

The Auditor to draw warrant in favor of the Cashier of said Bank for $431 88.

Be it enacted by the Senate and House of Representatives of the State of Louisiana, in General Assembly convened, That the Auditor of Public Accounts, be, and he is hereby authorized to draw a warrant on the Treasurer for the sum of four hundred and thirty-one dollars and eighty-eight cents, being the amount overpaid on State taxes for the year eighteen hundred and fifty-nine; said warrant to be drawn in favor of the cashier of said Bank.

ADOLPHUS OLIVIER,
Speaker of the House of Representatives.
HENRY M. HYAMS,
Lieutenant Governor and President of the Senate.
Approved January 21st, 1862.
THOS. O. MOORE,
Governor of the State of Louisiana

A true copy.
PLINY D. HARDY,
Secretary of State.

No. 78.] AN ACT

To appropriate the sum of twenty-eight thousand dollars for the support and relief of Charitable Institutions.

Appropriation.

Be it enacted by the Senate and House of Representatives of the State of Louisiana, in General Assembly convened, That the sum of twenty-eight thousand dollars, be, and the same is hereby appropriated out of the General Fund of the State, to be appropriated among certain Charitable Institutions, as follows:

Distribution of the same.

1st. For the Orphans Home of New Orleans, two thousand dollars.
2d. For the St. Mary's Catholic Orphan Boys Asylum, five thousand dollars.
3d. For the New Orleans Female Orphan Asylum, Camp street, five thousand dollars.
4th. For the House of the Good Shepherd, two hundred and fifty dollars.
5th. For the Jewish Widows and Orphans Asylum, New Orleans, five hundred dollars.
6th. For the St. Joseph's Catholic Orphan Asylum, New Orleans, fifteen hundred dollars.
7th. For the St. Elizabeth House of Industry, New Orleans, two thousand dollars.
8th. For the Industrial School, third district, New Orleans, one thousand dollars.
9th. For the Society for the Relief of Orphan Boys, fourth district, New Orleans, fifteen hundred dollars.
10th. For the Catholic Benevolent Association, Baton Rouge, five hundred dollars.
11th. For the St. Vincent Orphan Asylum, Donaldsonville, seven hundred and fifty dollars.

No. 77.] ACTE

Décrétaut le remboursement de certains fonds à la Banque des Marchands de la Nlle-Orléans.

Le Sénat et la Chambre des Représentants de l'Etat de la Louisiane, réunis en Assemblée Générale, décrètent : L'Auditeur des Comptes Publics est autorisé à mandater sur le Trésorier pour la somme de quatre cent trente-et une piastres et quatre-vingt-huit sous, versée par ladite banque en sus du montant de ses taxes d'Etat, pour l'année 1859. Le mandat devra être tiré en faveur du Caissier de la banque.

Remboursement.

ADOLPHUS OLIVIER,
Orateur de la Chambre des Représentants.
HENRY M. HYAMS,
Lieutenant-Gouverneur et Président du Sénat.

Approuvé le 21 janvier 1862.

THOMAS O. MOORE,
Gouverneur de l'Etat de la Louisiane.

Pour copie conforme,
PLINY D. HARDY,

No. 78.] ACTE

Votant une Subvention de vingt-huit mille piastres pour l'entretien des Institutions de charité.

Le Sénat et la Chambre des Représentants de l'Etat de la Louisiane, réunis en Assemblée Générale, décrètent : La somme de vingt huit mille piastres est présentement assignée sur le fonds général de l'Etat, pour l'entretien de certaines institutions de charité. Voici la distribution qui en devra être faite :

1. A l'Hospice des Orphelines de la Nouvelle-Orléans, deux mille piastres.
2. A l'Asile Ste-Marie, pour les Orphelines Catholiques, cinq mille piastres.
3. A l'Asile des Orphelines (rue du Camp), cinq mille piastres.
4. A l'Asile du Bon-Pasteur (Nlle-Orléans), deux cent cinquante piastres.
5. A l'Asile Hébraïque des Veuves et des Orphelins (Nlle-Orléans), cinq cents piastres.
6. A l'Asile St-Joseph pour les Orphelins Catholiques (Nlle-Orléans), quinze cents piastres.
7. A l'Hospice Ste-Elizabeth (Nlle-Orléans), deux mille piastres.
8. A l'Ecole des Métiers du 3me District (Nlle-Orléans), mille piastres.
9. A la Société pour le secours des Orphelins (4me District, Nlle-Orléans), quinze cents piastres.
10. A la Société Catholique de Bienfaisance de Baton-Rouge, cinq cents piastres.
11. A l'Asile St-Vincent de Donaldsonville, sept cent cinquante piastres.

12th. For the Ladies of Providence, third district, New Orleans, one thousand dollars.
13th. For the Female Orphan Asylum, Baton Rouge, one thousand dollars.
14th. For the St. Ann Asylum for Destitute Widows and Children, seventeen hundred and fifty dollars.
15th. For the Children's Home of the Protestant Episcopal Church, one thousand dollars.
16th. For the St. Vincent Asylum for Infants, New Orleans, fifteen hundred dollars.
17th. For the Catholic Institution of Destitute Orphans, New Orleans, seven hundred and fifty dollars.
18th. For the Institution for Destitute Orphans, known as the Cing Plaies, parish of Jefferson, one thousand dollars.

ADOLPHUS OLIVIER,
Speaker of the House of Representatives.
HENRY M. HYAMS,
Lieutenant Governor and President of the Senate.

Approved January 21st, 1862.
THOS. O. MOORE,
Governor of the State of Louisiana.

A true copy.
PLINY D. HARDY,
Secretary of State.

No. 79.]   AN ACT

For the relief of John B. Cloutier, late Register of the Land Office at Natchitoches, Louisiana.

$3,608 37 allowed John B. Cloutier.

SECTION 1. Be it enacted by the Senate and House of Representatives of the State of Louisiana, in General Assembly convened, That the sum of three thousand five hundred and eight dollars and thirty-seven cents, be, and the same is hereby appropriated out of the General Fund, for the purpose of paying John B. Cloutier, late Register of the United States Land Office at Natchitoches, for such salary and commissions as may be found, by the Commissioner of Public Lands, to be due him by the late United States Government.

Payment of the same.

SEC. 2. Be it further enacted, &c., That the aforesaid amount shall be paid to the said John B. Cloutier, on the warrant of the Auditor of Public Accounts, and this act shall take effect from and after its passage.

ADOLPHUS OLIVIER,
Speaker of the House of Representatives.
HENRY M. HYAMS,
Lieutenant Governor and President of the Senate.

Approved January 22d, 1862.
THOS. O. MOORE,
Governor of the State of Louisiana.

A true copy.
PLINY D. HARDY,
Secretary of State.

12. Aux Dames de la Providence (3me District, Nlle-Orléans), mille piastres.
13. A l'Asile des Orphelines de Baton-Rouge, mille piastres.
14. A l'Asile Ste-Anne, pour les veuves et enfants sans moyens d'existence, dix-sept cent cinquante piastres.
15. A l'Asile des enfants de l'Eglise protestante-épiscopale, mille piastres.
16. A l'Asile St-Vincent (Nlle-Orléans), quinze cents piastres.
17. A l'Hospice des Orphelins Catholiques (Nlle-Orléans), sept cent cinquante piastres.
18. A l'Hospice des Cinq-Plaies (paroisse Jefferson), mille piastres.

ADOLPHUS OLIVIER,
Orateur de la Chambre des Représentants.
HENRY M. HYAMS,
Lieutenant Gouverneur et Président du Sénat.

Approuvé le 21 janvier 1862.

THOMAS O. MOORE,
Gouverneur de l'Etat de la Louisiane.

Pour copie conforme,
PLINY D. HARDY,
Secrétaire d'Etat.

No. 79.] ACTE

Assignant un fonds pour le paiement du salaire et des droits de commission de John B. Cloutier, ci-devant Registrateur du Bureau des terres à Natchitoches.

SECTION 1. *Le Sénat et la Chambre des Représentants de l'Etat de la Louisiane, réunis en Assemblée Générale, décrètent :* La somme de trois mille cinq cent huit piastres et trente-sept sous est assignée par ces présentes sur le fonds général, à l'effet de payer à John B. Cloutier, ci-devant Registrateur du Bureau des terres à Natchitoches, sous l'autorité des Etats-Unis, tels droits de commission et tel salaire que le Commissaire des terres publiques déclarera lui être dus par l'ancien Gouvernement Fédéral.

Assignation de fonds.

SEC. 2. *Décrètent de plus :* Le susdit montant sera payé audit John Cloutier sur le mandat de l'Auditeur des Comptes publics ; et le présent acte sortira son effet à partir de son adoption.

ADOLPHUS OLIVIER,
Orateur de la Chambre des Représentants.
HENRY M. HYAMS,
Lieutenant-Gouverneur et Président du Sénat.

Approuvé le 22 janvier 1862.

THOMAS O. MOORE,
Gouverneur de l'Etat de la Louisiane.

Pour copie conforme,
PLINY D. HARDY,
Secrétaire d'Etat.

No. 80.]   AN ACT
Relative to the town of Clinton, in the parish of East Feliciana.

The Mayor of the town of Clinton to be commissioned as Judge of the Municipal Court of the town of Clinton.

SECTION 1. Be it enacted by the Senate and House of Representatives of the State of Louisiana, in General Assembly convened, That in order to carry out the powers vested in the Mayor of the town of Clinton, he shall, upon a certificate of the Board of Aldermen, be commissioned by the Governor a Judge of an inferior Court, to be called the municipal court of the town of Clinton, and shall be invested with all the powers of a Judge so far as may be necessary to carry out the corporate ordinances of said town, and that he be authorized to hold his court at such times as he may think proper.

Election of the Mayor of said town.

SEC. 2. Be it further enacted, &c., That hereafter no election for Mayor of said town shall be held on the second Monday in June of each and every year, and that said election shall be held with the same forms as heretofore, and that this act be enforced from and after its passage.

ADOLPHUS OLIVIER,
Speaker of the House of Representatives.
HENRY M. HYAMS,
Lieutenant Governor and President of the Senate.
Approved January 22d, 1862.
THOS. O. MOORE,
Governor of the State of Louisiana

A true copy.
PLINY D. HARDY,
Secretary of State.

No. 81.]   AN ACT
To authorize Commissioners to draw on the Treasury for the unexpended balance of the appropriation made 15th March, 1860, for making a cut off at Scopini's point.

SECTION 1. Be it enacted by the Senate and House of Representatives of the State of Louisiana, in General Assembly convened, That John N. Howell, Leroy Templeman and N. G. Tryon, of Caddo parish, be, and are hereby appointed a Board of Commissioners to superintend the completion of the work at Scopini's Point, on Red River, by act approved fifteenth March, eighteen hundred and sixty, entitled "An act to provide for making a cut-off at Scopini's Point, on Red River," and that said Commissioners be, and they are hereby authorized to draw their warrant on the State Treasury for five hundred and two dollars and four cents, being the amount of the balance unexpended of the appropriation standing to the credit of said work.

Board of Commissioners.

May draw $500 from the Treasury

SEC. 2. Be it further enacted, &c., That this act shall take effect from and after its passage.

ADOLPHUS OLIVIER,
Speaker of the House of Representatives.
HENRY M. HYAMS,
Lieutenant Governor and President of the Senate.
Approved January 22d, 1862.
THOS. O. MOORE,
Governor of the State of Louisiana.

A true copy.
PLINY D. HARDY,
Secretary of State.

No. 80.] ACTE

Création d'une Cour municipale.

Époque de l'élection.

ADOLPHUS OLIVIER,
Orateur de la Chambre des Représentants.
HENRY M. HYAMS,
Lieutenant-Gouverneur et Président du Sénat.

Approuvé le 22 janvier 1862.

THOMAS O. MOORE,
Gouverneur de l'Etat de la Louisiane.

Pour copie conforme.
PLINY D. HARDY,
Secrétaire d'Etat.

No. 81.] ACTE

Autorisant une commission créée par cet Acte a mandater pour la balance d'un fonds affecté par acte du 15 mars 1860, au percement de la Pointe Scopini.

Création d'une commission.

Elle sera autorisée à mandater pour certains fonds.

No. 82.] AN ACT

For the relief of Sheriffs and Tax Collectors of the several parishes of this State.

Sheriffs and Tax Collectors authorized to seize and sell the property of parties who have given in payment any bill or draft which has not been paid, though the same be not protested.

SECTION 1. *Be it enacted by the Senate and House of Representatives of the State of Louisiana, in General Assembly convened,* That in all cases where any Sheriff, or other Tax Collector has received any draft, bill or order, for the payment of any taxes that may be, or have been due and owing by any person whomsoever, the payment of which has been refused said draft, bill or order, shall be entitled to the same privilege upon the property taxed as the original taxes for which said draft, bill or order was or may be given, and the said Sheriffs, or other Tax Collectors, shall have the same right to seize and sell said property upon said draft, bill or order, in the same manner and form as they were entitled to do upon the original tax bills and assessment rolls, whether said draft, bill or order shall have been protested or not for non-payment.

SEC. 2. *Be it further enacted, &c.,* That this act take effect from and after its passage.

ADOLPHUS OLIVIER,
Speaker of the House of Representatives.
HENRY M. HYAMS,
Lieutenant Governor and President of the Senate.

Approved January 22d, 1862.

THOS. O. MOORE,
Governor of the State of Louisiana.

A true copy.
PLINY D. HARDY,
Secretary of State.

No. 83.] AN ACT

For the relief of the Sabine Rebels.

$944 56 allowed the Sabine Rebels.

SECTION 1. *Be it enacted by the Senate and House of Representatives of the State of Louisiana, in General Assembly convened,* That the sum of nine hundred and forty-four dollars and fifty-six cents, be, and the same is hereby appropriated out of any funds in the Treasury, not otherwise appropriated, for the relief of the Volunteer company known as the "Sabine Rebels," being the amount that should have been paid them after being sworn into the service of the State until they began to draw their pay and rations.

SEC. 2. *Be it further enacted, &c.,* That this act take effect from and after its passage.

ADOLPHUS OLIVIER,
Speaker of the House of Representatives.
HENRY M. HYAMS,
Lieutenant Governor and President of the Senate.

Approved January 22d, 1862.

THOMAS O. MOORE,
Governor of the State of Louisiana.

A true copy.
PLINY D. HARDY,
Secretary of State.

No. 82.]   ACTE
        Relatif aux Shérifs et Percepteurs de taxes des différentes paroisses de l'Etat.

SECTION 1. *Le Sénat et la Chambre des Représentants de l'Etat de la Louisiane, réunis en Assemblée Générale, décrètent :* Les mandats, billets, ou ordres donnés par les contribuables en paiement de leur cote de contribution ne libéreront point les biens taxés du privilége dont ils seront grévés en vertu de l'imposition, mais les Shérifs et Collecteurs qui les auront reçus seront autorisés, en cas de non paiement, à exercer contre lesdits biens la contrainte par saisie et vente, en vertu de la nouvelle créance, et ce, sans que que le débiteur soit reçu à s'enquérir si lesdits mandats, billets ou ordres ont été dûment protestés.

SEC. 2. *Décrètent de plus :* Le présent Acte entrera en vigueur le jour de son adoption.

                    ADOLPHUS OLIVIER,
                Orateur de la Chambre des Représentants.
                    HENRY M. HYAMS,
                Lieutenant-Gouverneur et Président du Sénat.
Approuvé le 22 janvier 1862.
                    THOMAS O. MOORE,
                Gouverneur de l'Etat de la Louisiane.

Pour copie conforme,
    PLINY D. HARDY,
        Secrétaire d'Etat.

No. 83.]   ACTE
        Accordant une indemnité à la Compagnie des "Rebelles de la Sabine."

SECTION 1. *Le Sénat et la Chambre des Représentants de l'Etat de la Louisiane, réunis en Assemblée Générale, décrètent :* La somme de neuf cent quarante-quatre piastres et cinquante-six sous est allouée par ces présentes à la Compagnie de volontaires connue sous le nom de "Rebelles de la Sabine," pour tout le temps durant lequel elle a servi l'Etat sans recevoir de solde ni de rations. Ce montant lui sera payé sur tous fonds dans le Trésor dont il n'a pas été disposé par une assignation précédente.   *Allocation*

SEC. 2. *Décrètent de plus :* Le présent Acte aura force de loi à partir du jour de son adoption.

                    ADOLPHUS OLIVIER,
                Orateur de la Chambre des Représentants.
                    HENRY M. HYAMS,
                Lieutenant Gouverneur et Président du Sénat.
Approuvé le 22 janvier 1862.
                    THOMAS O. MOORE,
                Gouverneur de l'Etat de la Louisiane.

Pour copie conforme.
    PLINY D. HARDY,
        Secrétaire d'Etat.

No. 84.]   AN ACT

For the relief of Marie Francoise Zulmée Maspero, wife of Louis Charles L'Huillier de Lamardelle.

Preamble.
WHEREAS, Francoise Zulmée Maspéro, wife of Louis Charles L'Huillier de Lamardelle, both of lawful age and residing in France, is the owner of a certain lot of ground, with the improvements thereon, in the city of New Orleans, in the square bounded by Rampart, Ursiline, Dauphine and St. Phillippe streets, and forming the corner of Rampart and Urseline, and which lot is a portion of her dotal property as per marriage contract under date of March sixth, eighteen hundred and fifty-four, and passed before Deubel, Notary at St. Amaria, Haut-Rhine, France.

Authorization to sell.
Be it enacted by the Senate and House of Representatives of the State of Louisiana, in General Assembly convened, That said Mrs. Marie Francoise Zulmée Maspéro, by and with the assent and assistance of her said husband, is hereby authorized and empowered to sell and convey a legal title to the said lot of ground with the improvements thereon.

ADOLPHUS OLIVIER,
Speaker of the House of Representatives.
HENRY M. HYAMS,
Lieutenant Governor and President of the Senate.
Approved January 22d, 1862.
THOS. O. MOORE,
Governor of the State of Louisiana.

A true copy.
PLINY D. HARDY,
Secretary of State.

No. 85.]   AN ACT

For the relief of Josephine Octavie Lombard, wife of Pliny Louis Maspero.

Preamble.
WHEREAS, Josephine Octavie Lombard, wife of Pliny Louis Maspero, both of lawful age, and residing in the parish of St. Bernard, State of Louisiana, is the owner of a certain lot of ground with the improvements thereon, in the city of New Orleans, in the square bounded by Toulouse, Royal, Bourbon and St. Peter's streets; said lot measuring thirty feet (French) front on Toulouse street, and forty feet in depth; and which is a part of her dotal property, as per marriage contract under date of November fifteenth, eighteen hundred and forty-eight, and passed before Octave de Armas, Notary of the parish of Orleans.

Authorization to sell.
Be it enacted by the Senate and House of Representatives of the State of Louisiana, in General Assembly convened, That said Mrs. Octavie Josephine Lombard, by and with the assent and assistance of her said husband, is hereby authorized and empowered to sell or convey a legal title of the said lot of ground with the improvements thereon.

ADOLPHUS OLIVIER,
Speaker of the House of Representatives.
HENRY M. HYAMS,
Lieutenant Governor and President of the Senate.
Approved January 22d, 1862.
THOS. O. MOORE,
Governor of the State of Louisiana.

A true copy.
PLINY D. HARDY,
Secretary of State.

No. 84.] ACTE

Autorisant Marie Françoise Zulmée Maspero, épouse de Louis Charles L'Huillier de Lamardelle à aliéner certains biens dotaux.

Attendu que Marie Françoise Zulmée Maspero, épouse de Louis Charles l'Huillier de Lamardelle, (tous deux âgés de vingt-et-un ans accomplis et domiciliés en France) est propriétaire du fonds et des dépendances d'un terrain situé dans la ville de la Nouvelle Orléans, à l'encoignure des rues Rampart et Ursulines et dans le carré formé par les rues Rampart, Ursulines, Dauphine et St-Philippe ; *Et attendu* que ledit terrain fait partie des biens dotaux de la susdite Marie Françoise Zulmée Maspero, d'après un contrat de mariage daté du 6 mars 1854 et passé pardevant Deubel, Notaire à St-Amarin, Haut-Rhin, en conséquence ; — *Preambule.*

Le Sénat et la Chambre des Représentants de l'Etat de la Louisiane, réunis en Assemblée Générale, décrètent : Marie Françoise Zulmée Maspero pourra, avec l'assentiment de son mari, aliéner et transporter tous ses droits et titres au susdit terrain et à ses dépendances. — *Autorisation.*

ADOLPHUS OLIVIER,
Orateur de la Chambre des Représentants.
HENRY M. HYAMS,
Lieutenant-Gouverneur et Président du Sénat.

Approuvé le 22 janvier 1862.

THOMAS O. MOORE,
Gouverneur de l'Etat de la Louisiane.

Pour copie conforme,
PLINY D. HARDY,
Secrétaire d'Etat.

No. 85.] ACTE

Autorisant Joséphine Octavie Lombard, épouse de Pliny Louis Maspero, à aliéner certains biens dotaux.

Attendu que Joséphine Octavie Lombard, épouse de Pliny Louis Maspero, (tous deux âgés de vingt-et-un ans accomplis et domiciliés dans la paroisse de St-Bernard, Le.,) est propriétaire du fonds et des dépendances d'un terrain situé dans la ville de la Nouvelle-Orléans et compris dans le carré formé par les rues Toulouse, Royale, Bourbon et St-Pierre, contenant trente pieds (mesure française) de face sur la rue Toulouse, et quarante pieds de profondeur, et faisant partie des biens dotaux de ladite Joséphine Octavie Lombard, d'après un contrat de mariage daté du 15 novembre 1848, et passé pardevant Octave de Armas, Notaire, à la Nlle-Orléans ; — *Préambule.*

Le Sénat et la Chambre des Représentants de l'Etat de la Louisiane, réunis en Assemblée Générale, décrètent : Ladite Joséphine Octavie Lombard pourra, avec l'autorisation de son mari, transporter et aliéner ses droits et titres audit terrain et à ses dépendances. — *Autorisation.*

ADOLPHUS OLIVIER,
Orateur de la Chambre des Représentants.
HENRY M. HYAMS,
Lieutenant-Gouverneur et Président du Sénat.

Approuvé le 22 janvier 1862.

THOMAS O. MOORE,
Gouverneur de l'Etat de la Louisiane.

Pour copie conforme,
PLINY D. HARDY,
Secrétaire d'Etat.

No. 86.] AN ACT

For the relief of Francois Doucet, of the parish of St. Landry, heir and legal representative of Pierre Doucet, late of said parish.

Confirmation of the title of Francois Doucet to certain lands.

SECTION 1. *Be it enacted by the Senate and House of Representatives of the State of Louisiana, in General Assembly convened,* That Francois Doucet, of the parish of St. Landry, State of Louisiana, heir and legal representative of Pierre Doucet, late of said parish and State, be, and he is hereby confirmed in his claim and title to that tract or parcel of lands known in the public surveys of the South Western District of Louisiana, as section number seventy-seven, township four, south of range three east, containing one hundred and five, seventy-two hundredths of acres; and section number one hundred and thirty-six, township five, south of range three east, containing ninety eight and forty-three hundredths acres, and that a patent shall issue therefor from the Governor and Commissioner of the Land Office of the State of Louisiana, unto him, the said Francois Doucet; provided, that this act shall only be construed as a relinquishment of whatever title may now be vested in the State of Louisiana, and shall in no wise interfere with any valid adverse claim of other or third parties.

SEC. 2. *Be it further enacted, &c.,* That this act shall go into effect from and after its passage.

ADOLPHUS OLIVIER,
Speaker of the House of Representatives.
HENRY M. HYAMS,
Lieutenant Governor and President of the Senate.

Approved January 22d, 1862.

THOS. O. MOORE,
Governor of the State of Louisiana.

A true copy.
PLINY D. HARDY,
Secretary of State.

No. 87.] AN ACT

For the relief of John Nugent.

[illegible] John Nugent.

SECTION 1. *Be it enacted by the Senate and House of Representatives of the State of Louisiana, in General Assembly convened,* That the sum of six hundred dollars, be, and the same is appropriated to John Nugent, of the parish of Point Coupee, for work done on Cow-Head levee.

Out of what funds paid.

SEC. 2. *Be it further enacted, &c.,* That said money be paid to the order of said Nugent, out of the swamp land fund of the second district.

ADOLPHUS OLIVIER,
Speaker of the House of Representatives.
HENRY M. HYAMS,
Lieutenant Governor and President of the Senate.

Approved January 23d, 1861.

THOS. O. MOORE,
Governor of the State of Louisiana.

A true copy.
PLINY D. HARDY,
Secretary of State.

No. 86.] ACTE

Portant confirmation de certains titres appartenant à François Doucet, de la paroisse de St-Landry, héritier et représentant légal de feu Pierre Doucet, de la même paroisse.

SECTION 1. *Le Sénat et la Chambre des Représentants de l'Etat de la Louisiane, réunis en Assemblée Générale, décrètent :* François Doucet, de la paroisse de St-Landry (Louisiane,) héritier et représentant légal de feu Pierre Doucet, de la même paroisse, est confirmé par ces présentes dans la propriété de certaines terres situées dans le District Sud-Ouest de la Louisiane savoir : la Section 77me du Township 4me, au Sud de la 3me Rangée, Est, contenant cent cinq acres et soixante-douze centièmes d'acre ; la section 136me du Township No. 5, au Sud de la 3me Rangée Est, contenant quatre-vingt dix-huit acres et quarante-trois centièmes d'acre. Le Gouverneur et le Commissaire du Bureau des Terres de l'Etat seront autorisés à délivrer audit François Doucet, une patente, en confirmation de ses titres ; Bien entendu que le présent Acte par lequel l'Etat fait abandon de ses droits auxdites terres, ne devra point être interprété de manière à préjudicier aux droits des tiers en possession de meilleurs titres.

SEC. 2. *Décrètent de plus :* Le présent Acte entrera en vigueur le jour de son adoption.

Confirmation de certains titres appartenant à F. Doucet.

ADOLPHUS OLIVIER,
Orateur de la Chambre des Représentants.
HENRY M. HYAMS,
Lieutenant-Gouverneur et Président du Sénat.

Approuvé le 22 janvier 1862.
THOMAS O. MOORE,
Gouverneur de l'Etat de la Louisiane.

Pour copie conforme,
PLINY D. HARDY,
Secrétaire d'Etat.

No. 87.] ACTE

Allouant six cents piastres à John Nugent.

SECTION 1. *Le Sénat et la Chambre des Représentants de l'Etat de la Louisiane, réunis en Assemblée Générale, décrètent :* La somme de six cents piastres est allouée par ces présentes à John Nugent, de la Pointe-Coupée, en paiement de certains travaux exécutés par lui sur la levée dite "Cow-Head."

SEC. 2. *Décrètent de plus :* Le montant susdit est assigné sur le fonds appartenant au Second District des terres marécageuses et sera payé audit Nugent sur présentation de son propre mandat.

ADOLPHUS OLIVIER,
Orateur de la Chambre des Représentants
HENRY M. HYAMS,
Lieutenant-Gouverneur et Président du Sénat.

Approuvé le 23 janvier 1862.
THOMAS O. MOORE,
Gouverneur de l'Etat de la Louisiane.

Pour copie conforme,
PLINY D. HARDY,
Secrétaire d'Etat.

No. 88]   JOINT RESOLUTION

Making the 26th day of January a holiday throughout the State of Louisiana.

WHEREAS, The twenty-sixth of January next, being the anniversary of the day on which the State of Louisiana has seceded from the Government of the United States;

SECTION 1. *Be it resolved by the Senate and House of Representatives of the State of Louisiana, in General Assembly convened,* That the twenty-sixth day of January next be celebrated in the State of Louisiana in commemoration of that great event.

SEC. 2. *Be it further resolved, &c.,* That hereafter, the twenty-sixth of January shall be considered as a holiday.

SEC. 3. *Be it further resolved, &c.,* That this resolution shall take effect from and after its passage.

ADOLPHUS OLIVIER,
Speaker of the House of Representatives.
HENRY M. HYAMS,
Lieutenant Governor and President of the Senate.

Approved January 23d, 1862.

THOMAS. O. MOORE,
Governor of the State of Louisiana.

A true copy.
PLINY D. HARDY,
Secretary of State.

No. 89.]   AN ACT

For the temporary relief of the State Treasury.

SECTION 1. *Be it enacted by the Senate and House of Representatives of the State of Louisiana, in General Assembly convened,* That the State Treasurer be, and he is hereby authorized to borrow the sum of fifty thousand dollars for the temporary relief of the State Treasury.

SEC. 2. *Be it further enacted, &c.,* That this act take effect from and after its passage.

ADOLPHUS OLIVIER,
Speaker of the House of Representatives.
HENRY M. HYAMS,
Lieutenant Governor and President of the Senate.

Approved January 23d, 1862.

THOMAS O. MOORE,
Governor of the State of Louisiana.

A true copy.
PLINY D. HARDY,
Secretary of State.

No. 88.]   RESOLUTIONS CONJOINTES

Relatives à la célébration du 26me jour de janvier.

Attendu que le 26 du mois de janvier est l'anniversaire du jour où l'Etat de la Louisiane s'est séparé des Etats-Unis ; en conséquence,

Le Sénat et la Chambre des Représentants de l'Etat de la Louisiane, réunis en Assemblée Générale, ont résolu : 1o. Le 26me jour de janvier prochain sera observé dans l'Etat, en commémoration de ce grand évènement.
2o. A l'avenir, cet anniversaire sera mis au nombre des jours fériés.
3o. Les présentes résolutions auront force de loi à partir de leur adoption.

ADOLPHUS OLIVIER,
Orateur de la Chambre des Représentants.
HENRY M. HYAMS,
Lieutenant-Gouverneur et Président du Sénat.

Approuvé le 23 janvier 1862.

THOMAS O. MOORE,
Gouverneur de l'Etat de la Louisiane.

Pour copie conforme,
PLINY D. HARDY,
Secrétaire d'Etat.

No. 89.]   ACTE

Autorisant le Trésorier à suppléer par un emprunt au manque de fonds dans le Trésor.

SECTION. 1. *Le Sénat et la Chambre de Représentants de l'Etat des la Louisiane, réunis en Assemblée Générale, décrètent :* Le Trésorier de l'Etat est autorisé à négocier un emprunt de cinquante mille piastres pour suppléer à l'épuisement des fonds du Trésor.

SEC. 2. *Décrètent de plus :* Cet Acte aura force de loi à compter de son adoption.

ADOLPHUS OLIVIER,
Orateur de la Chambre des Représentants.
HENRY M. HYAMS,
Lieutenant-Gouverneur et Président du Sénat.

Approuvé le 23 janvier 1862.

THOMAS O. MOORE,
Gouverneur de l'Etat de la Louisiane.

Pour copie conforme,
PLINY D. HARDY,
Secrétaire d'Etat.

No. 90.]   AN ACT

Making an appropriation to pay the contingent expenses of the General Assembly.

SECTION 1. *Be it enacted by the Senate and House of Representatives of the State of Louisiana, in General Assembly convened,* That the sum of twenty-five thousand dollars, or so much thereof as may be necessary, be, and the same is hereby appropriated out of any moneys in the Treasury, not otherwise appropriated, to pay the mileage and per diem of the members, the salaries of the Clerks, and other contingent expenses of the General Assembly.

SEC. 2. *Be it further enacted, &c.,* That this act shall take effect from and after its passage.

                             ADOLPHUS OLIVIER,
                       Speaker of the House of Representatives.
                             HENRY M. HYAMS,
                   Lieutenant Governor and President of the Senate.
Approved 23d January 1862.
                             THOS. O. MOORE,
                        Governor of the State of Louisiana.

A true copy.
    PLINY D. HARDY,
        Secretary of State.

No. 91.]   AN ACT

For the relief of Robert Benguerel, Register of the Land Office at Opelousas.

Appropriation. SECTION 1. *Be it enacted by the Senate and House of Representatives of the State of Louisiana, in General Assembly convened,* That the sum of five hundred dollars be, and the same is hereby appropriated out of any money not otherwise appropriated, to be paid to Robert Benguerel, Register of the Land Office at Opelousas, on the warrant of the Auditor of Public Accounts, being the amount paid by him to P. L. Hebrard and Joseph D. Richard, for necessary clerical services during the second and third quarters of the year eighteen hundred and sixty, and to Celestin Perrault for rent of room to hold public land sales in May, 1860.

SEC. 2. *Be it further enacted, &c.,* That this act shall take effect from and after its passage.

                             ADOLPHUS OLIVIER,
                       Speaker of the House of Representatives.
                             HENRY M. HYAMS,
                   Lieutenant Governor and President of the Senate.
Approved January 23d, 1862.
                             THOS. O. MOORE,
                        Governor of the State of Louisiana.

A true copy.
    PLINY D. HARDY,
        Secretary of State.

No. 90.] ACTE

Pourvoyant au paiement des Dépenses Casuelles de l'Assemblée Générale.

SECTION 1. *Le Sénat et la Chambre des Représentants de l'Etat de la Louisiane, réunis en Assemblée Générale, décrètent :* La somme de vingt-cinq mille piastres, ou tout autant qu'il en faudra pour les fins de cet Acte, est assignée, par ces présentes, sur tous fonds dans le Trésor qui n'ont point été affectés à d'autres objets, pour le paiement des dépenses casuelles, et des traitements des Membres et Commis de l'Assemblée-Générale.

SEC. 2. *Décrètent de plus :* Le présent acte sortira son effet à partir de son adoption.

ADOLPHUS OLIVIER,
Orateur de la Chambre des Représentants.
HENRY M. HYAMS,
Lieutenant-Gouverneur et Président du Sénat.

Approuvé le 22 janvier 1862.

THOMAS O. MOORE,
Gouverneur de l'Etat de la Louisiane.

Pour copie conforme,
PLINY D. HARDY,
Secrétaire d'Etat.

No. 91.] ACTE

Votant une indemnité à Robert Benguerel, Registrateur du Bureau des Terres aux Opelousas.

SECTION 1. *Le Sénat et la Chambre des Représentants de l'Etat de la Louisiane, réunis en Assemblée Générale, décrètent :* La somme de cinq cents piastres est assignée par ces présentes, sur tous fonds dans le Trésor non autrement affectés, à l'effet de rembourser Robert Benguerel, Registrateur du Bureau des terres aux Opelousas, de certaines sommes payées par lui à P. L. Hebrad et Joseph D. Richard, pour leurs services dans ledit Bureau, pendant les second et troisième quartiers de l'année 1860, et à Célestin Perrault, pour le loyer d'un local pendant le mois de mai de la même année. Ce montant lui sera payé sur le mandat de l'Auditeur. *Assignation de fonds.*

SEC. 2. *Décrètent de plus :* Le présent acte sortira son effet à dater de son adoption.

ADOLPHUS OLIVIER,
Orateur de la Chambre des Représentants.
HENRY M. HYAMS,
Lieutenant-Gouverneur et Président du Sénat.

Approuvé le 23 janvier 1862.

THOMAS O. MOORE,
Gouverneur de l'Etat de la Louisiane.

Pour copie conforme,
PLINY D. HARDY,
Secrétaire d'Etat.

No. 92.]   AN ACT

For the relief of William Beaty.

Appropriation

Be it enacted by the Senate and House of Representatives of the State of Louisiana, in General Assembly convened, That the Auditor be, and he is hereby authorized to issue his warrant on the Treasurer in favor of William Beaty, of the parish of Point Coupee, for the sum of three hundred and fifty-nine dollars, that being the balance due said Beaty for collecting and paying into the Treasury twelve thousand three hundred and fifty-nine dollars and fifty-one cents.

ADOLPHUS OLIVIER,
Speaker of the House of Representatives.
HENRY M. HYAMS,
Lieutenant Governor and President of the Senate.

Approved January 23d, 1862.

THOS. O. MOORE,
Governor of the State of Louisiana.

A true copy.
PLINY D. HARDY,
Secretary of State.

No. 93.]   AN ACT

Relative to the drawing of Juries in the parish of Vermillion.

Designation of electors for Jury duty.

SECTION 1. Be it enacted by the Senate and House of Representatives of the State of Louisiana, in General Assembly convened, That the Clerk of the District Court, the Sheriff, the Recorder and President of the Police Jury, together with three freeholders, to be by them named, all of said parish of Vermillion, shall hereafter select from the assessment roll of said parish the names of one hundred and fifty voters, subject by law to do Jury duty, and cause their names to be written on separate ballots, to be placed in a box, and the Jurors for each and every term of the District Court shall be drawn therefrom, as now provided by law, and when the names so placed in the box may be exhausted, or a sufficient number does not remain in the box for the succeeding term of the District Court, then, and in that case, another selection from the roll shall be made, and ballots placed in the box in like manner, and so from time to time as may be required; provided, that a special venire and talesman may be summoned in said parish as provided by law.

Abrogation of conflicting laws.

SEC. 2. Be it further enacted, &c., That so much of the existing law, as may be contrary to the foregoing section, as relates to the parish of Vermillion, be, and the same is hereby repealed, and this act shall take effect from and after its passage.

ADOLPHUS OLIVIER,
Speaker of the House of Representatives.
HENRY M. HYAMS,
Lieutenant Governor and President of the Senate.

Approved January 23d, 1862.

THOS. O. MOORE,
Governor of the State of Louisiana.

A true copy.
PLINY D. HARDY,
Secretary of State.

No. 92.] **ACTE**

Allouant certains droits de recouvrement a William Beaty.

Le Sénat et la Chambre des Représentants de l'Etat de la Louisiane, réunis en Assemblée Générale, décrètent : L'Auditeur des comptes publics est par ces présentes autorisé à émettre son mandat sur le Trésorier, en faveur de William Beaty, de la paroisse de Pointe-Coupée, pour la somme de trois cent cinquante-neuf piastres, pour solde d'une balance due audit Beaty à titre de droits de perception sur un montant de douze mille trois cent cinquante-neuf piastres et 51 cents, recouvré et versé par lui dans le Trésor.

Allocation

ADOLPHUS OLIVIER,
Orateur de la Chambre des Représentants.
HENRY M. HYAMS,
Lieutenant-Gouverneur et Président du Sénat.

Approuvé le 23 janvier 1862.

THOMAS O. MOORE,
Gouverneur de l'Etat de la Louisiane.

Pour copie conforme,
PLINY D. HARDY,
Secrétaire d'Etat.

No. 93.] **ACTE**

Relatif au Tirage des Jurés dans la Paroisse de Vermillon.

SECTION 1. *Le Sénat et la Chambre des Représentants de l'Etat de la Louisiane, réunis en Assemblée Générale, décrètent :* Le Greffier de la Cour, le Shérif, le Recorder et le Président du Juri de Police s'adjoindront trois propriétaires de la paroisse à l'effet de procéder avec eux au choix de cent cinquante électeurs parmi les contribuables portés sur le rôle de répartition de l'impôt et sujets au service du juri. Ce choix arrêté, ils inscriront les noms desdits électeurs sur des bulletins séparés qu'ils déposeront dans une boîte d'où les jurés seront dorénavant tirés, suivant les formes prescrites par la loi, pour le service de chaque session de la Cour de District. Quand la liste des électeurs ainsi désignés sera épuisée, ou que le nombre desdits électeurs sera insuffisant pour le service du Juri à la prochaine session de la Cour, il y sera suppléé par une nouvelle désignation et un nouveau tirage, comme ci-dessus ; bien entendu que la Cour pourra, s'il y échet, lancer des mandats de comparution contre toutes personnes compétentes, pour les contraindre à servir comme jurés suppléants.

Désignation des électeurs pour le service du juri.

SEC. 2. *Décrètent de plus :* Toutes dispositions de la loi existante contraires à la section précédente sont par ces présentes abrogées en tant que la paroisse Vermillon y est intéressée, et le présent acte sortira son effet immédiatement après son adoption.

Abrogation des dispositions de la loi contraires a la précédente section.

ADOLPHUS OLIVIER,
Orateur de la Chambre des Représentants.
HENRY M. HYAMS,
Lieutenant Gouverneur et Président du Sénat.

Approuvé le 23 janvier 1862.

THOMAS O. MOORE,
Gouverneur de l'Etat de la Louisiane.

Pour copie conforme,
PLINY D. HARDY,
Secrétaire d'Etat.

No. 94.] AN ACT

Entitled "An act to provide for the collection of taxes in the parish of Calcasieu, for the year eighteen hundred and sixty-one."

Collection of taxes of 1861.

SECTION 1. *Be it enacted by the Senate and House of Representatives of the State of Louisiana, in General Assembly convened*, That, whereas the Assessor elected for the parish of Calcasieu in the year eighteen hundred and fifty-nine, has failed to assess the taxable property in said parish in the year eighteen hundred and sixty-one ; that the Sheriff and Tax Collectors of said parish be authorized and empowered to collect the taxes of eighteen hundred and sixty-one, on the assessment roll of eighteen hundred and sixty.

Rectification of errors.

SEC. 2. *Be it further enacted, &c.,* That the said Sheriff and Tax Collectors be authorized and empowered to assess those persons whose names are not on the assessment roll of eighteen hundred and sixty, and to correct any errors which may appear on said roll; provided, this additional correction of errors be approved by the Police Jury of the parish of Calcasieu.

SEC. 3. *Be it further enacted, &c.,* That this act take effect from and after its passage.

ADOLPHUS OLIVIER,
Speaker of the House of Representatives.
HENRY M. HYAMS,
Lieutenant Governor and President of the Senate.

Approved January, 23d, 1862.

THOS. O. MOORE,
Governor of the State of Louisiana.

A true copy.
PLINY D. HARDY,
Secretary of State.

No. 95.] AN ACT

To increase the compensation of the Assessor of the parish of Calcasieu.

SECTION 1. *Be it enacted by the Senate and House of Representatives of the State of Louisiana, in General Assembly convened*, That the Assessor of the parish of Calcasieu be entitled to, and receive the additional sum of one hundred dollars, to the salary now allowed him by law, to be drawn by him in the same manner as by law provided.

SEC. 2. *Be it further enacted, &c.,* That this act shall take effect from and after its passage.

ADOLPHUS OLIVIER,
Speaker of the House of Representatives.
HENRY M. HYAMS,
Lieutenant Governor and President of the Senate.

Approved January 23d, 1862.

THOS. O MOORE,
Governor of the State of Louisiana.

A true copy.
PLINY D. HARDY,
Secretary of State.

No. 94.]   ACTE.

Pourvoyant à la perception des taxes de l'année 1861, dans la paroisse de Calcasieu.

SECTION 1. *Le Sénat et la Chambre des Représentants de l'Etat de la Louisiane, réunis en Assemblée Générale, décrètent :* Attendu que l'Assesseur élu en 1859 dans la paroisse de Calcasieu a négligé de faire le répartiment de la taxe dans ladite paroisse pour l'année 1861, le Shérif et les Percepteurs des contributions seront autorisés à asseoir et percevoir ladite taxe selon l'évaluation indiquée au rôle de répartition de 1860. *Perception de la taxe de 1861.*

SEC. 2. *Décrètent de plus :* Lesdits Shérifs et Percepteurs seront aussi autorisés à porter sur leur rôle tous les contribuables dont les noms ne figurent pas sur celui de 1860 et ils pourront rectifier toutes les erreurs qu'ils y découvriront; bien entendu que lesdites rectifications devront recevoir l'approbation du juri de police de la paroisse. *Rectification du rôle de 1860.*

SEC. 3. *Décrètent de plus :* Le présent acte entrera en vigueur le jour de son adoption.

ADOLPHUS OLIVIER,
Orateur de la Chambre des Représentants.
HENRY M. HYAMS,
Lieutenant-Gouverneur et Président du Sénat.

Approuvé le 23 janvier 1862.

THOMAS O. MOORE,
Gouverneur de l'Etat de la Louisiane.

Pour copie conforme,
PLINY D. HARDY,
Secrétaire d'Etat.

No. 95.]   ACTE

Augmentant le salaire de l'Assesseur de la paroisse Calcasieu.

SECTION 1. *Le Sénat et la Chambre des Représentants de l'Etat de la Louisiane, réunis en Assemblée Générale, décrètent :* L'Assesseur de la paroisse Calcasieu recevra cent piastres outre et par dessus le salaire dont il jouit en vertu des lois existantes, et il sera autorisé à mandater pour cette augmentation comme ci-devant pour son salaire.

SEC. 2. *Décrètent de plus :* Cet Acte aura force de loi à dater de son adoption.

ADOLPHUS OLIVIER,
Orateur de la Chambre des Représentants.
HENRY M. HYAMS,
Lieutenant-Gouverneur et Président du Sénat.

Approuvé le 23 janvier 1862.

THOMAS O. MOORE,
Gouverneur de l'Etat de la Louisiane.

Pour copie conforme,
PLINY D. HARDY,
Secrétaire d'Etat.

No. 96.]   AN ACT
Relative to pledges.

SECTION 1. *Be it enacted by the Senate and House of Representatives of the State of Louisiana, in General Assembly convened,* That in all cases where there have been pledges of stocks, bonds, or other property, for the payment of any debt or obligation, it shall be necessary before such bonds, stocks or other property so pledged, shall be sold for the payment of the debt for which said pledge was made, that the holder of such pledge be compelled to obtain a judgment in the ordinary course of law, and the same formalities in all respects shall be observed in the sale of property so pledged as in ordinary cases.

SEC. 2. *Be it further enacted, &c.,* That this act shall take effect from and after its passage.

ADOLPHUS OLIVIER,
Speaker of the House of Representatives.
HENRY M. HYAMS,
Lieutenant Governor and President of the Senate.

Approved January, 23d, 1862.

THOS. O. MOORE,
Governor of the State of Louisiana.

A true copy.
PLINY D. HARDY,
Secretary of State.

No. 97.]   AN ACT
To Reorganize the Militia.

Who shall compose the Militia of the State.

SECTION 1. *Be it enacted by the Senate and House of Representatives of the State of Louisiana, in General Assembly convened,* That the Militia of the State of Louisiana shall be composed of all the free white males capable of bearing arms residing in the State, and are eighteen years of age and not over forty-five, and who are not exempt under this law.

Organization of the Militia of the parishes into regiments, etc.

SEC. 2. *Be it further enacted &c.,* That the Militia of each parish of the State shall be organized by the Major General into one or more Regiments or Battalions, according to the number of men liable to militia duty in that parish. That the militia in the city of New Orleans shall be divided into Regiments by the several Representative Districts, or districts adjoining each other, where the number of persons liable to militia duty in said districts is insufficient, or more than sufficient for a full Regiment, in which case said districts may be united or divided to equalize said Regiments; parishes, lying on both sides of the Mississippi River may be divided in their organization, the portion of each on either side of the river to constitute a separate Battalion or Regiment, as the case may be.

Election of the Major General.

SEC. 3. *Be it further enacted, &c.,* That there shall be one Major General for the State, who shall be elected by the General Assembly in joint ballots, for the term of three years; and in case of vacancy occurring from death, resignation or otherwise, he shall be appointed by the Governor for the unexpired term, with the consent of the Senate.

How a Brigade shall be constituted.

SEC. 4. *Be it further enacted, &c.,* That not less than four, nor more than six Regiments, organized under this act, shall constitute a Brigade.

No. 96.]   ACTE

Relatif aux propriétés et effets donnés en nantissement.

SECTION 1. Le Sénat et la Chambre des Représentants de l'Etat de la Louisiane, réunis en Assemblée Générale, décrètent : Lorsque des actions, bons, ou propriétés quelconques auront été donnés en nantissement d'une créance, la partie nantie ne pourra faire procéder à leur vente qu'en vertu d'un jugement obtenu par les voies légales, et il devra être observé les mêmes formalités pour la vente desdits effets et propriétés que dans tous autres cas. *Formalités à observer.*

SEC. 2. Décrètent de plus : Le présent Acte aura plein effet à dater de son adoption.

ADOLPHUS OLIVIER,
Orateur de la Chambre des Représentants.
HENRY M. HYAMS,
Lieutenant-Gouverneur et Président du Sénat.

Approuvé le 23 janvier 1862.

THOMAS O. MOORE,
Gouverneur de l'Etat de la Louisiane.

Pour copie conforme,
P. LINY D. HARDY,
Secrétaire d'Etat.

No. 97.]   ACTE

Pourvoyant à la réorganisation de la Milice.

SECTION 1. Le Sénat et la Chambre des Représentants de l'Etat de la Louisiane, réunis en Assemblée Générale, décrètent : La milice de la Louisiane sera composée de tous les hommes libres de race blanche entre dix-huit et quarante-cinq ans, ayant leurs domiciles dans l'Etat et capables de porter les armes, sauf les exceptions établies ci-après.

SEC. 2. Décrètent de plus : Le Major-Général organisera la milice des différentes paroisses de l'Etat en un ou plusieurs régiments ou bataillons, suivant le nombre de personnes sujettes au service dans leurs limites respectives. Les districts de représentation de la Nouvelle-Orléans seront tenus de se former en régiments, séparément, quand la population de chaque District suffira pour remplir les cadres d'un régiment, concurremment avec les districts circonvoisins, en cas d'excédant ou d'insuffisance. Les paroisses que le Mississippi coupe dans son cours auront une organisation (régiment ou bataillon) distincte et indépendante pour chacune des portions riveraines. *Son organisation dans les paroisses. Dans les Districts de représentation de la N. O. Dans les paroisses coupées par le Mississippi.*

SEC. 3. Décrètent de plus : Il sera nommé tous les trois ans un Major-Général pour la Louisiane, à l'élection duquel les deux Chambres de la Législature procéderont en séance conjointe ; et quand ce poste viendra à vaquer pour une cause quelconque, le remplacement du titulaire décédé ou démissionnaire sera déféré au Gouverneur, dont le choix devra être ratifié par le Sénat. *Election du major général.*

SEC. 4. Décrètent de plus : Il ne pourra jamais, aux termes de la présente loi, entrer moins de quatre ni plus de six régiments dans la formation d'une brigade. *Formation de la brigade.*

Rank of the Adjutant and Inspector General and his appointment and term of service—his salary and his duty.

SEC. 15. *Be it further enacted, &c.*, That the Adjutant and Inspector General shall have the rank of Brigadier General; he shall be appointed by the Governor, with the advice and consent of the Senate, for three years; he shall receive during war, and for six months thereafter, the full pay allowed by law to a Brigadier in the Confederate States army, and in time of peace half pay; he shall perform all the duties imposed on him by the laws of the Confederate States, or which, by military usage, belong to the chief of the staff of the Commander-in-Chief; he shall keep his office at the seat of government or New Orleans; he shall inspect all the forces of the State at least once every year, or any part thereof, whenever required to do so by the Commander-in-Chief, and shall make a report of the state of the militia to the Legislature within the first ten days of their annual session; he shall furnish all such reports, statements and returns as may be required by the Commander-in-Chief, and shall transmit all such orders as may be sent to him for that purpose; he may appoint two assistants in time of war, who shall have the rank of Captain, and who, in the absence of the Adjutant General from headquarters, may receive and transmit all orders, reports and returns. The Adjutant General shall furnish printed forms of all the returns required, the expense of printing which shall be paid by the State Treasurer, on the warrants of the Adjutant General, approved by the Governor; he shall have charge of all the arms, munitions and accoutrements belonging to the State; for any neglect of his duties he shall be liable to be fined by a general court of assessments, not less than fifty dollars nor more than five hundred.

Rank of the Quartermaster-General, Surgeon General, Aids-de-Camp, etc.

SEC. 16. *Be it further enacted, &c.*, That the Quartermaster General shall have the rank of Colonel; the Surgeon General shall have rank similar to that of the Surgeon General of the Confederate States army; the Aids-de-Camp of the Commander-in-Chief shall have the rank of Lieutenant Colonel; the Aids-de-Camp of a Major General shall have the rank of Major; the Brigade Major and Inspector shall have the rank of Major; the Quartermaster and Paymaster of Brigade, and the Aids-de-Camp of a Brigadier General, shall have the rank of Captain; the Assistant Quartermaster and Paymaster of a regiment shall have the rank of First Lieutenant; the Surgeons and Assistant Surgeons, whether of the general or regimental staff, shall rank as Surgeons and Assistant Surgeons of the Confederate States army. All non-commissioned staff officers shall be appointed from the line, and have no other rank than that they hold in the line; they shall have, however, the authority of the office they are appointed to.

*Appointment and tenure of office of all staff officers.

SEC. 17. *Be it further enacted, &c.*, That all staff officers shall be appointed by, and hold their commissions at the pleasure of their immediate chief; they shall be commissioned by the Governor upon the nomination of the appppointing officers. An officer of the line receiving staff appointment only temporarily, may retain his commission in the line.

Duties of officers.

SEC. 18. *Be it further enacted, &c.*, That the duties of all officers, non-commissioned officers and privates, shall be such as by military law and usage are required of similar grades in the army of the Confederate States, and by the laws of this State or the Confederate States.

Duty of the Brigade Inspector.

SEC. 19. *Be it further enacted, &c.*, That the Brigade Inspector shall attend all battalion or regimental musters of the brigade to which he belongs, whenever ordered by the Brigadier General, and make strict inspection of each corps and proper returns thereof; he shall distribute the forms received from the Adjutant General, and condense and transmit all re-

Sec. 14. *Décrètent de plus :* Le Gouverneur sera le Commandant en Chef de la milice de l'Etat ; son état-major sera composé d'un adjudant-inspecteur-général et d'au moins quatre aides-de-camp dont il pourra augmenter le nombre à volonté. —du Commandant en Chef.

Sec. 15. *Décrètent de plus :* L'adjudant-inspecteur-général aura rang de brigadier-général ; il sera nommé par le Gouverneur avec l'approbation du Sénat, pour une période de trois ans ; il recevra durant la guerre et six mois après, la solde d'un général de brigade dans l'armée Confédérée, et une demi-solde en temps de paix ; il remplira toutes les fonctions que les lois de la Confédération et les usages militaires attribuent au chef d'état-major du Commandant en Chef. Il établira son bureau au siége du Gouvernement, ou à la Nouvelle-Orléans ; il passera en revue toutes les forces de l'Etat au moins une fois par an, et toute partie de ces forces chaque fois qu'il en sera requis par le Commandant en Chef ; il soumettra à la Législature, dans les premiers dix jours de chaque session annuelle, un rapport sur l'état de la milice ; il sera tenu de fournir au Commandant en Chef tous les rapports, états d'armement, etc., dont il aura besoin, et fera parvenir tous les ordres qu'il recevra à cet effet. En temps de guerre il pourra s'adjoindre deux aides, lesquels auront rang de capitaines et pourront recevoir et transmettre tous ordres et rapports pendant son absence. Il sera tenu de fournir des formules imprimées pour tous les rapports de son département, les frais d'impression desquelles seront payés par le Trésorier d'Etat sur l'ordre de l'Adjudant-Général, approuvé par le Gouverneur. Il sera préposé à la garde des armes, munitions et effets d'équipement de l'Etat, et sera passible d'une amende de cinquante à cinq cents piastres pour toute infraction aux dispositions de cet Acte. Une Cour générale d'*assessement* décernera cette amende. Rang et nomination de l'adjudant inspecteur-général. Sa solde. Son domicile. Ses attributions et devoirs. Disposition comminatoire.

Sec. 16. *Décrètent de plus :* Le quartier maître-général aura rang de colonel ; le chirurgien en chef le même rang que le chirurgien en chef dans l'armée confédérée ; les aides de camp du Commandant en Chef auront rang de lieutenants colonels ; les aides-de-camp du major-général, celui de major ; le major inspecteur de brigade, celui de major ; le quartier-maître payeur de brigade et les aides-de camp du brigadier-général, celui de capitaines ; l'aide-quartier-maître payeur, celui de capitaine ; l'adjudant, celui de premier lieutenant ; les chirurgiens et aides chirurgiens de l'état-major général ou de l'état-major d'un régiment auront les mêmes rangs que les chirurgiens et aides-chirurgiens dans l'armée Confédérée. Tous les sous-officiers d'état-major seront pris dans les rangs de la milice et n'auront d'autres grades que ceux qu'ils y occupaient ; ils exerceront néanmoins toute l'autorité qui leur appartiendra comme titulaires des nouvelles fonctions auxquelles ils seront commis. Rang de certains officiers.

Sec. 17. *Décrètent de plus :* Les officiers d'état-major seront nommés par les chefs dont ils relèveront et seront destituables par eux à volonté ; ils recevront leurs brevets du Gouverneur, sur la présentation des officiers à qui leurs nominations seront dévolues. Les officiers appelés temporairement au service de l'état-major ne seront point privés de leurs grades à raison de ce service extraordinaire. Formation de l'état major.

Sec. 18. *Décrètent de plus :* Les officiers, sous-officiers et soldats de la milice, seront régis dans l'exercice de leurs fonctions par les usages et réglements de l'armée Confédérée, les lois de cet Etat et de la Confédération. Règlement.

Sec. 19. *Décrètent de plus :* L'inspecteur de brigade devra assister aux revues des régiments et bataillons de la brigade à laquelle il appartiendra, chaque fois qu'il en sera requis par le brigadier-général ; il Devoirs de l'inspecteur de brigade.

turus made in conformity therewith; he shall keep the roster of the officers of the brigade, and make all details for detachments therefrom; he shall receive and inspect all detachments from the different corps of the brigade, and see that they are marched to their place of rendezvous. For every day actually employed in his duties, when not in the service of the Confederate States, he shall receive three dollars, which shall be paid to him by the State Treasurer, on his own warrant, accompanied by the certificate of the commander of the brigade, showing the number of days he was actually employed, and countersigned by the Governor.

Resignations.

SEC. 20. *Be it further enacted, &c.*, That all resignations shall be addressed to the Commander-in-Chief, and no officer shall be released from the duties appertaining to his office under the plea that he has resigned, until he can produce the written acceptance of his resignation from the Commander-in-Chief, or an official order from the same source.

Term of service of officers.

SEC. 21. *Be it further enacted, &c.*, That every officer who accepts a commission, shall be bound to serve for the period prescribed by this act, unless he become disqualified by law.

Duties of officers incapable of performing the same from sickness, absence, etc., to be performed by the officer next in rank.

SEC. 22. *Be it further enacted, &c.*, That whenever any duty is imposed by law on an officer who is sick, absent, or incapable from any cause of performing it, the officer next to him in rank in the corps, and so on in succession to the lowest rank, shall be obliged to perform said duty, and in the performance of it shall have the same authority, right and power, as the officer whose duty he performs; but when any such duty is imposed on an officer who neglects it, his immediate superior, and in succession, those above him, shall be bound to take measures to have such duty performed, and may designate any officer under their command to perform it; and the officer so designated shall, while performing said duty, have the same authority, rights and powers as belong to the office, the duty of which he is performing. And whenever the laws or regulations for governing the militia are not enforced, and the superior orders duly obeyed, within the bounds of any corps in the State, either from the want of officers, or from the neglect of those in commission, or from any other cause, the Commander-in-Chief is authorized to designate any officer to take charge of said corps, and to do all that the law requires to be done by any officer of it, or that may be necessary to restore its complete organization; and the officer so designated shall have all the authority, rights and powers of any of the officers whose duties he performs.

Appointment of non-commissioned company officers.

SEC. 23. *Be it further enacted, &c.*, That all non-commissioned officers of companies shall be appointed by the Captains of their companies, and shall be obliged to serve three years; a certificate of their appointment, signed by the Captain and Commander of their battalion, shall be full evidence of their rank.

Enrollment of persons subject to militia duty.

SEC. 24. *Be it further enacted, &c.*, That it shall be the duty of the Assessors of State taxes throughout the State to enroll all the inhabitants of their respective parishes or districts, who are subject to militia duty, at the same time they make their respective assessments, and to return the same to the Adjutant General at the same time they return their assessment rolls, under a penalty of five hundred dollars, to be recovered by the district attorney of the several districts, for the use and benefit of the brigade.

Annual reviews.

SEC. 25. *Be it further enacted, &c.*, That the Major General or Brigadier General shall order a review at least once in each year by regiments or battalion.

SEC. 26. *Be it further enacted, &c.*, That every field officer who shall

passera en revue chaque subdivision de la brigade et consignera le résultat de son inspection dans un rapport qu'il transmettra à qui de droit ; il distribuera les formules imprimées que l'adjudant-général lui aura remises, et transmettra aux autorités chargées d'en prendre connaissance un résumé de tous les rapports qui lui auront été délivrés. Il tiendra un état nominatif ou contrôle des officiers de la brigade, et le consultera lorsqu'il sera requis de commander un service de détachement ; il passera en revue les détachements de la brigade, en approuvera la formation, et les fera parvenir à leurs destinations. Pour chaque journée de service (lorsqu'il ne sera pas au service des Etats-Confédérés), il aura droit à une somme de trois piastres qui lui sera payée par le Trésorier de l'Etat sur présentation de son propre mandat, accompagné d'un certificat du commandant de la brigade contresigné du Gouverneur, constatant le nombre de jours pendant lesquels il aura été en activité de service.

Sec. 20. *Décrètent de plus :* Toutes les démissions seront notifiées au Commandant en Chef, et nul ne sera réputé démissionnaire et relevé des obligations de son poste s'il ne peut justifier de l'assentiment du Commandant en Chef. — *Notification des démissions.*

Sec. 21. *Décrètent de plus :* Tout officier qui aura accepté un grade sera tenu de servir pendant la période déterminée par cet acte ; sauf les cas d'exemption légale. — *Durée du service.*

Sec. 22. *Décrètent de plus :* Toutes les fois que par suite de maladie, d'absence, ou pour une cause quelconque, le poste d'un officier viendra à vaquer temporairement, l'officier dont le grade sera immédiatement au-dessous du sien, et à son défaut tout officier d'un grade moins élevé dans le même corps, pourra être appelé à agir comme suppléant. Ce suppléant jouira, dans l'exercice de ses fonctions intérimaires, de tous les droits et pouvoirs de celui qu'il remplacera ; s'il manque à ce service extraordinaire, son supérieur immédiat, et à son défaut, un supérieur quelconque, devra veiller à ce que ledit service soit fait, et à cet effet il pourra en charger un des officiers sous son commandement, lequel exercera tous les droits et toute l'autorité du poste qui lui sera assigné. Toutes les fois que par suite de l'impuissance ou de la négligence des officiers, ou pour une cause quelconque, il sera évident que les ordres des supérieurs et les règlements de la milice ne sont pas observés dans un corps de miliciens, le Commandant en Cef pourra confier le commandement à un nouveau chef qu'il revêtira de toute l'autorité nécessaire pour le rétablissement de l'ordre ; ce remplaçant exercera aussi tous les droits et pouvoirs attribués au poste qui lui sera confié. — *Remplacemens*

Sec. 23. *Décrètent de plus :* Les sous-officiers des compagnies seront nommés par les capitaines des différentes compagnies et serviront pendant trois ans. Un certificat signé du capitaine et du commandant du bataillon fera foi de leurs nominations et de leurs rangs — *Nomination des sous-officiers.*

Sec. 24. *Décrètent de plus :* Il sera du devoir des différents assesseurs (répartiteurs) des taxes d'Etat, en même temps qu'ils feront le répartiment de l'impôt, de dresser des listes des personnes sujettes au service de la milice dans leurs paroisses ou districts respectifs et de les transmettre à l'Adjudant-général avec leurs rôles de répartition, sous peine de voir prononcer contre eux une amende de cinq cents piastres, recouvrable à la diligence des différents avocats de district pour l'usage de la brigade. — *Devoir des assesseurs.*

Sec. 25. *Décrètent de plus :* Le major-général et chaque brigadier-général seront tenus d'ordonner une revue par régiments ou bataillons, au moins une fois par an. — *Revues par régiment et bataillons.*

Sec. 26. *Décrètent de plus :* Les officiers supérieurs des régiments qui

Penalty for not attending reviews

fail to attend a review when ordered by the Commander-in-Chief, Major General or Brigadier General, shall be liable to a fine of twenty dollars; every company officer shall be liable to a fine of ten dollars, and every non-commissioned officer and private to a fine of five dollars; and every commissioned officer who shall fail to attend a regimental, battalion or company drill, shall be liable to a fine of five dollars for each offense.

Notice to companies for inspection or review.

SEC. 27. *Be it further enacted, &c.,* That whenever the commander of any company shall receive an order for inspection or review from any superior officer, he shall notify his subalterns and other members of his company to attend at the time and place of such inspection or review, armed and equipped according to law, and he shall furnish the officer in command of the regiment with a complete list of all the persons subject to militia duty within the bounds of his beat, on the day of inspection or review.

List of absentees to be made out after every drill or review.

SEC. 28. *Be it further enacted, &c.,* That the day after every company, battalion, regimental drill or other review, the Orderly Sergeant shall make out a list of all absentees, and of all persons residing in the company beat who have failed to attend said review, whether officer, non-commissioned officer or private. This list shall be certified by the Orderly Sergeant and by the person commanding the company at the time of muster, and if it were a battalion muster, the Adjutant shall also make a list of the absent staff, which he shall sign, as well as the officer who commanded the regiment or battalion at the time of muster. This list shall be returned to the commanding officer, and by him reported to the court of assessment before its next sitting.

When the Commander-in-Chief shall order out the State troops

SEC. 29. *Be it further enacted, &c.,* That the Commander-in-Chief may, whenever he is of opinion the public safety requires it, order out any portion of the State troops, and require them to perform any service or duty necessary for the public security; and troops called out for active service shall be furnished with the necessary ammunition, equippage and quarters. Detachments called out for a longer period than twelve hours shall be furnished with convenient quarters or tents, and with lights and fire, if necessary; and if required to serve more than twelve hours, shall also be furnished with rations. All supplies shall be furnished by the Quartermaster's Department, and the Quartermaster General is authorized to draw from the Treasury, on his own warrant, the sums necessary to purchase supplies, for which he shall account to the State Treasurer in the form and manner required of Quartermasters of the Confederate States army. The officers of his department under him shall account to him in the same manner as he to the State Treasurer. The Commander-in-Chief shall require security from every officer to whom money is to be confided for the public service, and from all paymasters; and if such security be not furnished, the officer must be removed and another appointed.

Term of service for State troops.

SEC. 30. *Be it further enacted, &c.,* That no detachment shall be required to serve more than three months at one time, unless in case of urgent necessity, when the Commander-in-Chief is authorized to detain them six months longer. The time of going to the place of rendezvous and returning from the place of discharge, is not counted in the term of service.

Every officer authorized to call his command into service.

SEC. 31. *Be it further enacted, &c.,* That every officer of the militia is authorized, in case of sudden and urgent danger, to call his command into immediate service and detain it until the necessity ceases or a superior officer dismisses him. Immediate notice of danger must always be sent to the nearest superior officer.

SEC. 32. *Be it further enacted, &c.,* That all persons are free from

négligeront d'assister à une revue, sur la réquisition du Commandant en Chef, du major-général ou du brigadier-général, seront passibles d'une amende de vingt piastres ; les officiers des compagnies, à une amende de dix piastres ; les sous-officiers et soldats à une amende de cinq piastres. Et tout officier qui manquera aux exercices de régiment, de bataillon ou de compagnie, sera passible d'une amende de cinq piastres pour chaque manquement.   *Manquements au service.—amendes.*

SEC. 27. *Décrètent de plus :* Toutes les fois que le capitaine d'une compagnie sera commandé pour une revue ou pour une inspection, il en avisera les membres de la compagnie et leur notifiera d'avoir à se présenter à l'heure et au lieu fixés pour l'inspection ou la revue, armés et équipés selon l'ordonnance. Le jour de la revue ou de l'inspection, il remettra à l'officier commandant le régiment une liste des personnes sujettes au service dans sa circonscription.   *Revues—devoirs des capitaines.*

SEC. 28. *Décrètent de plus :* Le lendemain des revues ou exercices, chaque sergent d'ordonnance (premier sergent) dressera une liste des officiers, sous-officiers et soldats de sa compagnie qui auront manqué à l'appel. Cette liste sera revêtue de son attestation et de celle de l'officier qui aura commandé la compagnie le jour de la revue. L'adjudant-major devra consigner dans une liste semblable les noms des officiers de l'état-mrjor qui auront manqué aux exercices de bataillon ; cette liste sera signée par l'adjudant et l'officier commandant le régiment ou bataillon auquel il appartiendra ; les manquements ainsi consignés seront portés à la connaissance des différents officiers commandants, qui en saisiront la Cour d'*assessement* à sa prochaine audience.   *Liste des absents qui devront dresser les sergents et adjudants.*

SEC. 29. *Décrètent de plus :* Le Commandant en Chef sera autorisé à requérir la force armée et à commander tous les services qu'il jugera nécessaires pour le salut public ; bien entendu qu'il devra être pourvu à l'équipement, armement et logement des miliciens en activité de service. Toutes troupes appelées à faire un service de détachement de plus de douze heures seront convenablement logées, nourries, chauffées et éclairées ; à défaut de logements, il leur sera donné des tentes. L'approvisionnement de la milice incombera au département du quartier-maître. Le quartier-maître général mandatera sur le Trésorier pour le prix des fournitures et sera comptable envers ce fonctionnaire de tous ses déboursés, aux termes des règlements de l'armée Confédérée ; et tous les officiers qui relèveront du quartier-maître général seront astreints à la même comptabilité envers lui. Les officiers payeurs et les comptables des deniers publics devront fournir un cautionnement dont le montant sera fixé par le Gouverneur, sous peine de se voir destituer et remplacer.   *Le Commandant en chef pourra requérir la force publique. Approvisionnement des troupes.*

SEC. 30. *Décrètent de plus :* La durée des services de détachement est limitée à trois mois, sauf les cas d'urgence, et alors le Commandant en Chef sera autorisé à en prolonger la durée de six mois. L'aller et le retour ne seront point compris dans la supputation du temps fixé par cette section pour les services de détachement.   *Durée des services de détachement.*

SEC. 31. *Décrètent de plus :* Tout officier de la milice sera autorisé, en cas de grand péril, à mettre en activité les forces sous son commandement, et à les tenir sous les armes tant que durera le danger, ou jusqu'à congédiement en vertu d'un ordre supérieur ; et il sera du devoir de tout milicien, aussitôt qu'il aura connaissance d'un danger quelconque, d'en avertir son supérieur immédiat.   *Pouvoirs des officiers en cas de danger.*

SEC. 32. *Décrètent de plus :* Les miliciens commandés pour une revue ou un service quelconque, ne seront point contraignables par corps, en matière civile, pendant l'aller et le retour ; ils jouiront de cette exemption   *Les miliciens seront exempts de la saisie et de la contrainte par corps.*

pendant vingt-quatre heures par chaque vingt milles qu'ils auront à faire pour se rendre à un service et pour en revenir ; leurs chevaux, armes, et effets d'équipement seront exemptés de saisie dans toutes les affaires civiles.

Les personnes commises au service des bacs seront tenues de transporter les miliciens gratuitement.

SEC. 33. *Décrètent de plus :* Tous bateliers commis au service des bacs et autorisés par l'Etat ou les paroisses à percevoir un droit de péage, seront tenus de transporter gratuitement, avec leurs chevaux et effets d'équipement, les miliciens qui se rendront à une revue ou à un service quelconque ; ils seront également tenus de les transporter à leur retour, et ce, sans délai, à peine de se voir condamner à une amende de dix piastres au moins, recouvrable à la diligence de tout poursuivant, devant un tribunal compétent, pour l'usage du régiment.

Police des différents corps.

SEC. 34. *Décrètent de plus :* Les officiers pourront fixer des limites pour les exercices des corps qu'ils commanderont, et il sera défendu à toute personne de franchir ces limites sans leur autorisation. Cette défense ne s'appliquera pas à ceux qui suivront paisiblement une voie publique, mais à ceux qui se rendront coupables de tapage ou de provocation au désordre, et alors l'officier commandant pourra faire arrêter les perturbateurs et les condamner à douze heures de détention dans la prison voisine, s'il y en a une, à défaut de quoi il les mettra aux arrêts.

Distribution des armes et équipements déposés à l'arsenal de l'Etat.

SEC. 35. *Décrètent de plus :* Il sera délivré aux chefs des différents corps de miliciens telle quantité des effets d'armement et d'équipement déposés à l'arsenal de l'Etat qu'ils requerront, à la charge pour eux d'en cautionner la remise en bon état, à la première réquisition du Commandant en Chef ; ils répondront du mauvais état de ces effets aux jours d'inspection, et pourront être assignés devant une cour d'*assessement* en paiement de leur valeur; le recouvrement de ces dommages sera poursuivi suivant les formes prescrites pour le recouvrement des amendes, et le montant en sera versé dans le Trésor de l'Etat, sauf pour le défendeur à se pourvoir en recours contre la partie à qui il aura livré lesdits effets.

Seront poursuivis tous détenteurs des armes, etc. de l'Etat, qui refuseront de s'en dessaisir.

SEC. 36. *Décrètent de plus :* L'Adjudant-Général et les Inspecteurs de brigade pourront se saisir de toutes les armes, munitions de guerre et effets d'équipement appartenant à l'Etat, partout où ils les trouveront ; et toutes personnes qui refuseront de s'en dessaisir pourront y être contraintes par un juge de paix ou toute autre Cour compétente, sur les poursuites du requérant exercées au nom de l'Etat ; et chaque fois que le détenteur de pareils effets refusera d'obtempérer à la réquisition des susdits officiers et qu'il sera condamné au délaissement desdits effets par un décret du tribunal, il devra être prononcé contre lui une amende de vingt piastres.

Choix d'un uniforme pour la milice.

SEC. 37. *Décrètent de plus :* Le Commandant en Chef, le major général et l'adjudant-inspecteur-général sont par ces présentes autorisés à faire choix d'un uniforme pour la milice.

Tactique.

SEC. 38. *Décrètent de plus :* La milice et les corps de volontaires se conformeront dans leurs exercices à la tactique prescrite par les différentes ordonnances de la Confédération ; et il ne leur sera permis de s'en écarter à aucune des revues ordonnées par la loi.

Rang des compagnies de miliciens et de volontaires.

SEC. 39. *Décrètent de plus :* Les compagnies de la milice régulière seront assimilées, pour le rang à conserver entre elles, aux compagnies de l'armée régulière ; les compagnies de volontaires seront classées suivant la date de leur organisation, mais elles ne seront admises à occuper sur les flancs des bataillons, les postes assignés aux grenadiers, à l'infanterie légère et aux carabiniers, qu'autant qu'elles pourront justifier d'un droit d'ancienneté, à moins que ces postes ne leur soient assignés par le chef de bataillon

arrest in all civil cases when going to or returning from military muster or duty, and during one day for every twenty miles they have to travel in so going or returning, their arms, uniforms, accoutrements, and the horses of those required to be mounted, with their equipage, are free from seizure in any civil action

Exemption from arrest of persons going to or returning from Military duty.

SEC. 33. *Be it further enacted, &c.,* That the keepers of all ferries allowed to collect tolls either under the authority of the State or of the parishes, must pass all persons subject to military duty going to or returning from muster or other military duty, their horses and equipage, free of toll, and if they delay them unnecessarily shall be subject to a fine of not less than ten dollars, to be recovered by any person before a competent tribunal, for the use of the fund of the regiment in which the muster took place.

Exemption from payment of tolls over ferries, etc.

SEC. 34. *Be it further enacted, &c.,* That the commanding officer at any muster may prescribe limits to his parade, and if any one enter such limits without the consent or permission of the commanding officer (unless it be one peaceably passing along the public road), or if any one attempt to interrupt the exercise by loud noise or unruly conduct, the commanding officer may arrest him and commit him to prison, if there be one convenient, or confine him under guard if there is not, for not more than twelve hours.

Limits to parade and penalty for entering the same.

SEC. 35. *Be it further enacted, &c.,* That arms and accoutrements shall be issued from the State armory to the officers commanding regiments or corps, upon their giving sufficient security for the safe keeping of the arms, and to return them when required by the Commander-in-Chief, and they shall be liable for each arm or accoutrement not produced at any inspection in good order, and may be cited before a proper court of assessment for the value of said arms, and be condemned then to pay it; which amount shall be recovered as fines before that court, and paid over to the State Treasury, reserving to any officer thus condemned the right to the same means in recovering the value of the arms from those to whom he delivered them.

Arms and accoutrements to be issued to officers, who shall give security for the same.

SEC. 36. *Be it further enacted, &c.,* That the Adjutant General and Brigade Inspectors shall have the right of taking all arms and military property belonging to the State, wherever they may find them; and every person refusing to deliver up such arms or property may be compelled to do it by suit before any Justice of the Peace or other competent court, brought by the officer demanding them in the name of the State, and the defendant, if judgment is rendered against him, shall be condemned to pay a fine of twenty dollars for each offense.

Right to take the arms of the State and military property vested in the Adjutant General and Brigade Inspectors.

SEC. 37. *Be it further enacted, &c.,* That the Commander-in-Chief, the Major General, and Adjutant and Inspector General, are hereby authorized to adopt and designate a uniform for the militia.

Militia uniform.

SEC. 38. *Be it further enacted, &c.,* That the militia and volunteers shall be trained according to the system from time to time adopted by the Confederate States, in arms and tactics, and no other shall be allowed at any muster established by law.

Training of the Militia.

SEC. 39. *Be it further enacted, &c.,* That the companies of the regular militia shall take rank in the line according to the system laid down for the army; in volunteer corps they shall take rank according to the date of their formation; and among volunteer corps no companies shall have the right to the flanks of the Battalion as Grenadier, Light Infantry or Riflemen, unless they are entitled to the place from the date of their formation, or receive it

Rank of Militia companies.

from the chief of the Battalion as the reward of eminent conduct and discipline.

Detachments detailed in times of conflagration or other exigency.

SEC. 40. *Be it further enacted, &c,* That in case of any conflagration or other public exigency happening in any incorporated city or town, the Mayor, or other chief officer thereof, shall have power to demand from the officer commanding the militia of said place a detachment of men to make patrols and maintain good order as long as the conflagration continues or the exigency exists, and the commanding officer shall furnish such detachment. The commander of the detachment shall have the right to demand of, and shall receive from the civil officer requiring his services written instructions as to the duty expected of him.

Persons exempted from Militia service.

SEC. 41. *Be it further enacted, &c.,* That the following persons only shall be exempt from militia service: The members of the General Assembly, the Judges of the several Courts of Record, the Secretary of State, the Treasurer and Auditor of the State, the Attorney General and District Attorneys of the State, the Secretary and Assistant Secretary of the Senate, the Clerk and the Assistant Clerk of the House of Representatives, Clerks of Courts of Record, Sheriffs, licensed Physicians in actual practice, Ministers of the Gospel, Mayors and Recorders of cities, one Apothecary in each store, Commissioner of the Land Office, Registers of the Land Offices of the State, and keepers of the public prisons, all persons engaged in the mail service, and all persons exempt under the laws of the Confederate States by virtue of their employment in the civil, military or naval service of said Government, and persons who are physically incapable of bearing arms, who produce a certificate to that effect from the Surgeon of the Regiment or Battalion to which he may be attached; all persons liable to military duty under the provisions of this act, who have or shall have been in the State or Confederate service in the present war, and who shall have served out the time for which they enlisted, or who shall be or have been honorably discharged for any cause whatever, shall be exempt from the military duties required of them under the provisions of this act, for the same length of time that said persons have or shall have served in the State or Confederate service as aforesaid.

Proviso.

Provided further, That exemptions to Sheriffs and Clerks shall not be so construed so as to include their deputies. *Provided further,* If any other person above designated accept a commission in the militia service they will be considered as having waived their exemption. All other general and special exemptions are hereby repealed.

Organization of Volunteers.

SEC. 42. *Be it further enacted, &c.,* That Volunteer Companies, Battalions, Regiments and Brigades may be organized in this State under the same rules as Companies, Battalions, Regiments and Brigades of the regular Militia, with the following exceptions and regulations: Each company shall consist of not less than sixty privates for Artillery and Infantry, and thirty-two for Cavalry; provided, that no Company shall have more than one hundred privates; ten Companies shall form one Regiment, and not less than four nor more than six Regiments shall form a Brigade, and any Company of Artillery or Cavalry may be attached to a Volunteer Brigade with the consent of the Commander-in-Chief. The volunteer companies, Regiments and Brigades may determine the mode of electing or appointing their own officers, which officers shall be the same as are provided by this act for the militia, and be subject to the orders of the Commander-in-Chief and the Major General of the State; *Provided,* that any Volunteer Company, Regiment or Battalion organized according to this act, which shall not have attached itself to any Brigade within thirty days after the passage

à titre de services rendus ou à raison de la supériorité de leur discipline.

Sec. 40. *Décrètent de plus:* En cas d'incendie et dans tous les cas d'urgence, les maires ou chefs des autorités constituées des villes et villages incorporés pourront requérir des officiers commandants, des détachements de miliciens pour le service des patrouilles et le maintien de l'ordre, pendant la durée du péril; lesdits officiers seront tenus de satisfaire à leur réquisition. Le chef du détachement commandé pour ce service pourra exiger des ordres écrits de l'officier de l'état civil qui aura fait la réquisition. *Les maires, etc. pourront requérir des détachements en cas d'urgence.*

Sec. 41. *Décrètent de plus:* Les personnes suivantes seront dispensées du service de la milice: Les membres de l'Assemblée-Générale, les juges de la Cour Suprême et des Cours de District, le Secrétaire d'Etat, le Trésorier, l'Auditeur, l'Avocat-Général, les Avocats de District, le Secrétaire du Sénat et son Adjoint, le Greffier de la Chambre et son Adjoint, les Greffiers des Cours Suprême et de District, les Shérifs, les Médecins licenciés et exerçant leur profession, les Ministres de l'Evangile, les Maires et Recorders des villes, un Apothicaire pour chaque pharmacie, le Commissaire du Bureau des terres, les Registrateurs des Bureaux de terres de l'Etat, les gardiens des prisons publiques, et toutes personnes exemptées par les Etats Confédérés à raison des fonctions qu'elles exercent dans l'état civil, l'armée ou la marine de ces Etats; toutes personnes impropres au service à raison d'infirmités constatées par certificat du chirurgien du régiment ou bataillon auquel elles appartiendront. Le temps qu'un officier ou soldat aura servi dans l'armée de l'Etat ou de la Confédération pendant la guerre actuelle, lui sera compté en déduction de son service comme milicien, s'il a servi dans l'armée pendant le temps pour lequel il s'était engagé ou s'il a obtenu un congé. Les exemptions accordées aux Shérifs, Greffiers et Recorders ne s'appliqueront point à leurs adjoints, et tous ceux qui accepteront des grades dans la milice seront exclus du bénéfice des exemptions établies par cet Acte. Toutes autres exemptions générales ou spéciales sont par ces présentes révoquées. *Exemptions.*

Sec. 42. *Décrètent de plus:* Les compagnies, bataillons, régiments et brigades de volontaires dans cet Etat seront organisés sur le même pied que dans la milice régulière, sauf les modifications suivantes: Les compagnies d'artillerie et d'infanterie seront composées d'au moins soixante soldats, les compagnies de cavalerie d'au moins trente-deux soldats; mais aucune compagnie ne sera composée de plus de cent soldats. Dix compagnies formeront un régiment, et pas moins de quatre ni plus de six régiments, une brigade. Toutes compagnies d'artillerie ou de cavalerie qui désireront s'incorporer dans une brigade de volontaires devront obtenir le consentement du Commandant en Chef à cet effet. Les compagnies, régiments et brigades de volontaires détermineront le mode de nomination ou d'élection de leurs officiers. Le nombre et les grades de ces officiers seront les mêmes que ceux établis par cet Acte pour la milice, et ils seront sous les ordres du Commandant en Chef et du Major-Général de l'Etat; bien entendu que les compagnies, régiments ou bataillons de volontaires organisés sous l'autorité de ces présentes, qui négligeront de s'attacher à une brigade dans les trente jours qui suivront l'adoption de cet Acte, pourront être incorporés par le Commandant en Chef dans une brigade quelconque, soit de miliciens, soit de volontaires. *Organisation des corps de volontaires.*

Sec. 43. *Décrètent de plus:* Les compagnies et régiments de volontaires feront choix de l'uniforme qu'ils porteront et seront autorisés à adopter des règlements disciplinaires qui auront force de loi aussitôt qu'ils auront reçu l'approbation du Commandant en Chef; bien entendu que ces *Uniforme et règlement des compagnies et régiment des volontaires.*

of this act, may be attached, by the Commander-in-Chief, to any Brigade either volunteer or militia.

Right to adopt their uniform and by-laws.
SEC. 43. *Be it further enacted, &c.*, That the different companies and Regiments may select their own uniform and adopt such by-laws and regulations for their government, which shall have the force of laws when approved by the Commander-in-Chief; provided, the same be not inconsistent with this act. Their courts-martial and courts of assessment and inquiry shall be formed as under the provisions of this act.

No volunteer company to be formed 30 days after the passage of this act without the consent of the Commander-in-Chief.
SEC. 44. *Be it further enacted, &c.*, That after thirty days after the passage of this act no additional volunteer companies shall be formed without the consent of the Commander-in-Chief, and that no person shall be received after said time in any volunteer company without the consent of the Major General. Whenever any member of a volunteer company shall resign or be dismissed, it shall be the duty of the Captain of the volunteer company in which such resignation or dismissal shall take place, to notify the Colonel of the militia of the district in which said person resides. Upon failure of the Captain to give the notice herein required, he shall be subject to a fine of not less than fifty dollars for each offense.

Dissolution of volunteer companies.
SEC. 45. *Be it further enacted, &c.*, That whenever a Volunteer Company shall appear at any three successive musters, whether Battalion, Regimental, Company or general muster, with one-third less the number of privates required to form such Company, the commander of the Company shall report the same to the Commander-in-Chief, who may thereupon dissolve said Company. Any Captain who shall fail to make said report shall be fined not less than one hundred dollars and be deprived of his commission. Notices required in this and preceding section shall be given within three days.

Precedence of volunteer over militia officers of the same rank.
SEC. 46. *Be it further enacted, &c.*, That volunteer officers shall take precedence over militia officers of the same rank.

Reports, etc., to be addressed to the Adjutant General.
SEC. 47. *Be it further enacted, &c.*, That all the returns, certificates, reports and communications required to be made to the Commander-in-Chief shall be addressed to the Adjutant and Inspector General.

Establishment of Arsenals and Armories, etc.
SEC. 48. *Be it further enacted, &c.*, That the Commander-in-Chief is hereby authorized to establish arsenals in such places as he may deem proper and appoint Armorers for the same, and adopt regulations for the use of the arms of the State in drilling the volunteer and militia companies.

Trial by Court martial.
SEC. 49. *Be it further enacted, &c.*, That if any officer of the militia be accused of an offense for which an officer in the militia service of the Confederate States would be liable to be arrested and tried by a court-martial, he shall be arrested and tried by a court martial, and if he be found guilty, shall be sentenced to be reprimanded, suspended for a certain period, or cashiered; if he be cashiered, the court shall adjudge him incapable of holding any office in the militia for life, or for not less than one year, according to the gravity of the offense. All sentences shall be published in orders by the Commander-in-Chief, as he may direct.

Complaints how brought.
SEC. 50. *Be it further enacted, &c.*, That any person accusing an officer of an offense for which he would be liable to be tried by a court-martial, shall lay his complaint before the immediate superior of the accused, who shall transmit it, with his own observations thereon, to the Commander-in-Chief; the latter shall cause to be detailed a court-martial to try the accused if the offense appear to merit it, or shall direct the accused to be brought before a court of assessment, as the case may seem to require, or he may order a court of inquiry, upon whose report he may decide what to do, or may dismiss the complaint. The officer before whom the

règlements ne devront point déroger aux dispositions du présent Acte. Leurs cours martiales, cours d'*assessement* et cours d'enquête seront organisées ainsi qu'il est dit ci-après.

Sec. 44. *Décrètent de plus :* Après l'expiration des trente jours qui suivront l'adoption de cet Acte, il ne sera formé aucune compagnie de volontaires sans le consentement du Commandant en Chef, et nul ne sera admis à faire partie de ces compagnies sans l'autorisation du Major-Général. Quand un membre d'une compagnie de volontaires donnera sa démission ou qu'il aura été expulsé de la compagnie, le capitaine devra en aviser le colonel de la milice du district dans lequel le membre expulsé ou démissionnaire aura son domicile, à peine de se voir condamner à une amende qui ne sera pas moindre de cinquante piastres pour chaque contravention.

Délai fixé pour la formation de compagnies de volontaires.

Démission, etc. des volontaires.

Sec. 45. *Décrètent de plus :* Le Commandant en Chef, sur le rapport que lui en fera le capitaine, pourra prononcer la dissolution de toute compagnie de volontaires qui se sera présentée à trois revues consécutives (soit revues générales, soit revues par régiments, bataillons ou compagnies), en nombre moindre que les deux tiers des simples soldats dont elle devra être composée ; et tout capitaine qui négligera de faire son rapport pourra être cassé et condamné à une amende qui ne devra pas excéder cent piastres. Les rapports dont il est parlé aux sections 44 et 45 devront être faits dans les trois jours.

Le Commandant en chef pourra dissoudre les compagnies de volontaires dans certains cas.

Sec. 46. *Décrètent de plus :* Les officiers dans les corps de volontaires auront la préséance sur les officiers du même grade dans la milice.

Préséance des volontaires sur les miliciens.

Sec. 47. *Décrètent de plus :* Tous certificats, rapports, etc., dont la connaissance ressortit au Commandant en Chef, devront être adressés à l'Adjudant-Inspecteur-Général.

Envoi de rapports à l'Assemblée Générale.

Sec. 48. *Décrètent de plus :* Le Commandant en Chef sera autorisé à établir des arsenaux dans les différentes parties de l'Etat ; il préposera des fonctionnaires à la garde de ces établissements et arrêtera des règlements relativement à l'usage des armes que l'Etat confiera aux compagnies de volontaires ou de miliciens.

Sec. 49. *Décrètent de plus :* Tout officier de la milice accusé d'un délit entraînant juridiction de cour martiale aux termes des ordonnances militaires de la Confédération, sera arrêté et traduit devant une cour martiale de la milice pour y être réprimandé, suspendu de ses fonctions, ou cassé, suivant la gravité du délit. La sentence de destitution portera déchéance pour un temps limité, qui ne pourra pas être moindre d'une année, ou déchéance absolue et sans réserve du droit de réintégration. Tous les décrets des cours militaires seront publiés sous forme d'ordres du Commandant en Chef.

Poursuite devant les cours martiales.

Sec. 50. *Décrètent de plus :* Toute accusation entraînant juridiction de cour martiale devra être adressée au supérieur immédiat de l'accusé, qui la transmettra au Commandant en Chef avec les renseignements qu'il aura recueillis sur les différents chefs d'accusation. Le Commandant en Chef convoquera une cour martiale ou une cour d'*assessement* suivant le cas, pour prendre connaissance du délit, si mieux n'aime soumettre l'accusation à une Cour d'enquête qui décidera s'il y a lieu à poursuivre ; bien entendu que le Commandant en Chef n'enjoindra de poursuites qu'autant qu'il les croira fondées. L'officier saisi de l'accusation pourra ordonner l'arrestation immédiate du prévenu ou attendre pour y faire procéder qu'il ait comparu devant la cour martiale ou la cour d'*assessement*.

Convocation des cours martiales, pouvoir discrétionnaire du Commandant en Chef.

Sec. 51. *Décrètent de plus :* Le Commandant en Chef convoquera lui même les cours martiales et d'enquête, ainsi que les cours d'*assessement*,

Formation de Cours.

complaint is first made, may either arrest the offender, or postpone his arrest until he appears before the court-martial or court of assessment.

Commander-in-Chief to order Courts martial.
Sec. 51. *Be it further enacted, &c.*, That the Commander-in Chief shall order all court-martials and courts of inquiry, and general and brigade courts of assessment; but he may direct the detail for these courts, or any part of it, to be made by any other officer of competent rank.

Members of Courts martials.
Sec. 52. *Be it further enacted, &c.*, That a court-martial shall consist of a President, at least six members, and not more than twelve, a Judge Advocate, and a Provost Marshal. A court of inquiry and court of assessment shall each consist of a President, four members, a Judge Advocate and Provost Marshal.

Judge Advocate, his duties and powers.
Sec. 53. *Be it further enacted, &c.*, That when the Commander-in-Chief orders a court-martial for the trial of any officer, or a court of inquiry to examine into the charges, he shall give to the Judge Advocate a copy of the charges and specifications on which the accusation is made. The Judge Advocate is authorized to put such charges and specifications into legal form, without altering their substance, and shall then have a copy served on the accused by the Provost Marshal at least two days before the day fixed for the assembly of the court, and allowing the accused also one day more for every twenty miles from his domicil to the place of sitting of the court.

Supernumerary number of Courts martial.
Sec. 54. *Be it further enacted, &c.*, That there shall always be detailed four supernumerary members for a court of inquiry or assessment, who shall attend the court until it is organized, to replace those absent or excused from serving.

Courts for the trial of non-commissioned officers.
Sec. 55. *Be it further enacted, &c.*, That the Colonel or commanding officer of any regiment or battalion, may order and appoint a regimental or battalion court of assessments for the trial of the non commissioned officers and privates for failure to attend drills, musters and reviews; said court shall consist of three commissioned officers, a Judge Advocate and a Provost Marshal.

Oath to be taken by officers and members of courts martial.
Sec. 56. *Be it further enacted, &c.*, That the President, members and Judge Advocate of courts-martial and courts of inquiry and courts of assessment, shall take the oaths and be governed by the rules and regulations laid down for the army and militia in the service of the Confederate States (changing what ought to be changed;) but they may hold their sessions at night.

Oath of the Provost Marshal.
Sec. 57. *Be it further enacted, &c.*, That the Provost Marshal, upon receiving his appointment, shall take an oath faithfully to perform the duties of his office, before any Justice of the Peace, and shall present said oath duly certified, to the court upon its first sitting, to be recorded among their proceedings.

Mode of summoning witnesses.
Sec. 58. *Be it further enacted, &c.*, That the Judge Advocate shall issue summonses for all witnesses, which the Provost Marshal shall serve; and if any witness, duly summoned fail to appear, the court-martial may fine him not more than twenty dollars, and attach him and compel his appearance.

Powers of said courts to maintain order in their presence.
Sec. 59. *Be it further enacted, &c.*, That courts-martial, courts of inquiry, and courts of assessment, shall have power to maintain order in their presence, and to commit to the prison of the parish in which either may be sitting, for not more than twenty-four hours, all persons guilty of any breach of order, and to fine not exceeding twenty-five dollars. All process of either court, in the maintenance of its order and authority, shall be

soit générales soit de brigade, mais il pourra en confier la formation à tout officier compétent.

Sec. 52. *Décrètent de plus :* Les cours martiales seront composées d'un président, de six à douze membres, d'un juge rapporteur et d'un prévôt de la milice ; les cours d'enquête et d'*assessement,* d'un président, de quatre membres, d'un juge rapporteur et d'un prévôt. Composition des cours militaires.

Sec. 53. *Décrètent de plus :* Quand le Commandant en Chef convoquera une cour martiale pour connaitre d'une accusation portée contre un officier, ou une cour d'enquête pour un examen préliminaire, il sera tenu de délivrer à l'officier rapporteur une copie des chefs d'accusation dirigés contre le prévenu. Le juge rapporteur en dressera, sans altérer leur sens, un acte d'accusation suivant les formes prescrites par la loi et le fera notifier au prévenu par le prévôt, au moins deux jours avant la réunion de la Cour. Il sera en outre accordé au prévenu un délai de vingt-quatre heures par vingt milles qu'il aura à faire pour se rendre de son domicile au tribunal. Acte d'accusation—sa notification au prévenu.

Sec. 54. *Décrètent de plus :* Il sera cité quatre membres suppléants pour toutes les Cours d'enquête ou d'*assessement,* lesquels seront tenus de se présenter à toutes les réunions du tribunal jusqu'à son organisation définitive, afin de remplir les vacances qui pourraient y survenir. Juges suppléants.

Sec. 55. *Décrètent de plus :* Les colonels ou officiers commandants des régiments ou bataillons seront autorisés à convoquer des cours d'*assessement* de régiment ou de bataillon pour la poursuite et condamnation des sous-officiers et soldats coupables de manquements aux exercices et revues. Les cours dont il est parlé dans cette section seront composées de trois officiers, d'un juge rapporteur et d'un prévôt de la milice. Cours de régiments et bataillons.

Sec. 56. *Décrètent de plus :* Les Présidents, membres et juges rapporteurs des différentes cours militaires observeront les règlements et prêteront (sauf les modifications nécessaires) les serments prescrits pour l'armée et la milice des Etats Confédérés. Ils seront aussi autorisés à se réunir en séances du soir. Règlements des cours militaires.

Sec. 57. *Décrètent de plus :* Le prévôt, aussitôt qu'il aura été nommé, prêtera le serment d'office entre les mains d'un juge de paix ; et ce serment, revêtu de l'attestation du juge devant lequel il aura été prêté, devra être communiqué par le prévôt au tribunal dont il relèvera, à sa plus prochaine audience, et consigné au procès-verbal de ses délibérations. Serment que devra prêter le prévôt.

Sec. 58. *Décrètent de plus :* Le prévôt sera chargé de la notification aux différents témoins des mandats de comparution lancés par le juge rapporteur ; et la cour sera autorisée à prononcer une amende de vingt piastres au plus et même la contrainte par corps contre les témoins défaillans. Devoir du prévôt.

Sec. 59. *Décrètent de plus :* Les cours martiales, d'enquête et d'*assessement* seront revêtues de toute l'autorité nécessaire pour le maintien de l'ordre pendant leurs audiences ; ainsi, elles pourront condamner à une amende de vingt-cinq piastres au plus, et à un emprisonnement qui n'excédera pas vingt-quatre heures, toutes personnes coupables de provocation au désordre. Les mandats lancés à cet effet seront signifiés par le prévôt qui sera tenu de les exécuter même après la dissolution du tribunal qui les aura décernés. Police des cours militaires.

Sec. 60. *Décrètent de plus :* Nul officier traduit devant une cour martiale ne sera admis à la récusation peremptoire des membres du tribunal. Récusation des juges.

Sec. 61. *Décrètent de plus :* Tous les arrêts des cours martiales accompagnés des procès-verbaux de leurs délibérations seront envoyés au Commandant en Chef. S'il les confirme, il sera procédé à leur exécution, à moins Les décrets de cours martiales devront être confirmés par le Commandant en Chef.

served by the Provost Marshal; nor will the execution of any such process be suspended by the dissolution of the court.

Challenges. SEC. 60. *Be it further enacted, &c.*, That an officer arraigned before a court-martial shall not have the right to challenge any member unless for cause.

Execution of sentence pronounced by a court martial. SEC. 61. *Be it further enacted, &c.*, That the proceedings and sentence of a court-martial shall be referred to the Commander-in-Chief; if he approve the sentence, it shall be executed accordingly, unless he think fit to remit the punishment; if he disapprove it, the proceedings will end, unless he send back the matter to be reconsidered by the court.

Compensation of Judge Advocate and Provost Marshal. SEC. 62. *Be it further enacted, &c.*, That the Judge Advocate and Provost Marshal of each court-martial, court of inquiry or court of assessment, shall receive a compensation, to be fixed by the court, of not more than five dollars a day for each day necessarily engaged in their duties, which shall be paid them from the State Treasury, upon their own warrants, certified by the President of the court.

Brigade court of assessments; its jurisdiction. SEC. 63. *Be it further enacted, &c.*, That Colonels, Lieutenant Colonels and Majors, for absence from parade, or neglect of duty, or contravention of law not subjecting them to be tried by a court-martial, shall be fined by a brigade court of assessment, not less than five dollars, nor more than one hundred; Brigadier and Major Generals, for similar offenses, by a general court of assessment, not less than fifty dollars, nor more than two hundred dollars.

When a court of assessment shall be called. SEC. 64. *Be it further enacted, &c.*, That when any Major, Lieutenant Colonel or Colonel shall be absent from parade, or be guilty of any neglect of duty or contravention of law, not subjecting him to a trial by court-martial, and the Brigade Inspector, or other officer, if superior, shall certify the same to the Brigadier General, or if the charge from any other person be made on oath, a brigade court of assessment shall be ordered, and the Judge Advocate shall notify the accused of the charge brought against him, and of the time and place of the sitting of the court. The certificate of the Brigade Inspector, or any officer superior to the accused, shall be taken as *prima facia* evidence of the offense; if the accusation come from any other officer, it must be established by legal proof before the court of assessment.

When a general court of Assessment shall be called. SEC. 65. *Be it further enacted, &c.*, That when any Major General or Brigadier General is accused of any offense mentioned in the foregoing section, and it is certified by the Brigade Inspector, or Adjutant and Inspector General, or any other person, a general court of assessment shall be ordered by the Commander-in-Chief, and the same rules shall apply to this case as in the case of brigade court of assessment, as above laid down.

Execution of the sentence of courts of assessments. SEC. 66. *Be it further enacted, &c.*, That if a general or brigade court of assessment condemn an officer brought before it to pay a fine, it shall be the duty of the Provost Marshal to collect said fine, and if the officer, after three days notice and demand, fails or refuses to pay said fine, the Provost Marshal shall return said sentence to the court, with his action upon the premises endorsed thereon, and said court shall immediately notify said officer to appear at their next sitting, to show cause why he should not be cashiered; and if no satisfactory cause is shown, he shall thereupon be reprimanded, suspended for a certain period, or cashiered, and if he be cashiered, the court may adjudge him incapable of holding any office in the militia for life, or for not less than one year.

SEC. 67. *Be it further enacted, &c.*, That any non-commissioned officer

qu'il n'eu remette la peine; s'il refuse de confirmer, il sera sursis aux poursuites, à moins qu'il n'ordonne un nouvel examen de l'affaire.

SEC. 62. *Décrètent de plus :* Les cours martiales, d'enquête ou d'*assessement* régleront l'indemnité des juges-rapporteurs et des prévôts attachés à leur service. Cette indemnité, dont le maximum est fixé par ces présentes à cinq piastres pour chaque journée de service, leur sera payée par le Trésorier d'Etat sur présentation de leurs propres mandats certifiés par le Président du Tribunal auquel ils seront attachés. Indemnité des juges rapporteurs et prévôts.

SEC. 63. *Décrètent de plus :* Les colonels, lieutenants-colonels et majors convaincus de manquement à un service quelconque, ou d'un délit dont la connaissance ne ressortit point à une cour martiale, seront condamnés par une cour d'*assessement* de brigade à une amende qui ne sera pas moindre de cinq piastres et qui n'excèdera pas cent piastres ; le major général et les généraux de brigade seront justiciables de la cour générale d'*assessement* et passibles d'une amende de cinquante à deux cents piastres, pour les mêmes délits et manquements. Attributions des cours d'assessement.

SEC. 64. *Décrètent de plus :* Lorsqu'un major, lieutenant-colonel ou colonel manquera à une revue ou se rendra coupable d'un délit qui n'emportera pas juridiction de cour martiale et que l'Inspecteur de brigade ou tout officier d'un grade supérieur à celui du délinquant en informera le brigadier-général, ou lorsqu'une personne quelconque appuiera son accusation d'un serment, il sera convoqué une cour d'*assessement* de brigade pour en prendre connaissance. Le juge-rapporteur notifiera au prévenu les différents chefs d'accusation dirigés contre lui, ainsi que l'heure et le lieu fixés pour l'audience. A défaut de preuves contraires, le certificat de l'inspecteur de brigade ou d'un supérieur quelconque suffira pour établir le délit ou manquement imputé au prévenu. Lorsque l'accusation sera portée par un officier autre que ceux dont il est parlé dans cette section, les différents chefs en devront être établis par preuves légales devant la cour d'*assessement*. Procédures devant les cours d'assessement des brigades.

SEC. 65. *Décrètent de plus :* Lorsque le major-général ou un major de brigade sera accusé d'un des délits énoncés dans la section précédente et que l'accusation sera appuyée du certificat de l'inspecteur de brigade, de l'adjudant inspecteur-général ou de toute autre personne, le Commandant en Chef en saisira une cour générale d'*assessement* qu'il convoquera à cet effet et il sera procédé à l'examen du délit ainsi qu'il est prescrit à la section 64, pour les cours d'*assessement* des brigades. Procédure devant la cour générale d'assessement.

SEC. 66. *Décrètent de plus :* Lorsqu'une cour d'*assessement* (soit cour générale soit cour de brigade) aura décerné une amende, le prévôt en fera le recouvrement, et si l'officier condamné à l'amende refuse d'y satisfaire dans les trois jours qui suivront la demande et la signification du décret, le prévôt en avisera la cour en consignant le refus au dos de l'acte qu'il aura signifié ; alors la cour citera le délinquant à sa plus prochaine séance pour y être réprimandé, suspendu de ses fonctions ou cassé, après audition des raisons qu'il pourra alléguer en justification de son refus. Toute sentence de destitution entrainera l'exclusion du délinquant de tout grade dans la milice du vivant, ou pendant un temps déterminé, qui ne pourra jamais être moindre d'une année. Pénalité qui sera prononcée contre les personnes qui refuseront de payer une amende.

SEC. 67. *Décrètent de plus :* Les sous-officiers et soldats convaincus devant une cour d'*assessement*, de régiment ou de bataillon, d'avoir manqué aux exercices de leurs compagnies, seront passibles des amendes suivantes: pour chaque manquement aux exercices de compagnie, trois piastres ; pour chaque manquement aux exercices de bataillon ou de régiment, quatre piastres ; pour chaque manquement aux revues générales ou aux revues de bri- Manquements aux revues et exercices— amende.

71

Punishment of non-commission-ed officers and privates for failing to attend drills, etc. or private, who shall fail to attend a company drill, shall be fined three dollars for each offense; for failure to attend a regimental or battalion drill, four dollars for each offense; and for failure to attend a general or brigade review, five dollars for each offense, and to imprisonment in the parish prison not exceeding forty-eight hours in default of paying said fine, which shall be assessed by a regimental or battalion court of assessment, upon due proof of said offense; provided, that said non-commissioned officer and private shall receive twenty-four hours notice of said trial, and have the right of establishing before said court a good and reasonable excuse for failing to attend.

Discretion of the commanding officer. SEC. 68. *Be it further enacted, &c.*, That it shall be discretionary with the commanding officer to reduce said fine one-half, upon its being paid before the delinquent is notified to appear before the court of assessment; and provided the commanding officer shall have power to excuse any delinquent upon a reasonable excuse, and not report said delinquent.

Excusing from drill or review. SEC. 69. *Be it further enacted, &c.*, That the commander of regiments or battalions shall have a discretionary power to excuse persons from drill or review, whenever, in their opinion, the public good may require it.

Collection of fines—imprisonment in default of paying the same. SEC. 70. *Be it further enacted, &c.*, That when said court of assessment shall sentence any non-commissioned officer or private as aforesaid to pay any fine, it shall be the duty of the Provost Marshal to collect said fine, and if the same is not paid within twenty-four hours, it shall be the duty of the Provost Marshal to arrest said party and commit him to the parish prison.

Punishment for disrespect to officers. SEC. 71. *Be it further enacted, &c.*, That if a non-commissioned officer or private of the militia be accused of any disrespect or violence toward an officer while in the discharge of his duty, he shall be arrested and tried, and if found guilty, he shall be sentenced to pay a fine not exceeding five hundred dollars, or imprisonment in the parish prison not exceeding three months, or both, at the discretion of the court; that whenever a fine shall be thus imposed, it shall be the duty of the Provost Marshal of said court to collect the same, and also to arrest and imprison said offender, if so ordered by the court; and it shall be the duty of the keeper of the parish prison to receive and detain for the period specified by the sentence of the court, any person sentenced to imprisonment by any court-martial or court of assessment under this law.

Provost Marshal may demand a detail of men to carry into effect certain sentences. SEC. 72. *Be it further enacted, &c.*, That the Provost Marshal is authorized to demand of any commander of the brigade, regiment, battalion or company, a sufficient detail of men to carry into effect the sentences of the court-martial or court of assessment.

Regimental fund. SEC. 73. *Be it further enacted, &c.*, That all fines imposed and collected by a regimental court of assessment, shall be paid to the paymaster of said regiment, for a regimental fund, to be used for the expenses of said regiment, under the orders of the commanding officer.

Disposition of fines collected before courts-martial and assessment. SEC. 74. *Be it further enacted, &c.*, That the fines inflicted by courts-martial and a general court of assessment shall be paid into the State Treasury, when collected; those inflicted by brigade courts of assessment shall be paid to the paymaster of the brigade, and shall be appropriated to the payment of the expenses of said brigade.

Pay of troops called into service. SEC. 75. *Be it further enacted, &c.*, That whenever the forces or any part thereof of the State shall be called into active service, they shall receive the same pay and rations as are allowed by law to officers and men in the Confederate army belonging to the same class of service.

SEC. 76. *Be it further enacted, &c.*, That the Commander-in-Chief and

gade, cinq piastres. Les sous-officiers ou soldats qui refuseront de payer lesdites amendes seront condamnés à quarante-huit heures de détention dans la prison de paroisse ; bien entendu que les poursuites exercées contre lesdits sous-officiers ou soldats devront leur être notifiées vingt-quatre heures d'avance, et qu'ils seront reçus à se justifier devant la cour.

SEC. 68. *Décrètent de plus :* L'officier commandant pourra réduire l'amende de moitié, quant le délinquant s'offrira à la payer avant la signification du mandat de comparution ; il pourra aussi, quand il s'y croira fondé, excuser les manquements au service, et alors il ne sera pas tenu de faire de rapport. Réduction de l'amende dans certains cas.

SEC. 69. *Décrètent de plus :* Les commandants de régiments ou de bataillons pourront accorder des dispenses de service lorsque la trop rigoureuse exécution du règlement pourrait, à leur sens, préjudicier aux intérêts publics. Dispense de service.

SEC. 70. *Décrètent de plus :* Lorsqu'une cour d'*assessement* aura décerné une amende contre un soldat ou sous-officier, ainsi qu'il est dit plus haut, le prévôt sera chargé d'en faire le recouvrement et d'emprisonner le délinquant s'il n'a point satisfait à sa demande dans les vingt-quatre heures. Emprisonnement de ceux qui refuseront de payer les amendes.

SEC. 71. *Décrètent de plus :* Tout soldat ou sous-officier de milice accusé d'avoir usé de voies de fait contre un officier, dans l'exercice de ses fonctions, ou de lui avoir manqué de respect, sera arrêté et traduit devant un tribunal compétent, et sur conviction, condamné à une amende qui ne devra pas excéder cinq cents piastres, ou à trois mois d'emprisonnement au plus, ou aux deux, quand la cour se croira fondée à cumuler l'amende avec l'emprisonnement. Le prévôt recouvrera l'amende et emprisonnera le délinquant quand la cour lui en intimera l'ordre. Les geoliers des différentes paroisses admettront et détiendront dans leurs prisons respectives, pendant le temps fixé par la sentence, toute personne condamnée par une cour martiale ou d'*assessement* sous l'autorité de la présente loi. Manque de respect aux officiers —pénalité.

SEC. 72. *Décrètent de plus :* Les prévôts de milice seront autorisés à requérir des différents commandants de brigade, régiments, bataillons ou compagnies les détachements dont ils auront besoin pour l'exécution des arrêts rendus par les différentes cours militaires. Détachements que le prévôt pourra requérir.

SEC. 73. *Décrètent de plus :* Les amendes prononcées par les cours d'*assessement* des régiments seront recouvrées et versées entre les mains de l'officier payeur pour l'usage du régiment, et placées sous le contrôle de l'officier commandant. Emploi des fonds provenant des amendes.

SEC. 74. *Décrètent de plus :* Les amendes recouvrées en vertu d'un décret de cour martiale ou de cour générale d'*assessement* seront versées dans le Trésor de l'Etat ; celles qu'auront décernées les cours d'*assessement* des brigades seront versées entre les mains des officiers payeurs desdites brigades pour l'usage de ces différents corps. Emploi des fonds provenant des amendes.

SEC. 75. *Décrètent de plus :* Toutes les fois que les forces de l'Etat ou une partie d'icelles seront appelées à faire un service actif, elles auront droit à la solde et aux rations que reçoivent les troupes de l'armée Confédérée pour le même genre de service. Solde, etc., des troupes en activité de service.

SEC. 76. *Décrètent de plus :* Le Commandant en Chef et le major-général seront tenus d'élaborer et d'adopter tous règlements et de lancer tous ordres qu'ils jugeront nécessaires pour la mise en vigueur des dispositions de cet acte. Règlements, etc., pour la mise en vigueur de cet acte.

SEC. 77. *Décrètent de plus :* Les compagnies de volontaires attachées à des régiments de miliciens seront tenues de faire l'exercice aussi souvent que les compagnies de la milice ; elles devront se rendre à tous les exercices de bataillon et de régiment ; elles seront assujetties aux mêmes règle- Règlements relatifs aux volontaires.

Duty of the Commander-in-Chief and Major General. Major General be, and the same are hereby authorized and required to make and adopt all rules and regulations, and to issue all orders necessary to carry out and put into immediate operation the provisions of this law.

Rules governing volunteer companies attached to Militia Regiments. SEC. 77. Be it further enacted, &c., That the volunteer companies attached to militia regiments shall drill as often as the militia companies, and attend regimental and battallion drills; that they shall be subject to the same rules and fines regulating the militia, and shall make a report of the delinquencies and fines in the manner and form required of the militia officers.

When this law shall take effect. SEC. 78. Be it further enacted, &c., That all laws conflicting with the provisions of this law be, and the same are hereby repealed, and that this law shall not have force and effect until the 15th day of February next.

ADOLPHUS OLIVIER,
Speaker of the House of Representatives.
HENRY M. HYAMS,
Lieutenant Governor and President of the Senate.

Approved January 23d, 1861.

THOS. O. MOORE,
Governor of the State of Louisiana.

A true copy.
PLINY D. HARDY,
Secretary of State.

No. 98.]   AN ACT

To incorporate the New Orleans and Texas Railroad Company.

Preamble. WHEREAS, It is important not only for commercial purposes, travel, mail carriage, etc., in time of peace, but for military uses in the pending war, to build the Railroad from New Iberia to the Sabine River, so as to complete the channel of communication between New Orleans and Houston, Texas:

Members of the corporation. SECTION 1. Be it enacted by the Senate and House of Representatives of the State of Louisiana, in General Assembly convened, That Francis A. Boyle, Robert Mott, S. O. Nelson, James I. Hanna, John L. Macaulay, A. D. Coleman, Addison Cammack, T. S. Hawkins, B. J. Sage, Sheperd Brown, John R. Shaw, I. P. Harrison, Maçon Pilcher, H. A. Violett, G. H. Hynson, James M. Allen, M. J. Zunts, S. U. Payne, George Jonas, I. H. Carroll, S. H. Kennedy, Isaac G. Seymour, M. O. H. Norton, George H. West, A. D. Kelly, M. Musson, P. H. Foley, H. B. James, Walter G. Robinson, Thomas H. Adams, Samuel E. Moore, John T. Adams, Wilhelmus Bogart, R. H. Raine, L. H. Place, and P. A. Shaw, of the city of New Orleans; John Moore and E. T. King, of the parish of St. Martin; A. Nunez, of the parish of Vermillion; William H. Kirkman, of the parish of Calcasieu; Abram M. Gentry, W. W. Morris, T. S. Roberts, Charles M. Congreve, C. C. Campbell, W. I. Hutchins and I. H. McIlhenney, of the State of Texas, and all other persons or corporations that hereafter

neuts et aux mêmes amendes, et devront rapporter tous manquements ou délits et toutes amendes, suivant les formes prescrites pour les officiers de a milice.

SEC. 78. *Décrètent de plus :* Toutes lois contraires aux présentes dispositions sont et demeurent abrogées, et cet Acte entrera en vigueur le Quinzième jour de Février prochain.

Époque de la mise en vigueur de cet Acte.

ADOLPHUS OLIVIER,
Orateur de la Chambre des Représentants.
HENRY M. HYAMS,
Lieutenant-Gouverneur et Président du Sénat.

Approuvé le 23 janvier 1862.

THOMAS O. MOORE,
Gouverneur de l'Etat de la Louisiane.

Pour copie conforme,
PLINY D. HARDY,
Secrétaire d'Etat.

No. 98.] ACTE

Incorporant la Compagnie de chemin de fer de la Nouvelle-Orléans et du Texas.

Préambule.

Attendu que la construction d'un chemin de fer entre la Nlle-Ibérie et la rivière Sabine établirait une voie de communication continue entre la Nlle-Orléans et la ville de Houston dans le Texas, dont il résulterait de grands avantages non seulement pour le commerce, le transport de la malle et des voyageurs en temps de paix, mais aussi pour le service militaire pendant la guerre ; en conséquence,

SECTION 1. *Le Sénat et la Chambre des Représentants de l'Etat de la Louisiane, réunis en Assemblée Générale, décrètent :* Francis A. Boyle, Robert Mott, S. O. Nelson, James I. Hanna, John L. McCauley, A. D. Coleman, Addison Cammack, T. S. Hawkins, B. I. Sage, Sheperd Brown, John R. Shaw, I. P. Harrison, Maçon Pilcher, H. A. Violett, G. H. Hynson, James M. Allen, M. I. Zunts, S. U. Payne, George Jonas, I. H. Carroll, S. H. Kennedy, Isaac G. Seymour, M. O. H. Norton, George H. West, A. D. Kelly, M. Musson, P. H. Foley, H. B. James, Walter G. Robinson, Thomas M. Adams, Samuel E. Moore, John T. Adams, Wilhelmus Bogart, R. H. Raine, L. H. Place, et P. A. Shaw de la Nlle-Orléans ; ainsi que John Moore et E. T. King de St-Martin, A. Nunez, de Vermillon, William H. Kirkman de Calcasieu, Abraham McGentry, W. W. Morris, T. S. Roberts, Charles McCongreve, C. C. Campbell, W. I. Hutchins, I. H. McIlhenny du Texas et toutes autres personnes ou corporations ainsi que les successeurs d'icelles, qui pourront dans la suite souscrire au fonds de la compagnie, sont par ces présentes constitués une corporation sous le nom et titre de "Compagnie du chemin de fer de la Nouvelle-Orléans et du Texas." En cette qualité ils pourront construire, posséder à titre de propriétaires, et entretenir un chemin de fer destiné à réunir la ligne du chemin de fer Grand-Occidental de la Nouvelle-Orléans et des Opelousas au chemin de

Membres de la compagnie.

Pouvoirs.

may become stockholders, and their successors, are hereby created a body corporate, under the name and style of the "New Orleans and Texas Railroad Company," and are hereby authorized to construct, own, work and maintain a Railroad from the line of the New Orleans, Opelousas and Great Western Railroad, at or near New Iberia, to the terminus of the Texas and New Orleans Railroad, at the town of Orange, on the Sabine River, and shall have all the rights, powers and privileges, and be subject to all the duties and liabilities essential and incident to such corporations under the laws of this State, and that said Company shall be, and is hereby empowered to locate, build, work, manage and repair the said Railroad, to do such acts, make such contracts, and employ such agents as they may deem necessary and proper for these purposes.

Rights, powers, etc.

SEC. 2. *Be it further enacted, &c.*, That the capital stock of said Company shall be fixed at two millions five hundred thousand dollars, in shares of one hundred dollars each; that the Directory of said Company, by a two-thirds vote, shall have power to increase the capital stock to not more than three millions five hundred thousand dollars; that each share shall entitle the holder to a vote either in person or by proxy; provided, that after the first election he shall have held the same three months next before he offers his vote, and that the ownership of five shares shall make a stockholder eligible as a Director. The number of Directors shall be seven, who shall be elected when the sum of two hundred thousand dollars shall be subscribed, and when elected, shall proceed to complete the organization of the Company by the choice of a President from their number, and the election of a Secretary and Treasurer, and the adoption of by-laws; and the President and Directory shall then be authorized to locate and proceed to build the road, and the domicile of said Company shall be in the city of New Orleans, where its office and books shall be kept, and where, upon the President or Secretary, all process shall be served.

Capital stock.

Board of Directors.

Domicil of said Company.

SEC. 3. *Be it further enacted, &c.*, That the capital stock of said Company, and its fixtures, workshops, warehouses, wharves, depot grounds and other appurtenances shall be exempt from taxation until after the completion of the road.

Exemption for taxation.

SEC. 4. *Be it further enacted, &c.*, That the above named corporators are hereby constituted Commissioners, of whom nine shall be a quorum, till the corporation is organized, and who shall open subscription lists and appoint subscription agents in New Orleans and whereever else they may deem fit; and the said Commissioners shall determine by vote, what the amount of the first installment shall be, and where it shall be paid; meetings of the Commissioners, or the election of Directors, shall be advertised three times, and for at least one week before hand, and in two New Orleans city newspapers.

Commissioners.

Meetings of Commissioners, and election of Directors.

SEC. 5. *Be it further enacted, &c.*, That said Company shall have the right of way through all lands owned by the State to the extent of two hundred feet on each side of said road, and such further width as may be necessary for turnouts, switches, depots, shops, cattle, pens, and other necessary appurtenances incident to its business, and be authorized to take and use such timber and other materials thereon as they may see fit for the purposes of construction, within one mile on either side.

Right of way.

SEC. 6. *Be it further enacted, &c.*, That the Board of Directors shall have power to fix the installments of stock to be paid in, and the option to declare forfeiture of stock of delinquent subscribers after thirty days notice, or to compel payment by suit; said Board shall fill vacancies in itself, determine when the subscription lists shall be closed or suspended, and

Powers of Board of Directors.

fer de la Nouvelle-Orléans et du Texas, en prenant pour points de départ et d'aboutissement la Nouvelle-Ibérie et la ville d'Orange sur la rivière Sabine ; ils seront assujettis à toutes les obligations et revêtus de tous les droits, pouvoirs et privilèges attribués par les lois de l'Etat aux corporations de ce genre ; ils seront autorisés à tracer, construire, exploiter, diriger et réparer ledit chemin et pourront prendre telles mesures, passer tels contrats et employer tels agents qu'ils jugeront nécessaires à l'accomplissement de leur œuvre.

SEC. 2. *Décrètent de plus :* Le fonds capital de la Compagnie fixé par ces présentes à deux millions cinq cent mille piastres ($2,500,000), sera divisé en actions de cent piastres chacune. Le conseil des Directeurs de la Compagnie pourra néanmoins, par une majorité des deux tiers, en augmenter le fonds capital jusqu'à concurrence de trois millions cinq cent mille piastres ($3,500,000). Tout détenteur d'un certificat de souscription au fonds de la Compagnie aura le droit de voter soit en personne, soit par procuration, aux réunions des actionnaires ; bien entendu qu'après la première élection nul ne sera à voter s'il n'a été actionnaire pendant les trois mois qui auront précédé l'élection, et que toute personne qui aura souscrit pour cinq actions sera éligible au conseil de direction. Il y aura sept Directeurs, à l'élection desquels il devra être procédé aussitôt que les souscriptions s'élèveront à deux cent mille piastres ($200,000) ; ces fonctionnaires une fois élus s'occuperont de l'organisation de la Compagnie et choisiront parmi eux un Président, un Secrétaire et un Trésorier ; ils seront aussi chargés d'élaborer des règlements pour l'usage de la Corporation. Le Président et les Directeurs feront tracer et construire le chemin. La Compagnie établira son domicile à la Nouvelle-Orléans ; elle y tiendra son bureau et ses livres, et toutes procédures devront y être signifiées au Président ou au Secrétaire.

Fonds capital.

Bureau de direction.

SEC. 3. *Décrètent de plus :* Le fonds capital de la Compagnie ainsi que tous objets scellés à demeure, ateliers, entrepôts, quais, terrains de dépôt et autres dépendances du chemin seront exemptés de l'impôt jusqu'à ce que le chemin ait été complété.

Les propriétés de la Compagnie seront exemptées de l'impôt.

SEC. 4. *Décrètent de plus :* Une commission provisoire composée des susdits membres dont neuf formeront un *quorum*, sera autorisée à faire ouvrir des livres de souscriptions et à nommer des agents à la Nouvelle-Orléans et dans tels autres endroits qu'elle désignera, pour recevoir les souscriptions. La commission réglera à la majorité des suffrages le montant des versements qui devront être faits à la première échéance et le lieu du paiement. Les réunions de la commission et l'élection des Directeurs devront être annoncées trois fois et au moins une semaine d'avance, dans deux journaux publiés à la Nouvelle-Orléans.

Création d'une commission.

SEC. 5. *Décrètent de plus :* La Compagnie aura droit de passage sur toutes terres appartenant à l'Etat ; ce droit comprendra une étendue de deux cents pieds de chaque côté du chemin et pourra même s'étendre à une plus grande distance dans les endroits où la Compagnie désirera établir des dépôts, ateliers, entrepôts d'animaux, rails mobiles et autres dépendances ou accessoires ; elle sera aussi autorisée à employer dans la construction du chemin tous bois et tous matériaux adhérant au sol dans la distance d'un mille de chaque côté dudit chemin.

Droit de passage sur les terres de l'Etat.

SEC. 6. *Décrètent de plus :* Les directeurs fixeront l'échéance des actions émises par la Compagnie et pourront déclarer déchus de leurs droits, ou contraindre par voies légales, tous actionnaires qui négligeront de payer le montant de leurs souscriptions dans les trente jours qui suivront la notification qu'ils en auront reçue. Ils pourvoiront, par remplacement, aux

Pouvoirs de la direction.

have power to adopt such by-laws and regulations as it may deem proper for the government of the Company, its officers, agents, servants and laborers for the building, working, maintaining and repairing the road and for the management of its affairs in general, including among other matters surveys, engineering, tolls, fare, freight, survey price and sales of land, declaring dividends, and the mode of certifying and transferring stock, and that the Board of Directors shall have the power to borrow money upon their bonds for construction purposes at such rate of interest as they may deem expedient.

Purchase of charter property. SEC. 7. *Be it further enacted, &c.,* That this Company may receive subscriptions for stock payable in labor, materials and provisions on or for said road, or issue construction bonds for the same, and the Directory may give the right under such terms and conditions as they may deem proper to any holder of bonds, to convert the same into stock, and that the President and Directors of said Company shall have power to buy or accept the conveyance of the charter property and appurtenances of any Railroad Company within or without the limits of this State, whenever the route of said Railroad Company shall form a continuous line with this Company's road, and shall have the power to consolidate with any other Railroad Company, whose road shall connect herewith, upon such terms and conditions as the Boards of Directors of the respective Companies shall agree upon.

Perpetuity of charter. SEC. 8. *Be it further enacted, &c.,* That this charter shall be perpetual; provided, that the said road shall be commenced within four months from the passage of this act, and shall be completed within five years thereafter.

Certain subscriptions to be credited to stockholders of N. O. and Texas R. R. Company. SEC. 9. *Be it further enacted, &c.,* That this Company shall receive as subscriptions to the capital stock the amounts heretofore expended by the Texas and New Orleans Railroad Company on the Louisiana division, for engineering, labor, commissions, materials, and all other expenditures incident to the organization and construction of its road in the State of Louisiana, which amount shall be credited as payments on the subscription to the capital stock of this Company by such of the Texas corporators as may be designated by said Texas Company, and that after said credits shall have been made, this Company shall in no wise be liable for any obligations of any nature whatsoever heretofore created by said Texas and New Orleans Railroad Company.

Domicil of President, Vice-President, etc. SEC. 10. *Be it further enacted, &c.,* That this Company shall commence and prosecute its work, both at the Sabine River and at or near New Iberia, simultaneously, and the President and one other Director of this Company shall be elected from among the Texas corporators, until after the completion and opening of the road, and the Vice-President, Secretary and Treasurer shall be residents of the State of Louisiana.

SEC. 11. *Be it further enacted, &c.* That this act shall take effect from and after its passage.

ADOLPHUS OLIVIER,
Speaker of the House of Representatives.
HENRY M. HYAMS,
Lieutenant Governor and President of the Senate.

Approved January 23d, 1862.

THOS. O. MOORE,
Governor of the State of Louisiana

A true copy.
PLINY D. HARDY,
Secretary of State.

vacances qui surviendront dans leur bureau ; ils pourront ordonner la clôture des listes de souscription et adopter tous règlements qu'ils jugeront nécessaires à la bonne administration des affaires de la Compagnie et au service effectif des différents fonctionnaires, agents, domestiques et hommes de peine employés pour l'entretien, construction et réparation du chemin. La direction devra aussi adopter des règlements pour le lever des plans, le service des ingénieurs, les droits de péage, le transport des voyageurs et des marchandises, la vente des terres appartenant à la Compagnie, la déclaration de ses dividendes, les certificats d'actions et le transfert des actions. La direction subviendra aux frais de construction en négociant des emprunts sur les bons de la Compagnie, et ce, au taux qui lui conviendra. *Règlements.*

Sec. 7. *Décrètent de plus :* La Compagnie pourra recevoir à titre de souscriptions à son fonds capital toutes prestations en nature, soit matériaux, provisions ou main-d'œuvre, si mieux n'aime émettre ses bons en échange desdites prestations et autoriser les détenteurs de ces bons à les convertir en actions avec l'assentiment de la direction. La direction pourra acheter ou accepter le transport des propriétés de toute compagnie de chemin de fer, soit dans l'Etat, soit hors de l'Etat, lorsque lesdites propriétés seront garanties au cédant par une charte d'incorporation, et pourvu que les deux chemins forment une voie continue ; à cette dernière condition elle pourra aussi se réunir à toute compagnie de chemin de fer, aux termes que les conseils de direction des deux compagnies arrêteront entre elles. *La Compagnie pourra acquérir certaines propriétés.*

Sec. 8. *Décrètent de plus :* La Compagnie jouira à perpétuité des privilèges accordés par ces présentes, à la charge pour elle de commencer ses travaux dans les quatre mois qui suivront l'adoption de cet Acte, et de les terminer dans l'espace de cinq ans. *Durée de la charte.*

Sec. 9. *Décrètent de plus :* La Compagnie sera tenue de créditer les actionnaires de la Compagnie de chemin de fer de la Nouvelle-Orléans et du Texas des sommes employées à la construction et à l'entretien de la section Louisianaise dudit chemin, et les sommes ainsi employées seront censées avoir été versées dans la caisse à titre de souscriptions à son fonds capital, par tels membres de la Compagnie du Texas qu'il plaira à cette dernière de désigner ; bien entendu qu'à l'avenir la Compagnie incorporée par le présent Acte ne sera plus responsable des obligations encourues par la Compagnie du Texas et de la Nouvelle-Orléans. *La compagnie devra créditer certains actionnaires de la compagnie du Texas de certaines souscriptions.*

Sec. 10. *Décrètent de plus :* Les travaux devront être commencés et poursuivis simultanément aux deux extrémités de la voie. Le Président et un des Directeurs seront choisis parmi les membres de la Compagnie domiciliés dans le Texas, jusqu'à ce que le chemin ait été complété ; les vice-Président, Secrétaire et Trésorier devront résider en Louisiane. *Domicile du Président, etc.*

Sec. 11. *Décrètent de plus :* Le présent Acte entrera en vigueur à partir de son adoption.

ADOLPHUS OLIVIER,
Orateur de la Chambre des Représentants.
HENRY M. HYAMS,
Lieutenant-Gouverneur et Président du Sénat.

Approuvé le 23 janvier 1862.

THOMAS O. MOORE,
Gouverneur de l'Etat de la Louisiane.

Pour copie conforme,
PLINY D. HARDY,
Secrétaire d'Etat.

No. 99.] AN ACT
To authorize the Governor of the State of Louisiana to furnish the several parishes of this State with munitions of war.

Preamble.

WHEREAS, There exists at this time in the country a great scarcity of munitions of war, and an inability on the part of the citizens of this State, to procure the same; therefore,

Quantities of powder, etc., to be delivered.

SECTION 1. *Be it enacted by the Senate and House of Representatives of the State of Louisiana, in General Assembly convened,* That the Governor be, and he is authorized to procure and deliver to the Police Juries of the several parishes of this State, such quantities of powder, lead and percussion caps, as in his opinion may be necessary, not to exceed one pound of powder, six pounds of lead, and two hundred and fifty percussion caps, to each white male inhabitant over the age of fourteen years.

To be distributed by Police Juries.

SEC. 2. *Be it further enacted, &c.,* That said munitions of war shall be delivered to the Police Juries of the several parishes in this State, whose Presidents shall receipt for the same, and shall be kept by said Police Juries as parish munitions, and shall not be distributed to the inhabitants thereof, unless in the opinion of said Police Juries the same shall become absolutely necessary.

Artillery companies.

SEC. 3. *Be it further enacted, &c.,* That in those parishes in which artillery companies are organized, the Governor is hereby authorized to furnish such artillery munitions as in his opinion may be necessary.

SEC. 4. *Be it further enacted, &c.,* That this act take effect from and after its passage.

ADOLPHUS OLIVIER,
Speaker of the House of Representatives.
HENRY M. HYAMS,
Lieutenant Governor and President of the Senate.

Approved January 23d, 1862.

THOS. O. MOORE,
Governor of the State of Louisiana.

A true copy.
PLINY D. HARDY,
Secretary of State.

No. 100.] AN ACT
To repeal an act entitled "An act to incorporate the town of Winnsborough, in the parish of Franklin," approved March thirteenth, eighteen hundred and sixty.

Repeal.

SECTION 1. *Be it enacted by the Senate and House of Representatives of the State of Louisiana, in General Assembly convened,* That the act entitled "An act to incorporate the town of Winnsborough, in the parish of Franklin," approved March thirteenth, eighteen hundred and sixty, be, and the same is hereby repealed and all acts amendatory thereto.

SEC. 2. *Be it further enacted, &c.,* That this act take effect from and after its passage.

ADOLPHUS OLIVIER,
Speaker of the House of Representatives.
HENRY M. HYAMS,
Lieutenant Governor and President of the Senate.

Approved January 23d, 1862.

THOS. O. MOORE,
Governor of the State of Louisiana.

A true copy.
PLINY D. HARDY, Secretary of State.

No. 99.] ACTE

Autorisant le Gouverneur de la Louisiane à fournir des munitions de guerre aux différentes paroisses de l'Etat.

Vu la rareté des munitions de guerre dans le pays, et vu l'impossibilité pour les citoyens de cet Etat de s'en procurer ailleurs ;

SECTION 1. *Le Sénat et la Chambre des Représentants de l'Etat de la Louisiane, réunis en Assemblée Générale, décrètent :* Le Gouverneur sera autorisé à faire livrer aux juris de police des différentes paroisses telles quantités de poudre, de plomb et de capsules qu'il croira nécessaires à la défense de chaque paroisse ; bien entendu que ces munitions seront distribuées aux mâles, de race blanche, âgés de quatorze ans accomplis, et que nul n'aura droit à plus d'une livre de poudre, six livres de plomb et deux cent cinquante capsules. Envoi de munitions de guerre aux paroisses.

SEC. 2. *Décrètent de plus :* La garde desdites munitions sera confiée aux juris de police qui ne devront les distribuer qu'en cas d'urgence. Les présidents de ces différents corps en accuseront réception. Distribution par les juris de police

SEC. 3. *Décrètent de plus :* Le Gouverneur sera aussi autorisé à faire livrer des munitions aux compagnies d'artillerie organisées pour la défense des paroisses. Compagnie d'artillerie.

      ADOLPHUS OLIVIER,
     Orateur de la Chambre des Représentants.
      HENRY M. HYAMS,
    Lieutenant-Gouverneur et Président du Sénat.

Approuvé le 23 janvier 1862.
      THOMAS O. MOORE,
     Gouverneur de l'Etat de la Louisiane.

Pour copie conforme,
 PLINY D. HARDY,
  Secrétaire d'Etat.

No. 100.] ACTE

Abrogeant l'Acte d'incorporation de la ville de Winnsborough dans la paroisse de Franklin, approuvé le 13 mars 1860.

SECTION 1. *Le Sénat et la Chambre des Représentants de l'Etat de la Louisiane, réunis en Assemblée Générale, décrètent :* L'Acte intitulé : "Acte incorporant la ville de Winnsborough dans la paroisse de Franklin," approuvé le 13 mars 1860, est abrogé par ces présentes avec tous ses amendements. Abrogation.

SEC. 2. *Décrètent de plus :* Cet Acte aura force de loi à dater de son adoption.

      ADOLPHUS OLIVIER,
     Orateur de la Chambre des Représentants.
      HENRY M. HYAMS,
    Lieutenant-Gouverneur et Président du Sénat.

Approuvé le 23 janvier 1862.
      THOMAS O. MOORE,
     Gouverneur de l'Etat de la Louisiane.

Pour copie conforme.
 PLINY D. HARDY,
  Secrétaire d'Etat.

No. 101.] AN ACT

To confirm the sales of certain Sixteenth Sections, in the parish of Franklin.

Confirmation of titles.

SECTION 1. *Be it enacted by the Senate and House of Representatives of the State of Louisiana, in General Assembly convened,* That the sales made by the Parish Treasurer of the parish of Franklin, on the tenth day of November, A. D., eighteen hundred and sixty, of portions of section sixteen, in township fourteen, north of range nine east, to William E. Rapp and John Tenell; and on the seventeenth day of November, A. D., eighteen hundred and sixty, of portions of section sixteen, in township fifteen north, of range five east, to John P. McIntosh, Wm. S. McIntosh, Alexander McLeod, J. H. Tomason and John D. Tomason, all of the parish of Franklin, be, and the same are hereby confirmed upon their paying the amount of the purchase made by them respectively.

SEC. 2. *Be it further enacted, &c.,* That this act shall take effect from and after its passage.

ADOLPHUS OLIVIER,
Speaker of the House of Representatives.
HENRY M. HYAMS,
Lieutenant Governor and President of the Senate.

Approved January 23d, 1862.

THOS. O. MOORE,
Governor of the State of Louisiana.

A true copy.
PLINY D. HARDY,
Secretary of State.

No. 102.] AN ACT

To appropriate the sum of three thousand dollars to support for the current year the State Normal School, situated in the city of New Orleans.

$3,000 appropriated for the State Normal School.

SECTION 1. *Be it enacted by the Senate and House of Representatives of the State of Louisiana, in General Assembly convened,* That the sum of three thousand dollars is hereby appropriated out of any moneys in Treasury, not otherwise appropriated, to support for the current year the State Normal school, situated in the city of New Orleans.

SEC. 2. *Be it further enacted, &c.,* That this act shall go into effect from and after its passage.

ADOLPHUS OLIVIER,
Speaker of the House of Representatives.
HENRY M. HYAMS,
Lieutenant Governor and President of the Senate.

Approved January 23d, 1862.

THOS. O. MOORE,
Governor of the State of Louisiana.

A true copy.
PLINY D. HARDY,
Secretary of State.

No. 101.]   ACTE

Confirmant la vente de certains Seizièmes de Sections dans la paroisse de Franklin.

SECTION. 1. *Le Sénat et la Chambre des Représentants de l'Etat de la Louisiane, réunis en Assemblée Générale, décrètent :* La propriété des terres suivantes vendues par le Trésorier de la paroisse de Franklin sera confirmée aux acquéreurs aussitôt qu'ils en auront payé les prix : Les portions de la 16me section dans le Township No. 14, au Nord de la 9me Rangée Est, vendues le 10 novembre 1860 à William E. Rapp et John Tenell ; les portions de la 16me section dans le Township No. 15 au Nord de la 5me Rangée Est, vendues le 17 novembre 1860 à John P. McIntosh, William S. McIntosh, Alexander McLeod, J. H. Tomason et John D. Tomason, de la susdite paroisse.

Confirmation de certains titres.

SEC. 2. *Décrètent de plus :* Cet Acte aura force de loi à compter de son adoption.

ADOLPHUS OLIVIER,
Orateur de la Chambre des Représentants.
HENRY M. HYAMS,
Lieutenant-Gouverneur et Président du Sénat.

Approuvé le 23 janvier 1862.

THOMAS O. MOORE
Gouverneur de l'Etat de la Louisiane.

Pour copie conforme,
PLINY D. HARDY,
Secrétaire d'Etat.

No. 102.]   ACTE

Affectant Trois Mille piastres à l'entretien de l'Ecole Normale, à la Nouvelle-Orléans, pendant l'année courante.

SECTION 1. *Le Sénat et la Chambre des Représentants de l'Etat de la Louisiane, réunis en Assemblée Générale, décrètent :* La somme de trois mille piastres est assignée par ces présentes pour l'entretien de l'Ecole Normale de l'Etat, située dans la ville de la Nouvelle-Orléans. Le montant voté par cet Acte sera assigné sur tous fonds dans le Trésor dont il n'a pas été autrement disposé.

Assignation de $3,000.

SEC. 2. *Décrètent de plus :* Le présent Acte entrera en vigueur le jour de son adoption.

ADOLPHUS OLIVIER,
Orateur de la Chambre des Représentants.
HENRY M. HYAMS,
Lieutenant-Gouverneur et Président du Sénat.

Approuvé le 23 janvier 1862.

THOMAS O. MOORE,
Gouverneur de l'Etat de la Louisiane.

Pour copie conforme,
PLINY D. HARDY,

No. 103.] AN ACT
For the relief of James Monroe, of the parish of Bienville.

Preamble. WHEREAS, on the ninth day of January, eighteen hundred and sixty, James Monroe, of the parish of Bienville, paid to the Receiver of the Land Office, at the town of Natchitoches, the sum of ninety-nine dollars and sixty-five cents for land which was afterwards entered in the town of Baton Rouge by a different party, who obtained a patent for said land; and whereas, the said James Monroe has disposed of said sum of money without procuring a patent for the land thus paid for, and has failed upon application to the Government at Washington to be reimbursed for said money;

Appropriation. SECTION 1. *Be it enacted by the Senate and House of Representatives of the State of Louisiana, in General Assembly convened,* That the sum of ninety-nine dollars and sixty-five cents be appropriated out of any funds not otherwise appropriated, to be paid to said James Monroe, by the Treasurer, upon the warrant of the Auditor, to reimburse him for said loss.

When to take effect. SEC. 2. *Be it further enacted, &c.,* That this act shall take effect from and after its passage.

ADOLPHUS OLIVIER,
Speaker of the House of Representatives.
HENRY M. HYAMS,
Lieutenant Governor and President of the Senate.
Approved January 23d, 1862.
THOS. O. MOORE,
Governor of the State of Louisiana.

A true copy.
PLINY D. HARDY,
Secretary of State.

No. 104.] AN ACT
In relation to privileges on crops.

Certain merchants privileges not to be impaired. SECTION 1. *Be it enacted by the Senate and House of Representatives of the State of Louisiana, in General Assembly convened,* That the privilege now existing in favor of merchants and others for supplies furnished to plantations within this State, shall not be in any manner impaired, and the said privilege shall continue in full force for twelve months after the expiration of the present war.

When to take effect. SEC. 2. *Be it further enacted, &c.,* That this act take effect from and after its passage.

ADOLPHUS OLIVIER,
Speaker of the House of Representatives.
HENRY M. HYAMS,
Lieutenant Governor and President of the Senate.
Approved January 23d, 1862.
THOS. O. MOORE,
Governor of the State of Louisiana.

A true copy.
PLINY D. HARDY,
Secretary of State.

No. 103.]　　　　　　　　ACTE

Accordant une indemnité à James Monroe, de la paroisse de Bienville.

Attendu que le 9me jour du mois de janvier 1860 James Monroe, de la paroisse de Bienville, a versé entre les mains du Receveur du bureau des terres à Natchitoches, la somme de quatre-vingt-dix-neuf piastres et soixante-cinq sous, en paiement d'une terre pour laquelle il a été subséquemment émis une patente, au Bureau de Baton-Rouge, en faveur d'une autre personne ; Et *attendu* que le Gouvernement Fédéral a toujours refusé de faire droit à la réclamation dudit James Monroe ; en conséquence, *Préambule*

SECTION 1. *Le Sénat et la Chambre des Représentants de l'Etat de la Louisiane, réunis en Assemblée Générale, décrètent :* La somme de quatre-vingt-dix-neuf piastres et soixante-cinq sous est assignée par ces présentes sur tous fonds dans le Trésor, non autrement affectés, en faveur de James Monroe ; et ce montant lui sera payé par le Trésorier sur le mandat de l'Auditeur des comptes publics. *Assignation de fond*

SEC. 2. *Décrètent de plus :* Le présent Acte entrera en vigueur le jour de son adoption.

　　　　　　　　　　ADOLPHUS OLIVIER,
　　　　　　Orateur de la Chambre des Représentants.
　　　　　　　　　　HENRY M. HYAMS,
　　　　　　Lieutenant-Gouverneur et Président du Sénat.
Approuvé le 23 janvier 1862.
　　　　　　　　　　THOMAS O. MOORE,
　　　　　　Gouverneur de l'Etat de la Louisiane.

Pour copie conforme,
　　PLINY D. HARDY,
　　　　Secrétaire d'Etat.

No. 104.]　　　　　　　　ACTE

Relatif aux privilèges sur les récoltes.

SECTION 1. *Le Sénat et la Chambre des Représentants de l'Etat de la Louisiane, réunis en Assemblée Générale, décrètent :* Les privilèges accordés par la loi aux marchands et autres fournisseurs en garantie du prix des provisions vendues par eux aux planteurs de cet Etat, resteront en vigueur jusqu'à l'expiration des douze mois qui suivront la conclusion de la paix. *Les privilèges des marchands etc., resteront en vigueur.*

SEC. 2. *Décrètent de plus :* Le présent Acte aura force de loi à partir du jour de son adoption.

　　　　　　　　　　ADOLPHUS OLIVIER,
　　　　　　Orateur de la Chambre des Représentants
　　　　　　　　　　HENRY M. HYAMS,
　　　　　　Lieutenant-Gouverneur et Président du Sénat.
Approuvé le 23 janvier 1862.
　　　　　　　　　　THOMAS O. MOORE,
　　　　　　Gouverneur de l'Etat de la Louisiane.

Pour copie conforme,
　　PLINY D. HARDY,
　　　　Secrétaire d'Etat.

No. 105.] AN ACT

For the relief of Philo Alden, Sheriff of the parish of Bossier

$181 80 to be paid to Philo Alden

Be it enacted by the Senate and House of Representatives of the State of Louisiana, in General Assembly convened, That the Treasurer of the State be authorized to pay Philo Alden, Sheriff of the parish of Bossier, one hundred and eighty-one dollars and eighty cents, out of any money in the Treasury, not otherwise appropriated, which amount was paid by said Sheriff in error on licenses for the year A. D., eighteen hundred and sixty; and that the same be paid on the warrant of the Auditor of Public Accounts.

ADOLPHUS OLIVIER,
Speaker of the House of Representatives.
HENRY M. HYAMS,
Lieutenant Governor and President of the Senate

Approved January 23d, 1862.

THOS. O. MOORE,
Governor of the State of Louisiana

A true copy.
PLINY D. HARDY,
Secretary of State.

No. 106.] AN ACT

For the relief of Margaret Scarborough of the parish of Union.

Authorization to locate certain lands.

SECTION 1. Be it enacted by the Senate and House of Representatives of the State of Louisiana, in General Assembly convened, That Margaret Scarborough is hereby authorized to locate, free of charge, one hundred and sixty acres of land, subject to private entry, in lieu of her claim for a county land warrant, under the act of the Congress of the United States, approved third of March, eighteen hundred and fifty-five, for the services of her husband Allen Scarborough, in the war of eighteen hundred and twelve, in such form, and under such instructions as the Commissioners of Public Lands may adopt.

SEC. 2. Be it further enacted, &c., That this act take effect from and after its passage.

ADOLPHUS OLIVIER,
Speaker of the House of Representatives.
HENRY M. HYAMS,
Lieutenant Governor and President of the Senate.

Approved January 23d, 1862.

THOS. O. MOORE,
Governor of the State of Louisiana.

A true copy.
PLINY D. HARDY,
Secretary of State.

No. 105.]   ACTE

Relatif à Philo Alden, Shérif de la paroisse de Bossier.

Le Sénat et la Chambre des Représentants de l'Etat de la Louisiane, réunis en Assemblée Générale, décrètent : Le Trésorier sera autorisé à rembourser Philo Alden, Shérif de la paroisse de Bossier, d'une somme de cent quatre-vingt-une piastres et quatre-vingts sous, versée dans le Trésor par ledit Shérif, en sus du montant de certaines licences pour l'année 1860. Cette somme est assignée sur tous fonds dans le Trésor, dont il n'a pas été autrement disposé, et sera payée audit Philo Alden sur le mandat de l'Auditeur des comptes publics.

Assignation de $181 80.

ADOLPHUS OLIVIER,
Orateur de la Chambre des Représentants.
HENRY M. HYAMS,
Lieutenant-Gouverneur et Président du Sénat.

Approuvé le 23 janvier 1862.

THOMAS O. MOORE,
Gouverneur de l'Etat de la Louisiane.

Pour copie conforme,
PLINY D. HARDY,
Secrétaire d'Etat.

No. 106.]   ACTE

Relatif à Margaret Scarborough, de la paroisse de l'Union.

SECTION 1. *Le Sénat et la Chambre des Représentants de l'Etat de la Louisiane, réunis en Assemblée Générale, décrètent :* Margaret Scarborough aura droit à une inscription gratuite de cent cinquante acres qu'elle choisira, avec l'approbation du commissaire des terres publiques, parmi les terres sujettes à des inscriptions particulières, en lieu et place de ses droits à certaines terres dites "terres des comtés" dont le Gouvernement Fédéral lui a délivré brevet, (voir l'acte du Congrès des Etats-Unis, approuvé le 3 mars 1855,) à titre de récompense pour les services rendus par son mari Allen Scarborough pendant la guerre de 1812.

SEC. 2. *Decrètent de plus :* Le présent acte entrera en vigueur le jour de son adoption.

Ellen Scarborough autorisée à prendre inscription pour 160 acres de terre.

ADOLPHUS OLIVIER,
Orateur de la Chambre des Représentants.
HENRY M. HYAMS,
Lieutenant Gouverneur et Président du Sénat.

Approuvé le 23 janvier 1862.

THOMAS O. MOORE,
Gouverneur de l'Etat de la Louisiane.

Pour copie conforme,
PLINY D. HARDY,
Secrétaire d'Etat.

No. 107.]   AN ACT

Relative to the settlement of the accounts of the State Penitentiary.

Settlement to be made with the lessees of the Penitentiary.

Be it enacted by the Senate and House of Representatives of the State of Louisiana, in General Assembly convened, That the Auditor of Public Accounts and the State Treasurer, with a sworn Commissioner, to be appointed by the Governor, be authorized and required to settle with the lessees of the State Penitentiary, at the expiration of their lease, according to law, and to pay for the balance due for new cotton machinery and woolen machinery, purchased by the lessees, according to the proposition submitted by them to the Board of Control; provided, that the Commissioners so appointed be authorized to allow interest on the purchase price of machinery as recommended by the report of the Chairman of the Senate Committee on Penitentiary.

Proviso.

ADOLPHUS OLIVIER,
Speaker of the House of Representatives.
HENRY M. HYAMS,
Lieutenant Governor and President of the Senate.

Approved January 23d, 1862.

THOS. O. MOORE,
Governor of the State of Louisiana.

A true copy.
PLINY D. HARDY,
Secretary of State.

No. 108.]   AN ACT

Providing for the postponement of the payment of taxes.

Payment of certain taxes suspended until the 1st Feb., 1863.

SECTION 1. Be it enacted by the Senate and House of Representatives of the State of Louisiana, in General Assembly convened, That the payment of all State taxes levied by existing laws by compulsory process, be, and the same is hereby suspended until first February, eighteen hundred and sixty-three; provided, however, that this act shall not apply to the collection of licenses on trades, professions or occupations.

When to take effect.

SEC. 2. Be it further enacted, &c., That this act shall take effect from and after its passage.

ADOLPHUS OLIVIER,
Speaker of the House of Representatives.
HENRY M. HYAMS,
Lieutenant Governor and President of the Senate.

Approved January 23d, 1862.

THOS. O. MOORE,
Governor of the State of Louisiana.

A true copy.
PLINY D. HARDY,
Secretary of State.

No. 107.]   ACTE

Relatif à la reddition de compte des Fermiers du Pénitentiaire.

Le Sénat et la Chambre des Représentants de l'Etat de la Louisiane, réunis en Assemblée Générale, décrètent : L'Auditeur des comptes publics et le Trésorier, conjointement avec un Commissaire (ayant compte) assermenté, que le Gouverneur désignera, seront chargés de faire un règlement, dans les formes prescrites par la loi, avec les fermiers du pénitentiaire, à l'expiration de leur bail. Ladite commission sera autorisée à rembourser lesdits fermiers du prix de certains métiers achetés par eux aux termes énoncés dans une proposition soumise à ce sujet devant le bureau de contrôle. Elle allouera sur le prix d'achat desdites machines les intérêts indiqués dans le rapport du Président du comité chargé par le Sénat de l'examen de ces dépenses.

Commission chargée de régler avec les fermiers du pénitentiaire.

ADOLPHUS OLIVIER,
Orateur de la Chambre des Représentants.
HENRY M. HYAMS,
Lieutenant-Gouverneur et Président du Sénat.

Approuvé le 23 janvier 1862.

THOMAS O. MOORE,
Gouverneur de l'Etat de la Louisiane.

Pour copie conforme,
PLINY D. HARDY,
Secrétaire d'Etat.

No. 108.]   ACTE

Suspendant la Perception des Taxes.

SECTION 1. *Le Sénat et la Chambre des Représentants de l'Etat de la Louisiane, réunis en Assemblée Générale, décrètent.:* La perception des taxes d'Etat recouvrables jusqu'à ce jour par voie de saisie, sera renvoyée jusqu'au 1er jour de février 1863 ; Bien entendu que le présent acte n'empêchera pas la perception des licences sur les métiers et professions.

SEC. 2. *Décrètent de plus :* Le présent acte sortira son effet à partir de son adoption.

Suspension de leur relative à la perception des taxes.

ADOLPHUS OLIVIER,
Orateur de la Chambre des Représentants.
HENRY M. HYAMS,
Lieutenant-Gouverneur et Président du Sénat.

Approuvé le 23 janvier 1862.

THOMAS O. MOORE,
Gouverneur de l'Etat de la Louisiane.

Pour copie conforme,
PLINY D. HARDY,
Secrétaire d'Etat.

No. 109.] AN ACT

For the relief of George B. Shepherd, late Register of the State Land Office at Baton Rouge.

$350 appropriated to be paid G. B. Shepherd.

SECTION 1. *Be it enacted by the Senate and House of Representatives of the State of Louisiana, in General Assembly convened,* That the sum of three hundred and fifty dollars, be, and the same is hereby appropriated out of any money in the Treasury, not otherwise appropriated, to be paid to George B. Shepherd, late Register of the State Land Office at Baton Rouge, on the warrant of the Auditor of Public Accounts, said sum being due him for amount paid for Clerk, in the months of February and March last, eighteen hundred and sixty-one, in clearing the office of the applications there on file for public lands and bringing up the records of the office.

When to take effect.

SEC. 2. *Be it further enacted, &c.,* That this act shall take effect from and after its passage.

ADOLPHUS OLIVIER,
Speaker of the House of Representatives.
HENRY M. HYAMS,
Lieutenant Governor and President of the Senate.

Approved January 23d, 1862.

THOS. O. MOORE,
Governor of the State of Louisiana.

A true copy.
PLINY D. HARDY,
Secretary of State.

No. 110.] JOINT RESOLUTION

For the adoption by the State of Louisiana, of Marie Nathalia Dreux, only child and daughter of the late Lieutenant Colonel Charles Didier Dreux and of Mary Amanda Haynes.

Preamble.

WHEREAS, Lieutenant Colonel Charles Didier Dreux, commanding the first Battalion of Louisiana Volunteers, was the first commissioned officer in the Confederate States service from Louisiana, who fell by the bullets of the enemy; and whereas, with unexampled devotion to the cause of his mother State, and of the other States of this Confederacy, he was the first to lead a volunteer company to the defense of an invaded sister State; in view of his eminent qualities as a soldier, a man and a devoted friend of the South, the General Assembly of the State of Louisiana, considering that a tribute should be paid to the memory of the gallant dead fallen in battle on the fifth of July, A. D., eighteen hundred and sixty-one, therefore,

Adoption by the State.

Be it resolved by the Senate and House of Representatives of the State of Louisiana, in General Assembly convened, That Marie Nathalie Dreux, born on the nineteenth day of August, A. D., eighteen hundred and sixty, only child and daughter of the late Lieutenant Colonel Charles Didier Dreux, and of Amanda Haynes, be, and is hereby declared to be the adopted child of the State of Louisiana.

No. 109.] ACTE

Accordant une indemnité à George B. Shepherd, ci-devant Registrateur du Bureau des terres à Baton-Rouge.

Assignation de fonds

SECTION. 1. Le Sénat et la Chambre de Représentants de l'Etat de la Louisiane, réunis en Assemblée Générale, décrètent : La somme de trois cent cinquante piastres est assignée par ces présentes sur tous fonds dans le Trésor qui n'ont point été affectés à d'autres objets, à l'effet de rembourser George B. Shepherd, ci-devant Registrateur du bureau des terres à Baton-Rouge, de certains frais de bureau encourus par lui pendant les mois de février et de mars 1861. La susdite somme lui sera payée sur le mandat de l'Auditeur des comptes publics.

SEC. 2. Décrètent de plus : Le présent acte sortira son effet à dater de son adoption.

ADOLPHUS OLIVIER,
Orateur de la Chambre des Représentants.
HENRY M. HYAMS,
Lieutenant-Gouverneur et Président du Sénat.

Approuvé le 23 janvier 1862.

THOMAS O. MOORE,
Gouverneur de l'Etat de la Louisiane.

Pour copie conforme,
PLINY D. HARDY,
Secrétaire d'Etat.

No. 110.] RESOLUTION CONJOINTE

Décrétant l'adoption par l'Etat de la Louisiane de Marie Nathalie Dreux, fille unique du lieutenant-colonel Charles Didier Dreux, décédé, et de Marie Amanda Haynes.

Préambule

Attendu que le lieutenant-colonel Charles Didier Dreux, commandant le premier bataillon des volontaires de la Louisiane, est le premier entre tous les officiers brevetés de la Louisiane, au service des Etats-Confédérés, qui soit tombé sous les balles de l'ennemi ;

Attendu la noble ardeur qu'il a déployée dans la cause de son Etat natal et de la Confédération en conduisant la première compagnie de volontaires louisianais contre les envahisseurs de la patrie ;

Attendu, enfin, que Charles Didier Dreux a mérité de la patrie par ses éminentes qualités comme homme et comme soldat ; par son généreux dévouement au Sud, et par sa mort glorieuse à la bataille du 5 juillet 1861 ; en conséquence,

Résolution

Le Sénat et la Chambre des Représentants de l'Etat de la Louisiane, réunis en Assemblée Générale, ont résolu : 1o. Marie Nathalie Dreux, née le 19me jour du mois d'août 1860, et fille unique du lieutenant-colonel Charles Didier Dreux, décédé, et d'Amanda Haynes, est par ces présentes déclarée fille adoptive de l'Etat de la Louisiane.

Copy of these resolutions to be sent to Mrs. Dreux.

Be it further resolved, &c., That His Excellency, the Governor of the State of Louisiana be, and is hereby requested to send a copy of these resolutions to Mrs. Charles Didier Dreux.

ADOLPHUS OLIVIER,
Speaker of the House of Representatives.
HENRY M. HYAMS,
Lieutenant Governor and President of the Senate.

Approved January 23d, 1862.

THOS. O. MOORE,
Governor of the State of Louisiana.

A true copy.
PLINY D. HARDY,
Secretary of State.

No. 111.]   AN ACT

To confirm certain land claims in the south eastern Land District of Louisiana.

Description of Land Claims confirmed.

Be it enacted by the Senate and House of Representatives of the State of Louisiana, in General Assembly convened, That the following claims, viz: Mrs. Aurore Trudeau, widow of George Mather, for herself and sons, Spanish Grant, over twenty years, filed nineteenth December, eighteen hundred and sixty. Two arpents more or less, front, by eighty deep, being upper part of section thirty-one, T nine, S R one, E SE District, E of river; no interference.

2d. Charles Triche and Edouard Rodrigue, order of survey in seventeen hundred and ninety, over twenty years, filed twentieth December, eighteen hundred and sixty, S sixty-four, T thirteen S, R fourteen E, SE Dist., W of the river; no interference.

3d. John L. Manning, Spanish Grant, over twenty years, filed twenty-second of January, eighteen hundred and sixty-one, S one, T eleven R fifteen E, SE Dist., W of River; no interference.

4th. Jules Lavergne, Spanish Grant, over twenty years, filed twenty-second of January, eighteen hundred and sixty-one, S twenty-one, T fourteen S, R twenty-four E, SE, Dist. W of river; no interference.

5th. Mrs. A. M. Foley, H. B. Foley and Thomas Foley, permission to settle in eighteen hundred and two, over twenty years, filed twenty-fifth January, eighteen hundred and sixty-one, S, one hundred and thirteen and one hundred and nineteen, T thirteen S, R fourteen E, SE Dist. W of River; no interference.

Patents to be issued to said parties.

6th. Walter John Pugh, permission to settle in eighteen hundred and two, over twenty years, filed twenty-fifth January, eighteen hundred and sixty-one, S thirty eight, T thirteen S, R thirteen E, and S one hundred and thirty-nine, T thirteen S, R fourteen E, SE D west of river, for lands within the south-eastern Land District of Louisiana, described by the Register and Receiver in their report, bearing date the twenty-fifth of

2o. Son Excellence le Gouverneur de la Louisiane est prié de transmettre une copie de cette résolution à la veuve de Charles Didier Dreux.

ADOLPHUS OLIVIER,
Orateur de la Chambre des Représentants.
HENRY M. HYAMS,
Lieutenant Gouverneur et Président du Sénat.

Approuvé le 23 janvier 1862.

THOMAS O. MOORE,
Gouverneur de l'Etat de la Louisiane.

Pour copie conforme,
PLINY D. HARDY,
Secrétaire d'Etat.

[No. 111.] ACTE

confirmant les détenteurs de certains titres dans la propriété de quelques terres situées dans le District territorial S. E. de la Louisiane.

Le Sénat et la Chambre des Représentants de l'Etat de la Louisiane, réunis en Assemblée Générale, décrètent : L'Etat de la Louisiane se désiste, en faveur des personnes ci-après nommées, de ses droits et prétentions aux terres suivantes (voir le rapport du 25 janvier 1861 présenté par le Registrateur et le Receveur) ; et le Commissaire du bureau général des terres est autorisé à émettre des patentes en confirmation de leurs titres : *Patentes que le Commissaire du Bureau des Terres devra émettre.*

1o. En faveur d'Aurore Trudeau (veuve de George Mather) et de ses fils, une concession du gouvernement espagnol, enregistrée le 19 décembre 1860, comprenant deux arpents, à peu près de face, sur quatre-vingts de profondeur, formant la partie supérieure de la 31me section, T. 9, S., R. 1, E., Dist. S. E., à l'Est du fleuve.—Ont justifié d'un droit exclusif et d'une occupation de plus de vingt ans. *Description des terres.*

2o. En faveur de Charles Triche et d'Edouard Rodrigue, en vertu d'un élevé fait en 1790, (l'enregistrement de leurs titres a eu lieu le 20 décembre 1860) : Section 64, T. 13 S., R. 14 E., Dist. S. O., à l'Ouest du fleuve. —Ont justifié d'un droit exclusif et d'une occupation de plus de 20 ans.

3o. En faveur de John L. Manning, une concession du gouvernement espagnol, enregistrée le 22 janvier 1861 et comprenant la Section 1, T. 11 S., R. 15 E., Dist. S. E., à l'Ouest du fleuve.—A justifié d'un droit exclusif et d'une occupation de plus de 20 ans.

4o. En faveur de Jules Lavergne, une concession du gouvernement espagnol, enregistrée le 22 janvier 1861 et comprenant la Section 21, T. 14 S., R. 24. E., Dist. S. E., à l'Ouest du fleuve. A justifié du même droit et de la même occupation que les personnes précédentes.

5o. En faveur de dame A. M. Foley, H. B. Foley et Thomas Foley, en vertu d'un droit d'établissement accordé en 1802, enregistré le 25 janvier 1861 : les Sections 113 et 119, T. 13 S., R. 14 E., Dist. S. E., à l'Ouest du fleuve.

January, eighteen hundred and sixty one, be, and the same are hereby confirmed against any claim on the part of the State of Louisiana, and the Commissioner of the General Land Office is hereby authorized to issue patents for the said lands to the several claimants.

ADOLPHUS OLIVIER,
Speaker of the House of Representatives.
HENRY M. HYAMS,
Lieutenant Governor and President of the Senate.

Approved January 23d, 1862.

THOS. O. MOORE,
Governor of the State of Louisiana.

A true copy.
PLINY D. HARDY,
Secretary of State.

No. 112.] AN ACT

To authorize the receiving of the Confederate States Treasury Notes in payment of all public dues.

Confederate notes to be received in payment of public dues.

SECTION 1. *Be it enacted by the Senate and House of Representatives of the State of Louisiana, in General Assembly convened,* That Confederate Treasury Notes shall be received in payment and satisfaction of all debts or claims due to the State, parish and city corporations; and the State Treasurer, Tax Collectors, collecting Agents, and all other officers of the State, parish and city corporations, are hereby directed and authorized to receive the same in payment and satisfaction thereof.

When to take effect.

SEC. 2. *Be it further enacted, &c.,* That this act shall take effect from and after its passage.

ADOLPHUS OLIVIER,
Speaker of the House of Representatives.
HENRY M. HYAMS,
Lieutenant Governor and President of the Senate.

Approved January 23d, 1862.

THOMAS O. MOORE,
Governor of the State of Louisiana.

A true copy.
PLINY D. HARDY,
Secretary of State.

6o. En faveur de Walter John Pugh, en vertu d'un droit d'établissement (1802), en registré le 25 janvier 1861 : la Section 38, T. 13 S., R. 13 E., et la Section 139, T. 13 S., R. 14 E., dans le Dist. S. E., à l'Ouest du fleuve.

      ADOLPHUS OLIVIER,
      Orateur de la Chambre des Représentants.
      HENRY M. HYAMS,
      Lieutenant-Gouverneur et Président du Sénat.

Approuvé le 23 janvier 1862.

      THOMAS O. MOORE,
      Gouverneur de l'Etat de la Louisiane.

Pour copie conforme,
 PLINY D. HARDY,
  Secrétaire d'Etat.

No. 112.]   ACTE

Autorisant les différents Percepteurs, Receveurs et Comptables des deniers publics a recevoir en paiement les billets de la Trésorerie des Etats Confédérés.

SECTION 1. *Le Sénat et la Chambre des Représentants de l'Etat de la Louisiane, réunis en Assemblée Générale, décrètent :* Les billets de la Trésorerie des Etats Confédérés devront être reçus en paiement de toutes sommes dues à l'Etat, aux paroisses ou aux villes incorporées, et le Trésorier d'Etat ainsi que tous Percepteurs de taxes, Receveurs des deniers publics et autres fonctionnaires d'Etat, de paroisse ou de ville, sont requis par ces présentes de recevoir ces billets en paiement de toutes dettes.

SEC. 2. *Décrètent de plus :* Cet acte entrera en vigueur le jour de son adoption.

      ADOLPHUS OLIVIER,
      Orateur de la Chambre des Représentants
      HENRY M. HYAMS,
      Lieutenant-Gouverneur et Président du Sénat.

Approuvé le 23 janvier 1862.

      THOMAS O. MOORE,
      Gouverneur de l'Etat de la Louisiane.

Pour copie conforme,
 PLINY D. HARDY,
  Secrétaire d'Etat.

No. 113.] AN ACT

To authorize the city corporation of New Orleans to build a suitable bridge over the Canal Carondelet, opposite Galvez street.

Be it enacted by the Senate and House of Representatives of the State of Louisiana, in General Assembly convened, That the city corporation of New Orleans, be, and is hereby authorized to build a suitable bridge for vehicles to pass on and over the Canal Carondelet, opposite Galvez street, in such a manner as not to prevent or obstruct the free ingress and egress of vessels; and that this act shall take effect from and after its passage.

ADOLPHUS OLIVIER,
Speaker of the House of Representatives.
HENRY M. HYAMS,
Lieutenant Governor and President of the Senate.

Approved January 23d, 1862.

THOMAS. O. MOORE,
Governor of the State of Louisiana.

A true copy.
PLINY D. HARDY,
Secretary of State.

No. 114] AN ACT

For the relief of Bertrand Haralson.

Preamble. WHEREAS, George B. Shepherd, during the year eighteen hundred and sixty, performed the duties of Assistant Clerk of the House of Representatives after his appointment as Receiver of the Land Office; and whereas, Bertrand Haralson discharged the duties of the Receiver of the Land Office during said period of time, the emoluments of which enured to the said George B. Shepherd; and whereas, the salary of Assistant Clerk has been refused to be paid upon the ground that the said Shepherd was not entitled to hold and receive the emoluments of two public officers; therefore,

Appropriation. *Be it enacted by the Senate and House of Representatives of the State of Louisiana, in General Assembly convened,* That the sum of one thousand dollars be paid to Bertrand Haralson, upon the warrant of the Auditor of Public Accounts, out of any money in the Treasury not otherwise appropriated.

ADOLPHUS OLIVIER,
Speaker of the House of Representatives.
HENRY M. HYAMS,
Lieutenant Governor and President of the Senate.

Approved January 23d, 1862.

THOS. O. MOORE,
Governor of the State of Louisiana.

A true copy.
PLINY D. HARDY,
Secretary of State.

No. 113.] ACTE

Autorisant les autorités municipales de la Nouvelle-Orléans à construire un pont sur le Canal Carondelet, à son point d'intersection avec la rue Galvez.

Le Sénat et la Chambre des Représentants de l'Etat de la Louisiane, réunis en Assemblée Générale, décrètent : Les autorités municipales de la Nouvelle-Orléans sont par ces présentes autorisées à faire construire un pont sur le Canal Carondelet à son point d'intersection avec la rue Galvez. Bien entendu que ledit pont ne devra point entraver la libre circulation des navires. Cet acte entrera en vigueur le jour de son adoption.

                ADOLPHUS OLIVIER,
        Orateur de la Chambre des Représentants.
                HENRY M. HYAMS,
        Lieutenant-Gouverneur et Président du Sénat.

Approuvé le 23 janvier 1862.
                THOMAS O. MOORE,
        Gouverneur de l'Etat de la Louisiane.

Pour copie conforme,
  PLINY D. HARDY,
    Secrétaire d'Etat.

No. 114.] ACTE

Accordant une indemnité à Bertrand Haralson.

Attendu que George B. Shepherd a rempli les fonctions de Greffier-adjoint de la Chambre des Représentants pendant la session de 1860, après avoir été nommé Receveur du Bureau des terres; *Attendu* que Bertrand Haralson a rempli celles de Receveur dudit bureau pendant la même année, et que le traitement de Receveur a été payé audit Shepherd tandis que celui de Greffier-Adjoint lui a été refusé pour cause de cumul ; en conséquence,   *Préambule*

Le Sénat et la Chambre des Représentants de l'Etat de la Louisiane, réunis en Assemblée Générale, décrètent : La somme de mille piastres est par ces présentes allouée à B. Haralson sur tous fonds dans le Trésor qui n'ont point été affectés à d'autres objets, et ce montant lui sera payé sur présentation du mandat de l'Auditeur des Comptes Publics.   *Allocation*

                ADOLPHUS OLIVIER,
        Orateur de la Chambre des Représentants.
                HENRY M. HYAMS,
        Lieutenant-Gouverneur et Président du Sénat.

Approuvé le 23 janvier 1862.
                THOMAS O. MOORE,
        Gouverneur de l'Etat de la Louisiane.

Pour copie conforme,
  PLINY D. HARDY,
    Secrétaire d'Etat.

No. 115.] AN ACT

To grant to Professor Thomassy an exclusive right to use certain Salt Springs and Saline Waters discovered or made available by him, for the period of twenty-five years.

Exclusive privilege granted to Prof. Thomassy to certain Saline Waters.

SECTION 1. *Be it enacted by the Senate and House of Representatives of the State of Louisiana, in General Assembly convened,* That the right hereby granted to Professor Thomassy, to the exclusion of all others during the period of twenty-five years, to use any salt springs or saline waters discovered or made available by him, on lands belonging to the State of Louisiana, for the purpose of making salt, either by artificial or atmospheric evaporation; provided, that the provisions of this section shall not apply to any salt springs or saline waters which have been used for the manufacture of salt previous to the passage of this act; and provided further, that the privileges of this act shall not extend to any salt springs or saline waters which have not been used by him for the manufacture of salt within ninety days after the discovery of the same; provided further, however, that the privileges granted by this act shall not apply to the waters of Lake Bistenean.

The right to use anything necessary for the manufacture of salt, found on any lands whose Saline Waters have been made available by him.

SEC. 2. *Be it further enacted, &c.,* That the use of any thing necessary for the manufacture of salt found on any section of land including such salt springs or saline waters which may be discovered, or made available as aforesaid, be granted to R. Thomassy, for carrying on his salt manufacture on the largest scale.

Condition of the grant.

SEC. 3. *Be it further enacted, &c.,* That if in the six months following the passage of this act, the salt manufacture has not been commenced, the aforesaid grants shall be null and void.

ADOLPHUS OLIVIER,
Speaker of the House of Representatives.
HENRY M. HYAMS,
Lieutenant Governor and President of the Senate.

Approved January 23d, 1862.

THOMAS O. MOORE,
Governor of the State of Louisiana.

A true copy.
PLINY D. HARDY,
Secretary of State.

No. 116.] AN ACT

To raise money for the State Treasury.

Preamble.

WHEREAS, The State of Louisiana has expended large sums of money, drawn from the Treasury for military purposes in the prosecution of the existing war, and has also borrowed large sums of money for the same purposes, and contemplate further expenses therefor; and whereas, the State has assumed towards the Confederate Government the payment of the Confederate war tax, the levy whereof has been authorized by an act of the Provisional Congress, approved the nineteenth day of August, eighteen hundred and sixty one; and whereas, during the existing state of affairs the collection of taxes cannot, with sufficient certainty, be relied upon to meet the accumulated wants of the Treasury; therefore,

The Governor authorized to borrow $7,000,000.

SECTION 1. *Be it resolved by the Senate and House of Representatives of the State of Louisiana, in General Assembly convened,* That it shall be the duty of the Governor, and he is hereby empowered to borrow, on behalf of the State, from time to time, as the wants of the Treasury may require, a sum not exceeding seven millions of dollars, either by the issue of bonds

No. 115.] ACTE

Accordant au Professeur Thomassy le droit exclusif d'exploiter, pendant une période de vingt-cinq ans, les sources salées et eaux salines qu'il découvrira en Louisiane ou qu'il rendra propres à la fabrication du sel par des moyens artificiels.

SECTION 1. *Le Sénat et la Chambre des Représentants de l'Etat de la Louisiane, réunis en Assemblée Générale, décrètent :* Le professeur Thomassy jouira pendant **vingt-cinq** ans, à l'exclusion de tous autres, du droit d'exploiter toutes sources salées et eaux salines situées sur les terres de l'Etat et découvertes ou rendues propres par lui à la fabrication du sel, au moyen de l'évaporation artificielle ou atmosphérique ; bien entendu que le privilège accordé par ces présentes ne s'étendra pas aux eaux et sources en état d'exploitation avant l'adoption de cet acte, et que le concessionnaire devra user dudit privilège dans les quatre vingt-dix jours qui suivront la découverte qu'il pourra faire de toutes sources salées ou eaux salines, à peine de déchéance. Les eaux du lac Bistineau ne seront point comprises dans la présente concession.

SEC. 2. *Décrètent de plus :* Seront comprises dans ladite concession toutes substances et matières nécessaires à la fabrication du sel, et tenant aux terres de l'Etat sur lesquelles le concessionnaire pourra établir des salines.

SEC. 3. *Décrètent de plus :* La concession accordée par cet acte sera réputée non avenue au cas où le concessionnaire n'aurait pas établi des salines dans les six mois qui suivront l'adoption de cet acte.

ADOLPHUS OLIVIER,
Orateur de la Chambre des Représentants.
HENRY M. HYAMS,
Lieutenant-Gouverneur et Président du Sénat.

Approuvé le 23 janvier 1862.

THOMAS O. MOORE,
Gouverneur de l'Etat de la Louisiane.

Pour copie conforme,
PLINY D. HARDY,
Secrétaire d'Etat.

No. 116.] ACTE

Autorisant l'émission de Bons de l'Etat et de Billets de la Trésorerie.

Vu les fortes sommes votées par l'Etat pour subvenir aux frais de la guerre, les emprunts qu'il a dû négocier, et les dépenses qu'il sera encore appelé à faire pendant l'existence de ladite guerre ; *Vu* la taxe de guerre décrétée par acte du Congrès Provisoire à la date du 29 août 1861 ; *Et vu* la difficulté qu'éprouveront les Percepteurs des contributions à faire leurs recouvrements dans les circonstances actuelles.

SECTION 1. *Le Sénat et la Chambre des Représentants de l'Etat de la Louisiane, réunis en Assemblée Générale, décrètent :* Le Gouverneur sera autorisé à suppléer à l'épuisement des finances de l'Etat, au moyen d'emprunts qu'il négociera sur bons de l'Etat et billets de la Trésorerie, et à cet effet il pourra émettre pour sept millions de piastres desdits bons et billets, dont deux millions seulement en billets de la Trésorerie.

Duty of Tax Collectors.

2d. To notify the several Sheriffs and Tax Collectors of the rate of taxation as ascertained and fixed by the said Auditor for the payment of said current interest and principal; said rate of taxation shall be designated and known as the "war tax," and said war tax as annually ascertained and fixed is hereby levied upon all the movable and immovable property that may be annually assessed in this State, and it shall be the duty of the several Sheriffs and Tax Collectors to collect the said war tax, and the collection of the same shall be enforced as the law provides or may hereafter provide for the collection of other taxes.

Payment of the interest on said bonds maturing in 1863.

Duty of the Auditor.

Duty of Tax Collectors.

SEC. 9. *Be it further enacted, &c.*, That to pay the interest on the bonds issued under this act maturing in eighteen hundred and sixty-three, a tax of one-tenth of one per cent. be, and is hereby levied on the assessed valuation of taxable property according to the assessment rolls of eighteen hundred and sixty-one, and the Auditor of Public Accounts is hereby directed to notify the several Sheriffs and Tax Collectors of the fact, and it shall be their duty to collect the same as is now or may be hereafter provided for by law for the collection of other taxes; provided, however, that if the amount so raised shall exceed the amount of interest due in the year eighteen hundred and sixty-three on the bonds aforesaid, such excess shall be retained in the Treasury as a special fund and shall form a part of the amount necessary for the payment of the next year's interest.

$4,000 allowed the Auditor and Treasurer to employ Clerks.

SEC. 10. *Be it further enacted, &c.*, That the sum of four thousand dollars, or so much thereof as may be necessary, be, and the same is hereby appropriated for the payment of additional clerks to be employed by the Auditor and Treasurer to sign said Treasury notes.

Payment of the expenses of printing bonds, etc.

SEC. 11. *Be it further enacted, &c.*, That the sum of thirty thousand dollars, or so much thereof as may be necessary, be, and the same is hereby appropriated to pay the expenses of printing, lithographing or engraving the bonds and coupons, and of engraving, lithographing or stamping said Treasury notes, to be paid in the usual manner, on the warrant of the Governor.

When this act shall take effect.

SEC. 12. *Be it further enacted, &c.*, That this act shall go into effect from and after its passage, except that provision which authorizes the issue of Treasury notes which shall take effect on or after the twenty-second February next eighteen hundred and sixty-two.

ADOLPHUS OLIVIER,
Speaker of the House of Representatives.
HENRY M. HYAMS,
Lieutenat Governor and President of the Senate.

Approved January 23d, 1862.

THOS. O. MOORE,
Governor of the State of Louisiana.

A true copy.
PLINY D. HARDY,
Secretary of State.

No. 117.] AN ACT

To extend and amend an act entitled "An act relative to Public Lands," approved March twenty-first, eighteen hundred and sixty-one.

The Commissioner of Public Lands and his clerks prohibited from purchasing Public Lands.

SECTION 1. *Be it enacted by the Senate and House of Representatives of the State of Louisiana, in General Assembly convened*, That the Commissioner of Public Lands, and the Clerks and Surveyors attached to his office, are hereby prohibited from directly or indirectly purchasing, or in

tions, de toutes les voies légales établies pour le recouvrement des taxes en général.

Sec. 9. *Décrètent de plus :* Il sera assis une taxe d'un dixième de un pour cent sur la valeur estimative des propriétés portées sur les rôles de 1861, à l'effet de payer l'intérêt desdits bons pour l'année 1863 ; et les Shérifs et Percepteurs des contributions, sur l'avis que leur en donnera l'Auditeur, procèderont à leur recouvrement ainsi qu'il est ou qu'il pourra être prescrit pour la perception des taxes en général ; Bien entendu qu'au cas où le montant des contributions décrétées par ces présentes excèderait les intérêts échus en 1863, ce montant serait réservé pour le paiement des intérêts de l'année suivante. Paiement des intérêts échus en 1863.

Sec. 10. *Décrètent de plus :* La somme de quatre mille piastres est affectée par ces présentes au paiement des Commis que l'Auditeur et le Trésorier emploieront à la signature des billets de la Trésorerie. Salaires des commis supplémentaires.

Sec. 11. *Décrètent de plus :* La somme de trente mille piastres ou telle partie de cette somme qui sera nécessaire, est affectée par ces présentes au paiement des frais d'impressions, de lithographie ou de gravure des bons et coupons, et aux frais de gravure, de lithographie ou d'estampage des billets de la Trésorerie. Le Gouverneur sera autorisé à mandater pour ce montant. Frais d'impressions, etc.

Sec. 12. *Décrètent de plus :* Cet Acte sortira son effet le jour de son adoption. Les dispositions relatives à l'émission des billets de la Trésorerie n'entreront en vigueur que le 22 février 1862. Mise en vigueur de l'acte.

ADOLPHUS OLIVIER,
Orateur de la Chambre des Représentants.

HENRY M. HYAMS,
Lieutenant-Gouverneur et Président du Sénat.

Approuvé le 23 janvier 1862.

THOMAS O. MOORE,
Gouverneur de l'Etat de la Louisiane.

Pour copie conforme,
   P. LINY D. HARDY,
     Secrétaire d'Etat.

No. 117.] ACTE

Amendant l'Acte intitulé : " Acte relatif aux terres publiques," approuvé le 21 mars 1855.

Section 1. *Le Sénat et la Chambre des Représentants de l'Etat de la Louisiane, réunis en Assemblée Générale, décrètent :* Il est défendu par ces présentes aux Commissaires des terres publiques ainsi qu'aux Commis et Arpenteurs attachés à son service, d'acheter des terres publiques ou d'avoir un intérêt quelconque, appréciable à prix d'argent, dans leur acquisi- Prohibition

Sec. 2. *Be it further enacted, &c.,* That this act shall go into effect from and after its passage.

ADOLPHUS OLIVIER,
Speaker of the House of Representatives.
HENRY M. HYAMS,
Lieutenant Governor and President of the Senate.

Approved January 23d, 1861.

THOS. O. MOORE,
Governor of the State of Louisiana.

A true copy.
PLINY D. HARDY,
Secretary of State.

No. 119.]   AN ACT

Making a grant of lands to aid in the construction of the New Orleans and Texas Railroad, and the Louisiana Central stem of the Mississippi and Pacific Railroad.

Description of grants.

Section 1. *Be it enacted by the Senate and House of Representatives of the State of Louisiana, in General Assembly convened,* That for the purpose of aiding in the construction of the New Orleans and Texas Railroad, and the Louisiana Central stem of the Mississippi and Pacific Railroad, the following grant of lands be, and the same is hereby made, to-wit: Every alternate section of land belonging to the State, designated by odd number, for six sections in width on each side of the line of said railroads, and should any of said sections or parts thereof have been sold or otherwise disposed of, either by the United States or this State, or should the right of pre-emption have attached before the passage of this act, then in lieu thereof a like quantity of other sections or parts of sections of lands shall be selected at a distance of six from, and within fifteen miles of the line of said Railroads, taking the odd numbers, and it shall be the duty of the Commissioner of Public Lands to have said selections made as soon as possible, and the lands hereby granted shall be disposed of as hereinafter prescribed, and exclusively applied to the construction of said railroads and to no other purpose; provided, that the grant hereby made shall not extend to any lands reserved or selected for school purposes.

Sale of lands granted.

Sec. 2. *Be it further enacted, &c.,* That the lands hereby granted shall be disposed of only in the manner following, to-wit: A quantity of land not exceeding one hundred and twenty sections, and included within a continuous length of twenty miles of said Railroads, may be sold whenever twenty continuous miles of the same shall have been completed, and another like quantity of land may be sold whenever another section of twenty continuous miles of said Railroads shall have been completed on each side thereof, and so on from time to time until said Railroads shall be completed; and should said Railroads not be completed within five years, no further sales shall be made; and said sales shall be made by order of the Governor of this State whenever he shall be satisfied that sections of said Railroads shall have been completed as aforesaid.

Price, etc., of lands remaining to the State within the limits of said grant.

Sec. 3. *Be it further enacted, &c.,* That the sections and parts of sections of land that may remain to the State within the limits of said grant, and within six miles of the line of said Railroads, shall not be sold at less than double the minimum price per acre, nor shall the same be subject to private entry until first offered at public sale at the increased price; and

SEC. 2. *Décrètent de plus :* Cet Acte entrera en vigueur le jour de son adoption.

ADOLPHUS OLIVIER,
Orateur de la Chambre des Représentants.
HENRY M. HYAMS,
Lieutenant-Gouverneur et Président du Sénat.

Approuvé le 23 janvier 1862.

THOMAS O. MOORE,
Gouverneur de l'Etat de la Louisiane.

Pour copie conforme,
PLINY D. HARDY,
Secrétaire d'Etat.

No. 119.] ACTE

Portant concession de certaines terres pour aider à la construction du chemin de fer de la Nouvelle-Orléans au Texas et de la voie centrale (en Louisiane) du chemin de fer du Mississippi à l'Océan Pacifique.

SECTION 1. *Le Sénat et la Chambre des Représentants de l'Etat de la Louisiane, réunis en Assemblée Générale, décrètent :* Les terres suivantes sont par ces présentes concédées pour aider à la construction du chemin de fer de la Nouvelle-Orléans au Texas et de la voie centrale (en Louisiane) du chemin de fer du Mississippi à l'Océan Pacifique: Chaque section de terre appartenant à l'Etat, désignée par un nombre impair et comprise dans un rayon de six sections de chaque côté desdits chemins ; lorsque lesdites sections ou parties d'icelles seront devenues la propriété de tierces personnes, sous l'autorité de l'Etat ou des Etats-Unis, ou en vertu d'un droit de *préemption,* avant l'adoption de cet Acte, il sera concédé en leur lieu et place une égale quantité de terre parmi les sections désignées par des nombres impairs et situées de chaque côté desdits chemins, à une distance qui ne sera pas moindre de six milles et qui ne devra point excéder quinze milles. Le Commissaire des terres publiques devra faire procéder au choix desdites sections dans le plus bref délai, après quoi les terres concédées par ces présentes seront mises en vente ainsi qu'il est dit ci-après, et le produit de leur vente sera spécialement affecté à la construction desdits chemins ; bien entendu que ces concessions ne comprendront pas les terres des écoles.

SEC. 2. *Décrètent de plus :* Voici comment et à quelles conditions il pourra être disposé des terres concédées par cet Acte : Lorsqu'il aura été construit vingt milles d'un des susdits chemins, il pourra être vendu cent vingt sections des terres adjacentes comprises dans la présente concession, et ce, pour chaque vingt milles, jusqu'à ce que lesdits chemins aient été achevés ; et dans le cas où ils ne seraient pas achevés dans les cinq ans, il ne serait plus fait aucune vente desdites terres. Lorsque les compagnies des susdits chemins de fer auront rempli les conditions prescrites dans cette section, le Gouverneur fera procéder à la vente des terres concédées.

SEC. 3. *Décrètent de plus :* Les sections et fractions de sections qui resteront à l'Etat dans les limites de la présente concession, c'est-à-dire dans un rayon de six milles de chaque côté desdits chemins, devront rapporter deux fois le plus bas prix fixé par la loi, et nul ne sera reçu à prendre d'inscription pour ces terres avant qu'elles n'aient été offertes en vente

The tax bill may stand in lieu of a petition in such suits.

SEC. 4. *Be it further enacted, &c.*, That no petition shall be necessary in such suits, but the tax bill shall be considered as a petition, and the said advertisement shall be considered as a citation, and no other service of citation shall be necessary; and said advertisement shall contain the names of all delinquent tax payers, and the amount claimed from each; and every delinquent tax payer shall pay twenty-five cents for the costs of the citation by advertisement, together with such subsequent costs as may accrue in the suit, and as soon as the delay for answering expressed in said advertisement shall have expired, then the further proceedings in said suit shall be conducted according to existing laws.

Fees of the Parish Attorney in such suits.

SEC. 5. *Be it further enacted, &c.*, That there shall be added to the amount of each bill thus confided to said Parish Attorney for collection, a commission of ten per cent on the amount of the bill, which commission shall be paid by the delinquent tax payer, and shall be received by said Parish Attorney in full compensation for his services.

Proceedings against non-resident delinquent tax payers.

SEC. 6. *Be it further enacted, &c.*, That for the recovery of parish taxes assessed upon property as belonging to persons unknown or owners residing permanently out of the State, and on which the parish taxes shall be returned by the Collector as unpaid, the Parish Attorney shall be authorized to proceed *in rem* against said property, in the mode pointed out by articles two hundred and ninety, two hundred and ninety-one, two hundred and ninety-two, two hundred and ninety-three, two hundred and ninety-four, of the Code of Practice, and the assessment of such property in the manner stated shall be deemed sufficient to authorize such procedure and judgment accordingly.

SEC. 7. *Be it further enacted, &c.*, That all the unpaid tax bills shall bear eight per cent interest from the first Monday of October in the year in which they are payable.

Interest on said tax bills.

SEC. 8. *Be it further enacted, &c.*, That all tax bills collected by said Parish Attorney, in the manner herein provided, shall be handed over to the Collector to enable him to make his settlement with the Parish Treasurer.

Amounts obtained by the Parish Attorney to be handed over to the Tax Collector.

SEC. 9. *Be it further enacted &c.*, That all laws contrary to the provisions of this act be, and the same are hereby repealed.

ADOLPHUS OLIVIER,
Speaker of the House of Representatives.
HENRY M. HYAMS,
Lieutenant Governor and President of the Senate.

Approved January 23d, 1862.

THOS. O. MOORE,
Governor of the State of Louisiana.

A true copy.
PLINY D. HARDY,
Secretary of State.

No. 121.]   AN ACT

To amend and re-enact an act entitled "An act to provide a revenue, and the manner of collecting the same," approved March fifteenth, one thousand eight hundred and fifty-five.

Annual tax and rate thereof.

SECTION 1. *Be it resolved by the Senate and House of Representatives of the State of Louisiana, in General Assembly convened*, That an annual ad valorem tax of one-sixth of one per centum shall be levied for the purpose of supporting the Government of this State, to pay the public debt and promote the public interest thereof upon the assessed cash valuation of the following:

SEC. 4. *Décrètent de plus :* Dans les poursuites inteutées pour le recouvrement des taxes, l'état dressé par le Percepteur tiendra lieu de pétition et il ne sera notifié d'autre citation que l'avis qui aura été publié dans les journaux, ainsi qu'il est dit dans la section précédente. Cet avis contiendra les noms de tous les retardataires ainsi que le montant de leurs taxes. Lesdits contribuables seront tenus au paiement des frais de poursuite et à vingt cinq sous de frais d'annonce. A l'expiration des délais fixés par la citation, il sera procédé contre les retardataires ainsi qu'il est prescrit par la loi. Citation et pétition.

SEC. 5. *Décrètent de plus :* L'avocat de paroisse recevra, à titre d'honoraires, un droit de dix pour cent sur le montant dû par chaque contribuable retardataire. Ce montant devra être payé par ledit contribuable, outre et pardessus sa cote de contribution. Droit de recouvrement

SEC. 6. *Décrètent de plus :* Lorsque le Percepteur déclarera n'avoir pu recouvrer les taxes assises sur des biens appartenant à une personne inconnue ou domiciliée hors de l'Etat, l'Avocat de la paroisse intentera des poursuites *in rem* contre les biens du débiteur, ainsi qu'il est dit aux articles 290, 291, 292, 293 et 294 du Code de Procédure. La simple inscription des biens susdits sur le rôle des contributions autorisera les poursuites prescrites par cette section. Poursuites.

SEC. 7. *Décrètent de plus :* Les contribuables qui n'auront pas réglé le 1er lundi d'octobre de chaque année payeront huit pour cent d'intérêt par an sur le montant de leur taxes. Intérêts.

SEC. 7. *Décrètent de plus :* Les taxes recouvréss par l'avocat de la paroisse seront versées par lui entre les mains du Percepteur, qui en rendra compte au Trésorier de la paroisse. Reglement.

SEC. 8. *Décrètent de plus :* Toutes lois contraires à cet Acte sont abrogées par ces présentes.

ADOLPHUS OLIVIER,
Orateur de la Chambre des Représentants.
HENRY M. HYAMS,
Lieutenant-Gouverneur et Président du Sénat.

Approuvé le 23 janvier 1862.

THOMAS O. MOORE,
Gouverneur de l'Etat de la Louisiane.

Pour copie conforme,
  PLINY D. HARDY,
    Secrétaire d'Etat.

No. 121.]   ACTE

Amendant et réédictant un acte intitulé: "Acte pourvoyant à la création d'un revenu et à sa perception," approuvé le 15 mars 1855.

SECTION 1. *Le Sénat et la Chambre des Représentants de l'Etat de la Louisiane, réunis en Assemblée Générale, décrètent :* Il sera assis sur les objets suivants, à raison de leur valeur estimative au comptant, une taxe annuelle d'un sixième de un pour cent, pour subvenir aux frais du gouvernement de l'Etat, aider à l'amortissement de la dette publique et protéger l'intérêt général. Assiette et répartition de la taxe.

Objects of taxation.

1st. All lands and lots of ground lying within this State, owned or claimed by any person or corporation, whether patented or not, including in the assessment thereof the value of all houses, fixtures and improvements of every kind or value thereon or affixed thereto; all machinery, neat cattle, horses and mules, when attached to or used on a plantation or farm.

2d. All slaves for life or term of years within this State.

3d. All horses, mares, geldings, mules, jacks, jennies and neat cattle, when not attached and used on plantations or farms, and assessed in the value thereof.

4th. All carriages or vehicles, whether with two or four wheels, kept for pleasure, use or hire.

5th. Shares of stock or interest in steamboats, ships, brigs, schooners, and all other water craft, whether at home or abroad.

6th. All money loaned at interest, or invested by individuals or corporations in the purchase or discount of bills, notes or other securities for money, except the bonds of the Confederate States of America, and of this State, or those issued by the several parishes and municipal authorities of the incorporated towns and cities therein; cash on hand or on deposit in bank or elsewhere; gold watches, gold and silver plate, and pianos, and all notes or other evidences of debt, bearing interest, without reference to the consideration of the same, whether the interest is expressed in the face or included in the body thereof, or in a separate note, or retained by way of discount; but no tax shall be assessed or levied on notes, bonds, bills or other securities that shall be due by insolvents or bankrupts; and all bills, notes and other securities as aforesaid taxable under this act, shall be assessed according to their cash value, and the assessors shall have the same power to ascertain such value that the law confers upon them with the respect to other property; this section shall apply also to cash on hand deposited in bank or elsewhere within the State, money at interest, invested in bills, notes or other securities, bearing interest to the credit of, or owned by non-residents, and held by agents, depositories or other persons, who shall return the same to the assessor and pay the taxes thereon.

7th. All merchandise held for sale, or employed in traffic, trade or any kind of commerce; the term merchandise shall be construed also to include all merchandise belonging to any non-resident, or in which he may be interested, to the extent of such interest, and shall be returned to the assessor and the tax paid by the person having the same in possession as agent, consignee or resident partner.

8th. The capital stock of all banks or corporations doing business in this State not expressly exempted from taxation by their charters granted by this State.

9th. The property of whatever kind of all corporations over and above their capital stock, and all money and funds held by any such corporation, in trust or on deposit, or by persons in trust, or on deposit, for persons or corporations other than citizens or corporations of this State, and used in trade or commerce for the benefit of such persons or corporations

Assessment rolls of each parish.

SEC. 2. *Be it further enacted, &c.*, That the twelfth section of said act be amended and re-enacted so as to read as follows: That property shall be assessed in the parish in which it may be situated. The assessment rolls shall contain, in separate columns, the quantity of land in each tract or lot, as well as a description by its legal subdivisions of lots, fractions or sections, as the case may be, with the township and range, or other

1o. Sur les terres et terrains situés dans l'Etat et appartenant à des particuliers ou à des corporations, en vertu de patentes ou titres quelconques, en comprenant dans leur évaluation toutes bâtisses, objets scellés à demeure et améliorations quelconques, ainsi que les machines, le gros bétail, les chevaux et mulets employés dans l'exploitation des fermes et plantations.

2o. Sur les esclaves à vie ou pour un temps déterminé, dans cet Etat.

3o. Sur les chevaux, juments, hongres, mulets, ânes, ânesses et gros bétail non compris dans l'évaluation des fermes ou plantations.

4o. Sur toutes voitures à deux ou quatre roues, soit voitures particulières, soit voitures de louage.

5o. Sur toutes actions et tous intérêts dans les bateaux à vapeur, navires, bricks, goélettes ou embarcations quelconques, dans l'Etat ou à l'étranger.

6o. Sur les sommes d'argent prêtées à intérêt ou affectées soit par des particuliers, soit par des corporations, à l'acquisition ou à l'escompte de lettres de change, billets ou effets de commerce autres que les bons de l'Etat ou de la Confédération d'Amérique ou ceux émis par les paroisses ou par les autorités municipales des villes et villages incorporés de l'Etat ; sur toutes sommes d'argent soit entre les mains des particuliers, soit en dépôt dans les banques ou ailleurs ; sur les montres en or, les vaisselles d'or ou d'argent, les pianos, les billets ou titres de créance portant intérêt, quelque soit l'objet en considération duquel les effets ont été donnés et de quelque manière que l'intérêt ait été stipulé ; mais il ne sera assis aucune taxe sur les billets, bons, lettres de change ou autres effets de ce genre, lorsque le détenteur pourra justifier de l'insolvabilité du débiteur ; et tous billets, lettres de change, ou effets de commerce sujets à la taxe ainsi qu'il est dit ci dessus, seront portés sur les rôles de répartition (assessment), à leur valeur estimative en deniers comptants, et les assesseurs (répartiteurs de l'impôt) procéderont à leur évaluation, ainsi qu'il est prescrit pour toute autre espèce de propriété. Seront aussi soumises aux dispositions de cette section toutes personnes résidant à l'étranger qui auront des dépôts d'argent en banques ou ailleurs, dans l'Etat, ou des sommes placées à intérêt sous forme de lettres de change, billets ou autres effets, que lesdites personnes aient seulement droit aux intérêts produits par ces valeurs ou qu'elles en soient propriétaires ; et les agents, dépositaires ou autres individus en possession desdites valeurs seront tenus d'en aviser l'Assesseur et d'en payer la taxe.

7o. Il sera aussi assis une taxe sur les articles tenus par tous marchands, trafiquants ou commerçants. Les personnes domiciliées à l'étranger qui auront un intérêt dans un commerce ou négoce quelconque dans cet Etat, seront imposées jusqu'à concurrence de cet intérêt, et leurs taxes devront être payées par l'agent, consignataire ou associé domicilié dans l'Etat qui aura la possession de la marchandise.

8o. Le fonds capital des banques et corporations de cet Etat sera également soumis à la taxe, à moins que lesdites banques et corporations ne puissent justifier d'une exemption en vertu de leurs chartes.

9o. Seront également soumises à la taxe toutes propriétés appartenant à des corporations outre et par dessus leur fonds capital, ainsi que les fonds dont ces corporations ou des particuliers sont dépositaires et qu'ils ou elles emploieront dans le commerce au profit de personnes ou de corporations étrangères.

Sec. 2. *Décrètant de plus* : La 12me section de l'Acte précité sera amendée et rééditée dans les termes suivants : Chaque propriété de-

known metes and bounds in which the same may be si
tity uncultivated, and the quantity respectively culti\
rice, corn, wheat and oats, and all other crops.

Affidavit to be taken by the tax payer. SEC. 3. *Be it further enacted, &c.*, That the twent
act be amended and re-enacted so as to read as follow
affirmation shall be in the following words: "I, A. B
(or affirm) that the foregoing list, by me made out ar
correct statement of all the objects of taxation as fi)
movable or immovable, corporeal or incorporeal, bonc
and credits of which I am possessed, either in my ow
tor, tutor, curator, trustee, agent or consignee for oti
assessment list which has been exhibited to me, so li
any person refusing to make such affidavit, on conv
and imprisoned at the discretion of the court.

Duty of Assessor when the proper owner of property is absent and does not appear in time to give in his assessment. SEC. 4. *Be it further enacted, &c.*, That section
said act be amended and re-enacted so as to read a
case the owner or occupant be absent, reside out of
known to the assessor, and does not appear in the pre
list of his or her property, as provided in this act, it
valued by the assessor according to the best of his in
name of any owner of land be unknown he shall en
appropriate column of the assessment roll, giving t
tract or lot, together with an accurate description l
ions of lots, fractions, sections, townships, range or
and bounds in which it may be situated, in the name

Assessment roll to be furnished by the Auditor. SEC. 5. *Be it further enacted, &c.*, That the twen
above entitled act be amended and re-enacted so as
That the Auditor of Public Accounts shall furnish to
parish or assessment district, an assessment roll, in
down, in separate columns, the objects of taxation a
number of acres of land, with an accurate descriptio
in the foregoing section, owned by each individu:
acres cultivated by him in sugar, cotton, rice, corn, v
crops; it shall contain additional columns for sug
rice, corn, wheat, oats and other crops, made by ea
the past year.

Written statement to be furnished Assessors by Presidents, Cashiers, etc., of moneyed or stock corporations. SEC. 6. *Be it further enacted, &c.*, That the thirt
above entitled act be amended and re-enacted so as
That the President, Cashier, Secretary or agent of a
corporation, whether incorporated or not by this Stat
federate States, or by a foreign government, shall, o
day of March in each year, make and deliver to tl
them, of the parish in which such company is liable t
statement, specifying, under oath, first, the real esta
such company, when the same is situated in this State
stock actually paid in and not vested in real estate, to
property owned or held by it, or due to it in this Stat
in personal estate, money, bills of exchange, bonds, i
other evidences of debt; third, the place of its p
where its principal operations are carried on, or in w]
taxed.

Repeal. SEC. 7. *Be it further enacted, &c.*, That the thirt)
above entitled act be, and the same is hereby repeale
SEC. 8. *Be it further enacted, &c.*, That the fifty

vra être évaluée par l'Assesseur de la paroisse dans laquelle elle sera située. Les rôles de taxes indiqueront, par colonnes séparées, la contenance de chaque terre, les subdivisions légales en terrains, fractions ou sections, ainsi que les divisions territoriales, soit *township* soit *rangée*, dans lesquelles ces terres seront situées. Ils devront aussi en indiquer les portions incultes, et lorsqu'elles seront cultivées, le genre de culture à laquelle elles seront affectées, soit coton, canne à sucre, riz, maïs, blé, avoine, etc.

SEC. 3. *Décrètent de plus :* La section 21me dudit acte sera amendée de manière à être ainsi conçue : "Le serment sera comme suit : "Je jure solennellement (ou j'affirme) que la liste précédente dressée et signée par moi, contient un état correct des objets en ma possession, sujets à la taxe, c'est-à-dire tous meubles et immeubles, effets corporels et droits incorporels, bons, lettres de change, billets et titres de créance dont je suis détenteur, soit à titre de propriétaire soit comme exécuteur testamentaire, tuteur, curateur, fiduciaire, agent ou consignataire, conformément au tableau de répartition de l'impôt qui m'a été communiqué. Ainsi que Dieu me soit en aide." Toute personne qui se refusera à à la prestation de ce serment sera passible d'amende ou d'emprisonnement, à la discrétion de la Cour.

SEC. 4. *Décrètent de plus :* La section 23me sera ainsi conçue : Dans le cas où un contribuable (propriétaire ou simple possesseur de biens sujets à la taxe) sera absent, domicilié dans une autre paroisse, ou inconnu, l'Assesseur, faute par ce contribuable de présenter la liste de ses biens dans les délais prescrits, sera tenu de procéder lui-même à leur évaluation. Lorsque le nom du contribuable sera inconnu à l'assesseur, il n'en consignera pas moins sur son rôle l'évaluation qu'il aura faite, suivant la nature des biens évalués, en ayant soin d'indiquer la contenance des terres et les subdivisions légales soit terrains, fractions, sections, *townships, rangées*, ou autres divisions territoriales dans lesquelles elles seront situées; et le propriétaire sera porté sur la liste des contribuables inconnus.

SEC. 5. *Décrètent de plus :* La section 25me sera ainsi amendée : L'Auditeur des Comptes Publics devra transmettre à l'Assesseur de chaque paroisse ou district un tableau de répartition sur lequel seront inscrits par colonnes séparées, les différents objets sujets à la taxe, le nombre d'acres de terre appartenant à chaque contribuable, avec les détails indiqués à la section précédente. Le nombre d'acres affectés par chacun à une culture quelconque, soit coton, canne à sucre, riz, maïs, blé, avoine, etc., devra être également porté sur ce tableau, ainsi que le produit annuel des différentes terres, en sucre, mélasse, coton, riz, maïs, blé, avoine, etc., lequel sera consigné dans une colonne séparée.

SEC. 6. *Décrètent de plus :* La section 31me sera rééditée dans les termes suivants : "Les présidents, caissiers ou agents des associations de banque ou des compagnies d'actionnaires, avec ou sans chartes, d'incorporation sous l'autorité de l'Etat, de la Confédération, ou d'une puissance étrangère, seront tenus de fournir, avant le 1er jour de mars de chaque année, aux Assesseurs des paroisses où ces associations seront sujettes à la taxe, un état dont ils affirmeront l'exactitude sous serment et qui indiquera : 1o. les immeubles appartenant à ces associations, dans l'Etat; 2o. le grand capital reçu dans leurs caisses respectives et non employé en immeubles, ainsi que tous autres biens et droits dans l'Etat dont elles seront propriétaires, à la propriété desquels elles auront de bons titres, soit effets mobiliers, argent, lettres de change, bons, billets, comptes, ou titres de créance; 3o. l'état qu'ils présenteront devra aussi indiquer le lieu du

above entitled act be amended and re-enacted so as to read as follows: That in case any person shall refuse or neglect to pay the taxes assessed against him for thirty days after said notice, it shall be the duty of the collector to seize their goods and personal property, rights and credits, or lands and slaves, and expose the same for sale at public auction after fifteen days' notice given, for cash, or so much thereof as will pay the taxes due by the owner thereof, without the benefit of appraisement, as in case of Sheriffs' sales; *Provided*, The party whose land may be sold under this section shall be entitled to redeem the same within two years after date of the sale, upon paying the taxes and all costs, with twenty-five per cent. interest per annum thereon.

Sale of the property of delinquent tax payers.

Proviso.

SEC. 9. *Be it further enacted, &c.*, That the fifty-sixth section of the above entitled act be amended and re-enacted so as to read as follows: That hereafter no land or lot of ground owned or held by any non-resident or person unknown, assessed for taxes due thereon, shall be exposed to sale by the collector, but the same shall be returned in the manner provided for in the fifty-seventh and fifty-eighth sections of the above entitled act.

Disposition of lands of non resident delinquent tax payers.

SEC. 10. *Be it further enacted, &c.*, That the seventy-fourth section of the above entitled act be amended and re-enacted so as to read as follows: That the collector shall demand payment of all taxes assessed on companies, incorporated or not, from the President, Cashier, Secretary or agents, or other officers of such companies, and if not paid, shall proceed to the collection and payment thereof in the same manner, as in other cases.

Demand for payment of taxes due by companies to be made on the President or other officers of said companies.

SEC. 11. *Be it further enacted, &c.*, That if any person owing any taxes has removed from one parish in this State to another, the Sheriff or collector to whom the taxes are due, shall be authorized to make out the bill and certify to the correctness of the same under oath, and forward it to the Sheriff of the parish to which the said delinquent tax payer has removed, or may have property, whose duty it shall be to proceed to the collection of the bill in the same manner as the State Tax Collectors now proceed against resident delinquent tax payers.

Proceedings to be had against delinquent tax payers who have removed to another parish.

SEC. 12. *Be it further enacted &c.*, That this act take effect from and after its passage.

ADOLPHUS OLIVIER,
Speaker of the House of Representatives.
HENRY M. HYAMS,
Lieutenant Governor and President of the Senate.

Approved January 23d, 1862.

THOS. O. MOORE,
Governor of the State of Louisiana.

A true copy.
PLINY D. HARDY,
Secretary of State.

No. 122.]　　　　　　　AN ACT

* For the relief of W. S. Campbell, Sheriff of the parish of Natchitoches.

Be it enacted by the Senate and House of Representatives of the State of Louisiana, in General Assembly convened, That the Auditor of Public Accounts, be, and he is hereby authorized and required to place to the credit of W. S. Campbell, Sheriff of the parish of Natchitoches, the sum

principal établissement de chaque compagnie ou **association**, ou celui où elles seront sujettes à la taxe.

SEC. 7. *Décrètent de plus :* La section 33me dudit acte est abrogée par ces présentes. <small>Abrogation de la section 33me.</small>

SEC. 8. *Décrètent de plus :* La 55me section sera amendée de manière à être ainsi conçue : Lorsqu'un contribuable négligera de payer sa cote de contribution dans les trente jours qui suivront la demande qui lui en sera faite, il sera du devoir du collecteur de saisir et de vendre au comptant, à l'encan public, après quinze jours d'avis et sans bénéfice d'estimation, les meubles, immeubles, terres, esclaves, droits et créances du retardataire, jusqu'à concurrence du montant de ses taxes. Il est entendu, toutefois, que la partie saisie pourra se faire réintégrer dans la possession de ses biens dans les deux ans qui suivront la vente, à la charge pour elle de rembourser à l'acquéreur le prix de l'adjudication ainsi que les taxes et frais de saisie avec vingt-cinq pour cent d'intérêt par an. <small>Vente des biens des contribuables retardataires.</small>

SEC. 9. *Décrètent de plus :* La 56me section sera ainsi amendée : Les terres ou terrains appartenant à des personnes inconnues ou domiciliées à l'étranger ne seront point vendues par le collecteur pour le paiement de la taxe, mais il sera procédé dans ces cas ainsi qu'il est dit aux termes des sections 57 et 58 de l'acte précité. <small>Comment il sera procédé contre les biens des contribuables domiciliés à l'étranger.</small>

SEC. 10. *Décrètent de plus :* La 7 lme section sera ainsi amendée : Le collecteur s'adressera aux présidents, caissiers, secrétaires, agents ou autres employés des compagnies incorporées et non incorporées, pour le paiement des taxes de ces compagnies, et il aura contre elles, en cas de refus, les mêmes moyens de contrainte que contre tous autres contribuables. <small>Taxes des Compagnies.</small>

SEC. 11. *Décrètent de plus :* Lorsqu'un contribuable aura transféré son domicile d'une paroisse dans une autre paroisse de l'Etat, sans avoir payé ses taxes, le collecteur chargé de leur recouvrement en transmettra un état dont il affirmera l'exactitude sous serment, au shérif de la paroisse dans laquelle le contribuable retardataire aura son domicile ou ses propriétés, et ce fonctionnaire devra procéder contre lui de la même manière que les collecteurs de taxes d'Etat contre les retardataires domiciliés dans leurs circonscriptions respectives. <small>Comment il sera procédé contre les contribuables qui auront changé de domicile.</small>

SEC. 12. *Décrètent de plus :* Cet acte aura force de loi à partir de son adoption.

ADOLPHUS OLIVIER,
Orateur de la Chambre des Représentants.

HENRY M. HYAMS,
Lieutenant-Gouverneur et Président du Sénat.

Approuvé le 23 janvier 1862.

THOMAS O. MOORE,
Gouverneur de l'Etat de la Louisiane.

Pour copie conforme.
P. D. HARDY,
Secrétaire d'Etat.

No. 132] ACTE

Relatif à W. S. Campbell, Shérif de la paroisse de Natchitoches.

Le Sénat et la Chambre des Représentants de l'Etat de la Louisiane, réunis en Assemblée Générale, décrètent : L'Auditeur des comptes publics créditera W. S. Campbell, Shérif de la paroisse de Natchitoches, d'une som-

of two hundred and ten dollars, amount of three licenses lost or mislaid by said Campbell.

ADOLPHUS OLIVIER,
Speaker of the House of Representatives.
HENRY M. HYAMS,
Lieutenant Governor and President of the Senate.

Approved January 23d, 1862.

THOS. O. MOORE,
Governor of the State of Louisiana.

A true copy.
PLINY D. HARDY,
Secretary of State.

No. 123.] AN ACT

To appropriate six thousand two hundred and sixty-nine dollars and forty-six cents to complete certain works now in progress of completion in the Third Swamp Land District.

Appropriation. SECTION 1. *Be it enacted by the Senate and House of Representatives of the State of Louisiana, in General Assembly convened,* That the sum of six thousand two hundred and sixty-nine dollars and forty-six cents, be, and the same is hereby appropriated out of the funds belonging to the Third Swamp Land District, to be paid on the warrant of John Holt and Michael Groghan, according to existing laws, to complete the works contracted for and in course of completion in the parish of Rapides, ordered by act numbered one hundred and eighteen, approved seventeenth day of March, eighteen hundred and fifty-eight.

SEC. 2. *Be it further enacted, &c.,* That this act take effect from and after its passage.

ADOLPHUS OLIVIER,
Speaker of the House of Representatives.
HENRY M. HYAMS,
Lieutenant Governor and President of the Senate.

Approved January 23d, 1862.

THOS. O. MOORE,
Governor of the State of Louisiana.

A true copy.
PLINY D. HARDY,
Secretary of State.

No. 124.] AN ACT

In relation to Shallow Lakes.

Classification. SECTION 1. *Be it enacted by the Senate and House of Representatives of the State of Louisiana, in General Assembly convened,* That all lakes which, by reason of any natural causes whatever, may become dry land over which the surveys of the State may be extended, be, and they are hereby declared to be "swamp lands" of the same character as those granted to the State by the acts of Congress, approved second March, eighteen hundred and forty-nine, and twenty-eighth September, eighteen hundred and fifty.

me de deux cent dix piastres, montant de trois licences perdues ou égarées par lui.

ADOLPHUS OLIVIER,
Orateur de la Chambre des Représentants.
HENRY M. HYAMS,
Lieutenant-Gouverneur et Président du Sénat.

Approuvé le 23 janvier 1862.

THOMAS O. MOORE
Gouverneur de l'Etat de la Louisiane.

Pour copie conforme,
PLINY D. HARDY,
Secrétaire d'Etat.

No. 123.] ACTE

Affectant six mille deux cent soixante-neuf piastres et quarante-six sous au paiement de certains travaux d'endiguement dans le Troisième District des terres marécageuses.

SECTION 1. *Le Sénat et la Chambre des Représentants de l'Etat de la Louisiane, réunis en Assemblée Générale, décrètent :* La somme de six mille deux cent soixante neuf piastres et quarante-six sous est assignée par ces présentes sur le fonds appartenant au Troisième District des Terres marécageuses, à l'effet de faire compléter certains travaux d'endiguement dans la paroisse des Rapides, en vertu de l'Acte No. 118, approuvé le 17 mars 1858. John Holt et Michael Groghan seront autorisés à mandater pour ce montant.

Assignation de $6,269 46.

SEC. 2. *Décrètent de plus :* Le présent Acte entrera en vigueur le jour de son adoption.

ADOLPHUS OLIVIER,
Orateur de la Chambre des Représentants.
HENRY M. HYAMS,
Lieutenant-Gouverneur et Président du Sénat.

Approuvé le 23 janvier 1862.

THOMAS O. MOORE,
Gouverneur de l'Etat de la Louisiane.

Pour copie conforme,
PLINY D. HARDY,

No. 124.] ACTE

Relatif à certains marécages.

SECTION 1. *Le Sénat et la Chambre des Représentants de l'Etat de la Louisiane, réunis en Assemblée Générale, décrètent :* Toutes terres submergées en voie d'exhaussement naturel, sur lesquelles l'Etat pourra par la suite faire faire des relevés, seront à l'avenir classées parmi les terres marécageuses et soumises aux mêmes lois que celles concédées à l'Etat par actes du Congrès Fédéral, adoptés le 2 mars 1849 et le 28 septembre 1850.

Classement

SEC. 2. *Be it further enacted, &c.*, That this act take effect from and after its passage.

ADOLPHUS OLIVIER,
Speaker of the House of Representatives.
HENRY M. HYAMS,
Lieutenant Governor and President of the Senate.

Approved January 23d, 1862.

THOS. O. MOORE,
Governor of the State of Louisiana.

A true copy.
PLINY D. HARDY,
Secretary of State.

No. 125.] AN ACT

To confirm the private Land Claims of the legal representatives of Francis Menard, deceased.

Confirmation of certain claims.

Be it enacted by the Senate and House of Representatives of the State of Louisiana, in General Assembly convened, That the claim of the legal representatives of Francis Menard, deceased, to five hundred arpents of land situated in the parish of West Baton Rouge, constituting sections number seventy-five and seventy-six, township five south, range eleven east, south-eastern district, Louisiana, and reported by the United States Register and Receiver, at New Orleans, dated the first of December, eighteen hundred and thirty-five, be, and the same is hereby confirmed to the legal representatives of Francis Menard, and patent shall be issued therefor as in other cases; provided, that this act shall operate only as a relinquishment on the part of the State of Louisiana, and shall not interfere with adverse valid rights, if such exist.

ADOLPHUS OLIVIER,
Speaker of the House of Representatives.
HENRY M. HYAMS,
Lieutenant Governor and President of the Senate.

Approved January 23d, 1862.

THOS. O. MOORE,
Governor of the State of Louisiana.

A true copy.
PLINY D. HARDY,
Secretary of State.

No. 126.] AN ACT

Providing for the sale of unclaimed runaway slaves.

Sale of fugitive slaves.

SECTION 1. *Be it enacted by the Senate and House of Representatives of the State of Louisiana, in General Assembly convened,* That all runaway slaves, now in the possession of the State, under the provisions of section eighty-five, of act three hundred and eight, approved March fifteenth, eighteen hundred and fifty-five, shall, upon the order of the Governor, be sold for cash, to the highest bidder by the Sheriff of East Baton Rouge, after giving notice for thirty days, accompanied with a fair description, age, height, complexion, etc., of all slaves, together with the time and place of their commitment, and the name of the persons to whom they report themselves to belong, which notice shall be published in the official Journal of the State.

SEC. 2. *Décrètent de plus :* Le présent Acte aura force de loi à partir du jour de son adoption.

ADOLPHUS OLIVIER,
Orateur de la Chambre des Représentants
HENRY M. HYAMS,
Lieutenant-Gouverneur et Président du Sénat.

Approuvé le 23 janvier 1862.

THOMAS O. MOORE,
Gouverneur de l'Etat de la Louisiane.

Pour copie conforme.
PLINY D. HARDY,
Secrétaire d'Etat.

No. 125.]   ACTE

Confirmant les ayants-cause de feu François Ménard, dans la propriété de certaines terres.

Le Sénat et la Chambre des Représentants de l'Etat de la Louisiane, réunis en Assemblée Générale, décrètent : Seront confirmés par patente de l'Etat les droits des ayants-cause de feu François Ménard aux terres suivantes : Cinq cents arpents situés dans la paroisse d'Est-Baton-Rouge, formant les Sections 25me et 76me du 5me Township Sud, dans la 11me Rangée Est, du District Sud-Est de la Louisiane, et indiqués par le Registrateur et le Receveur des Etats-Unis pour la Nouvelle-Orléans, dans leur rapport du 1er décembre 1835. Bien entendu que l'abandon que l'Etat fait de ces droits par ces présentes ne préjudiciera point aux droits que des tiers pourraient par la suite faire valoir.

Confirmation de certains droits

ADOLPHUS OLIVIER,
Orateur de la Chambre des Représentants.
HENRY M. HYAMS,
Lieutenant-Gouverneur et Président du Sénat.

Approuvé le 23 janvier 1862.

THOMAS O. MOORE,
Gouverneur de l'Etat de la Louisiane.

Pour copie conforme,
PLINY D. HARDY,
Secrétaire d'Etat.

No. 126.]   ACTE

Relatif à la vente des esclaves fugitifs non réclamés.

SECTION. 1. *Le Sénat et la Chambre de Représentants de l'Etat de la Louisiane, réunis en Assemblée Générale, décrètent :* Tous les esclaves fugitifs détenus par l'Etat en vertu des dispositions de la 85me section de l'Acte No. 308, approuvé le 15 mars 1855, seront mis en vente sur l'ordre du Gouverneur, et adjugés aux plus offrants enchérisseurs par le Shérif

Vente des esclaves fugitifs

SEC. 2. *Be it further enacted, &c.*, That from and after the promulgation of this act, all runaway slaves, which have been, or may hereafter be, confined twelve months in the State depot, shall be reported to the Governor by the keeper of said depot, and thereupon the Governor shall issue his order for the sale of the same upon the same terms and conditions of those described in the first section of this act. *(After twelve months confinement.)*

SEC. 3. *Be it further enacted, &c.*, That the Sheriff as aforesaid shall make title or titles to the purchaser or purchasers of said slave or slaves, agreeably to the laws now regulating Sheriff's sales, which title or titles shall be good against all claims for said slave or slaves. *(Titles of purchasers.)*

SEC. 4. *Be it further enacted, &c.*, That the proceeds of all sales made under the provisions of this act, after deducting all expenses incurred thereby, shall be paid over to the State Treasurer, to become and used as State funds. *(Use to be made of proceeds.)*

SEC. 5. *Be it further enacted, &c.*, That the owner of any slave or slaves sold under the provisions of this act, or his or her legal representative, shall be entitled to the proceeds of such sales after deducting all expense incurred thereby, to be paid to them by the State Treasurer upon the warrant of the Auditor of Public Accounts; provided, they comply with the provisions of section eighty-seven, of act number three hundred and eight, approved March fifteenth, eighteen hundred and fifty-five, within twelve months from date of sale; and provided, further, that any creditor of the owner of said slave or slaves, having a judicial or conventional mortgage on said slave or slaves, shall have the right at any time, before the proceeds of the sale shall be paid over to the owner or owners of said slaves, to file with the State Treasurer a certified copy of the judgment or other mortgaged act affecting said slave or slaves; and the Treasurer shall not pay over the proceeds of the sale until such mortgage or mortgages shall be cancelled or otherwise satisfied. *(Rights of owners. Rights of third parties — mortgages.)*

SEC. 6. *Be it further enacted, &c.*, That all laws and parts of laws conflicting with the provisions of this act, be, and the same are hereby repealed.

SEC. 7. *Be it further enacted, &c.*, That this act take effect from and after its passage.

ADOLPHUS OLIVIER,
Speaker of the House of Representatives.
HENRY M. HYAMS,
Lieutenant Governor and President of the Senate.

Approved January 23d, 1862.
THOS. O. MOORE,
Governor of the State of Louisiana.

A true copy.
PLINY D. HARDY,
Secretary of State.

No. 127.] AN ACT

Relative to notices of elections to be published in the city of New Orleans.

SECTION 1. *Be it enacted by the Senate and House of Representatives of the State of Louisiana, in General Assembly convened*, That all notices of election, either general or local, to be given in the city of New Orleans, shall be published in French and English, in two newspapers only. *(Notices to be published in two newspapers, etc.)*

d'Est-Baton-Rouge. Il devra être donné avis desdites ventes dans la gazette officielle de l'Etat, pendant trente jours ; l'avis contiendra un signalement exact des esclaves, et indiquera la durée et le lieu de leur incarcération, ainsi que les personnes auxquelles ils déclareront appartenir.

SEC. 2. *Décrètent de plus :* A dater de la promulgation du présent Acte le Gouverneur devra ordonner la vente, aux conditions prescrites à la première section, de tous esclaves fugitifs détenus pendant douze mois au dépôt de l'Etat, et il sera du devoir du gardien dudit dépôt de rapporter au Gouverneur les noms des esclaves détenus pendant ce laps de temps. *Vente des esclaves qui auront été détenus pendant douze mois.*

SEC. 3. *Décrètent de plus :* Le Shérif sera tenu, aux termes des lois relatives aux ventes par les Shérifs, de remettre aux acquéreurs desdits esclaves des titres au moyen desquels ils pourront justifier de leurs acquisitions contre tous tiers-réclamants. *Titres des acquéreurs.*

SEC. 4. *Décrètent de plus :* Les sommes provenant desdites ventes, déduction faite des différents frais, seront versées dans le Trésor, et employées comme fonds de l'Etat. *Emploi des sommes provenant de ces ventes.*

SEC. 5. *Décrètent de plus :* Le Trésorier de l'Etat sera autorisé à payer le prix de l'adjudication à tout propriétaire d'esclaves vendus sous l'autorité de cet Acte, ou à ses ayants-cause, lorsqu'ils justifieront d'un mandat de l'Auditeur et s'offriront à payer les frais de la vente, à la charge pour ledit propriétaire ou ses ayants-cause de se conformer aux dispositions de la 87me section de l'Acte No. 308, approuvé le 15 mars 1855, et ce, dans les douze mois qui suivront l'adjudication ; et lorsqu'un créancier dudit propriétaire ou de ses ayants-cause, ayant une hypothèque légale ou conventionnelle sur lesdits esclaves, déposera à la Trésorerie une copie dûment certifiée du jugement ou autre titre hypothécaire garantissant sa créance, le Trésorier retiendra le prix de la vente jusqu'à radiation ou main-levée de l'hypothèque. *Droits des propriétaires.* *Droits des tiers-créanciers hypothécaires.*

SEC. 6. *Décrètent de plus :* Toutes lois contraires sont par ces présentes abrogées.

SEC. 7. *Décrètent de plus :* Le présent acte sortira son effet à dater de son adoption.

ADOLPHUS OLIVIER,
Orateur de la Chambre des Représentants.
HENRY M. HYAMS,
Lieutenant-Gouverneur et Président du Sénat.

Approuvé le 23 janvier 1862.

THOMAS O. MOORE,
Gouverneur de l'Etat de la Louisiane.

Pour copie conforme,
   PLINY D. HARDY,
      Secrétaire d'Etat.

No. 127.]　　　　　　ACTE

Acte relatif aux avis d'élections à la Nouvelle-Orléans.

SECTION 1. Le Sénat et la Chambre des Représentants de l'Etat de la Louisiane, réunis en Assemblée Générale, décrètent : Tous avis d'élections, soit générales, soit locales, dont la loi exige la publication à la Nouvelle-Orléans seront publiés, à l'avenir, en français et en anglais et dans deux journaux seulement. *Publication des avis d'élections.*

SEC. 2. *Be it further enacted, &c.,* That all acts or portions of acts contrary to the above provision be repealed.

SEC. 3. *Be it further enacted, &c.,* That this act shall take effect from and after its passage.

ADOLPHUS OLIVIER,
Speaker of the House of Representatives.
HENRY M. HYAMS,
Lieutenant Governor and President of the Senate.

Approved January 23d, 1862.

THOS. O. MOORE,
Governor of the State of Louisiana.

A true copy.
PLINY D. HARDY,
Secretary of State.

No. 128.] AN ACT

To provide for the better management of the Institution for the Deaf and Dumb and the Blind.

Board of Administrators of the Louisiana Institution for the Deaf and Dumb and the Blind.

SECTION 1. *Be it enacted by the Senate and House of Representatives, of the State of Louisiana, in General Assembly convened,* That the Governor of the State shall appoint, every two years, by and with the advice and consent of the Senate, three resident citizens of the city of Baton Rouge, who shall manage the Institution for the Deaf and Dumb and the Blind, and be known under the name and style of the Board of Administrators of the Louisiana Institution for the Deaf and Dumb and the Blind.

Place of meeting of the Board, and their annual report.

SEC. 2. *Be it further enacted, &c.,* That the Board of Administrators shall have a room appropriated to their use in the Institution, where they, or a majority of them, shall meet monthly, and as much oftener as they may deem expedient for the transaction of business. They shall keep a correct record of all their proceedings, and make an annual report to the Legislature of the affairs and condition of said Institution

Duties of Board.

SEC. 3. *Be it further enacted, &c.,* That they shall receive and instruct, and support, in the Institution, all the deaf and dumb and blind children of the State, upon such terms and conditions as they may prescribe ; they may also receive deaf and dumb and blind pupils from other States upon such terms as may be provided in the by-laws of the Institution.

Superintendence.

SEC. 4. *Be it further enacted, &c.,* That the Board shall have the general superintendence and control of the Institution, make all by-laws necessary for its management, and adopt such rules and regulations as may be required for the proper government of the pupils.

Appointment of officers.

SEC. 5. *Be it further enacted, &c.,* That the Board shall appoint all the officers and employes in the Institution, and prescribe their duties; but no member of the Board shall be competent to receive any appointment therein, nor shall they or any officer appointed by them be concerned, directly or indirectly, in any contract for or on account of the Institution.

Officers.

SEC. 6. *Be it further enacted, &c.,* That the Board shall elect annually a General Superintendent, who shall be principal teacher; a Treasurer, who shall be Secretary of the Board ; a Physician and a Matron, who shall understand the sign language, and their annual salaries shall be as follows: The Superintendent and principal teacher, two thousand dollars; the

Sec. 2. *Décrètent de plus:* Toutes lois ou parties de lois à ce contraires sont abrogées.

Sec. 3. *Décrètent de plus:* Le présent acte entrera en vigueur le jour de son adoption.

ADOLPHUS OLIVIER,
Orateur de la Chambre des Représentants.

HENRY M. HYAMS,
Lieutenant-Gouverneur et Président du Sénat.

Approuvé le 23 janvier 1862.

THOMAS O. MOORE,
Gouverneur de l'Etat de la Louisiane

Pour copie conforme,
P. D. HARDY,
Secrétaire d'Etat.

No. 128.] ACTE

Relatif à l'administration de l'Hospice des Sourds-Muets et Aveugles.

SECTION 1. *Le Sénat et la Chambre des Représentants de l'Etat de la Louisiane, réunis en Assemblée Générale, décrètent:* Le Gouverneur de l'Etat nommera, tous les deux ans, avec l'avis et le consentement du Sénat, trois citoyens de la ville de Baton-Rouge, lesquels formeront un conseil chargé de la direction de l'hospice, sous le nom et titre de "Bureau des Administrateurs de l'Hospice des Sourds-Muets et Aveugles de la Louisiane." Formation d'un bureau d'administration.

SEC. 2. *Décrètent de plus:* Les Administrateurs ou une majorité d'entre eux, s'assembleront au moins une fois par mois dans un des appartements de l'hospice spécialement affecté à leurs réunions. Ils seront autorisés à convoquer des réunions extraordinaires toutes les fois que la nécessité s'en fera sentir. Ils tiendront un procès-verbal de leurs délibérations et soumettront à la Législature un rapport annuel de leur administration. Réunion des administrateurs.

SEC. 3. *Décrètent de plus:* Ils admettront, entretiendront et feront instruire tous les enfants sourds muets et aveugles de l'Etat aux termes et conditions qu'il leur plaira de prescrire. Les enfants des autres Etats seront admis à l'hospice aux conditions qui pourront être par la suite fixées dans les statuts et règlements de l'Institution. Devoirs des administrateurs.

SEC. 4. *Décrètent de plus:* Les Administrateurs seront chargés de la surveillance et du contrôle de l'hospice; ils devront aussi élaborer des statuts et règlements pour l'administration des affaires de l'hospice et la discipline des élèves. Surveillance de l'Hospice.

SEC. 5. *Décrètent de plus:* Les Administrateurs nommeront aux différents emplois et régleront les fonctions des employés de l'hospice, mais ils seront eux-mêmes exclus de ces emplois, et ne pourront non plus que les employés avoir aucun intérêt, soit direct soit indirect dans les contrats où l'hospice sera intéressé. Nomination aux emplois.

SEC. 6. *Décrètent de plus:* Les Administrateurs éliront, annuellement, un Surintendant-Général qui sera préposé à l'enseignement; un Trésorier qui remplira les fonctions de Secrétaire du Bureau, un Médecin et une Intendante qui connaîtront le langage des signes. Les salaires de ces différents fonctionnaires seront comme suit: Le Surintendant instructeur en Employés.

Physician, three hundred dollars; the Treasurer and Secretary, six hundred dollars; and the Matron, six hundred dollars. The salaries of all other officers and employees shall be determined by the Board, and all salaries shall be paid monthly, on the warrant of the Board.

Powers of Board. SEC. 7. *Be it further enacted, &c.,* That the Board shall have power to make all contracts necessary for or on account of the Institution; to accept any donation or legacy in the name of the same, for its benefit; to sue and be sued, plead and be impleaded, in all actions appertaining to said Institution.

Award of contracts. SEC. 8. *Be it further enacted, &c.,* That for all contracts let out by the Board, they shall cause specifications to be made of the work to be done and the materials to be furnished, and shall advertise one month in a newspaper published in the city of Baton Rouge, for sealed proposals, which shall be opened at a public meeting of the Board by the President, on a day previously fixed, and the contract shall be awarded to the lowest solvent bidder, who shall give bond and security satisfactory to the Board.

Board and employees prohibited from contracting debts. SEC. 9. *Be it further enacted, &c.,* That the Board shall have no power, nor shall they permit any officer of the Institution to contract any debt, or incur any liability for the same, beyond the amount appropriated by the Legislature, and no such debt, contract or liability thus incurred shall be binding on the State, nor shall the State in any manner be liable for the same.

Monthly report. SEC. 10. *Be it further enacted, &c.,* That at each monthly meeting of the Board they shall appoint one of their members, whose duty it shall be to visit the Institution at least once a week, and report to the next monthly meeting the manner in which its affairs have been conducted.

Repeal of conflicting laws. SEC. 11. *Be it further enacted, &c.,* That all acts or parts of acts conflicting with this act, be, and the same are hereby repealed.

SEC. 12. *Be it further enacted, &c.,* That this act take effect from and after its passage.

ADOLPHUS OLIVIER,
Speaker of the House of Representatives.
HENRY M. HYAMS,
Lieutenant Governor and President of the Senate.

Approved January 23d, 1862.
THOS. O. MOORE,
Governor of the State of Louisiana.

A true copy.
PLINY D. HARDY,
Secretary of State.

No. 129.]   AN ACT

To repeal, amend and re-enact the seventh and twenty-six sections of the act approved March twentieth, eighteen hundred and fifty-six, entitled "An act to amend an act entitled an act to consolidate the city of New Orleans, and to provide for the government of the city of New Orleans and the Administration of the affairs thereof;" to specify and provide for the examination and proof of the qualifications of the Mayor, Recorders, Aldermen and Assistant Aldermen of the city of New Orleans, and to declare the officers of the corporation of the city of New Orleans, during a certain time, ineligible to the General Assembly of the State.

Section 7 and 26 amended. *Be it enacted by the Senate and House of Representatives of the State of Louisiana, in General Assembly convened,* That the seventh section of the above entitled act of March twentieth, eighteen hundred and fifty-six, which reads as follows: " Section seventh. Be it further en-

chef, recevra deux mille piastres ; le médecin, trois cents piastres ; le Trésorier et le Secrétaire, six cents piastres ; l'Intendante, six cents piastres. Les Administrateurs fixeront les appointements des autres employés. Tous les salaires seront payés mensuellement sur l'ordre des Administrateurs.

SEC. 7. *Décrètent de plus:* Les Administrateurs pourront, au nom de l'hospice, passer tous contrats, accepter tous legs et toutes donations, ester en justice ; dans tous procès où l'hospice sera plaignant ou défendeur. Pouvoirs des administrateurs.

SEC. 8. *Décrètent de plus:* Tous contrats pour l'exécution de travaux ordonnés par le Bureau devront être adjugés sur soumissions cachetées, après avis publié pendant un mois dans un des journaux de Baton-Rouge. Les Administrateurs dresseront un état détaillé des travaux à exécuter et des matériaux à fournir, et ils adjugeront le contrat au jour fixé et en séance publique, au soumissionnaire dont la proposition semblera la plus avantageuse et qui en même temps fournira un cautionnement suffisant pour garantir sa solvabilité. Le Président décachètera les soumissions. Adjudication des contrats.

SEC. 9. *Décrètent de plus:* Il sera défendu aux Administrateurs et employés de l'hospice de contracter aucunes dettes que ne suffiront pas à payer les fonds alloués par la Législature ; les dettes et obligations contractées en violation de cette défense ne seront point reconnues par l'État. Défense de contracter certaines dettes.

SEC. 10. *Décrètent de plus:* A chaque réunion mensuelle des Administrateurs il sera désigné un membre du bureau, lequel devra visiter l'hospice une fois par semaine, et consigner le résultat de ses observations dans un rapport qu'il soumettra au bureau à sa prochaine séance régulière (mensuelle) Rapports mensuels.

SEC. 11. *Décrètent de plus:* Toutes lois à ce contraires sont par ces présentes abrogées. Abrogation de lois contraires au présent acte.

SEC. 12. *Décrètent de plus:* Le présent acte sortira son effet le jour de son adoption.

ADOLPHUS OLIVIER,
Orateur de la Chambre des Représentants.
HENRY M. HYAMS,
Lieutenant-Gouverneur et Président du Sénat.

Approuvé le 23 janvier 1862.

THOMAS O. MOORE,
Gouverneur de l'État de la Louisiane.

Pour copie conforme,
P. D. HARDY,
Secrétaire d'État.

No. 129.] ACTE

A l'effet d'abroger, amender et réédicter les sections 7 et 26 d'un acte approuvé le 20 mars 1856 intitulé : "Acte amendant un acte relatif à la consolidation de la ville de la Nouvelle-Orléans, au gouvernement de ladite ville et à l'administration de ses affaires." L'acte susdit prescrit aussi les conditions d'éligibilité dont devront justifier le Maire, les Recorders, les Aldermen et Aldermen suppléants de la Nlle-Orléans, et exclut de l'Assemblée-Générale de l'État tous les officiers municipaux de ladite corporation, pendant une période déterminée.

Le Sénat et la Chambre des Représentants de l'État de la Louisiane, réunis en Assemblée Générale, décrètent: La section 7 de l'Acte du 20 mars 1856, dont la teneur est comme suit : "Les Maire, Recorders, Aldermen et Aldermen suppléants devront réunir les mêmes conditions d'éligibilité que Amendement des sections 7 et 26 de la loi du 20 mars 1856.

acted, etc., That the qualifications of the Mayor, Recorders, Aldermen and Assistant Aldermen shall be the same as are required for members of the House of Representatives of the General Assembly of the State, and said officers shall have attained the age of thirty years, and shall have been citizens of the State for ten years, and for five years resident of the city of New Orleans, and, with the exception of the Recorders, shall be the owners of assessed taxable property to the amount of three thousand dollars, in in the city of New Orleans;" and the following portion only of the twenty-sixth section of the same act, which reads as follows: "Be at least thirty years of age, ten years a resident of the city, and shall have the qualifications required for the members of the House of Representatives of the State, he shall"—be, and the same are hereby repealed; and that hereafter the qualifications of the Mayor, Recorders, Aldermen and Assistant Aldermen shall be as follows, to-wit: "Only such citizens shall be eligible to said offices as at the time of their election, shall have attained the age of thirty years complete, shall have been citizens of the State for ten years, and for five years residents of the city of New Orleans, and moreover possess in their own right, real estate and slaves within the city of New Orleans of the value, according to the tax list, which shall have been made last proceeding the election, of five thousand dollars, except so far as applicable to the Recorders, and that they shall be the owners of said property one year previous to their election to office, of the said real estate satisfactory legal proof shall be made to the Attorney General of the State, or, in case of the inability of that officer to act, to the District Attorney of the District in which the city of New Orleans is situated, and the official certificate of the officer receiving such proof, that the citizens claiming to be elected possess such property as is required by this act, shall be furnished by each officer elect before he shall be admitted to take the oath of office and enter upon the discharge of his official duties."

ADOLPHUS OLIVIER,
Speaker of the House of Representatives.
HENRY M. HYAMS,
Lieutenant Governor and President of the Senate.
Approved January 23d, 1862.
THOMAS O. MOORE,
Governor of the State of Louisiana.

A true copy.
PLINY D. HARDY,
Secretary of State.

No. 130.] AN ACT
Relative to Patrols.

Fines and imprisonment for failure to attend.

SECTION 1. Be it enacted by the Senate and House of Representatives of the State of Louisiana, in General Assembly convened, That the Police Juries of the several parishes and municipal corporations throughout the State, except the city of New Orleans, be, and they are hereby empowered to prescribe a fine not exceeding ten dollars, or in lieu thereof, imprisonment in the parish prison, not exceeding twenty-four hours for each and every failure without good excuse, to perform patrol duty; said penalty to be inflicted by any Justice of the Peace, in and for the parish in which the offender resides, on the information of the Chief or Captain of Patrol in and for the particular district in which the offense was committed.

SEC. 2. Be it further enacted, &c., That any Chief or Captain of Pa-

les membres de la Chambre des Représentants de l'Assemblée-Générale de l'Etat, et nul ne sera élu auxdites fonctions s'il n'a trente ans accomplis, et s'il n'a joui pendant dix ans du titre de citoyen louisianais ; lesdits fonctionnaires devront aussi justifier d'une résidence de cinq ans dans la ville, et chacun d'eux, les Recorders exceptés, devra être propriétaire, dans les limites de la corporation, d'une valeur de trois mille piastres en biens imposables," et le passage suivant de la section 26 du même Acte : "Il devra avoir trente ans accomplis et sera choisi parmi ceux qui auront habité la Nouvelle-Orléans pendant dix ans. Enfin, il devra réunir les mêmes conditions d'éligibilité que les membres de la Chambre des Représentants de l'Etat,"—sont et demeurent amendés de manière à être ainsi conçus : "Les personnes suivantes seront seules éligibles aux fonctions de Maire, de Recorder, d'Alderman ou d'Alderman-adjoint : Toute personne âgée de trente ans accomplis qui aura joui pendant dix ans de la qualité de citoyen de l'Etat et aura résidé dans la ville pendant cinq ans ; et nul, les Recorders exceptés, ne sera admis à remplir lesdites fonctions, s'il n'a été porté sur le dernier rôle des contributions comme propriétaire, d'une valeur de cinq mille piastres, en esclaves ou biens-fonds imposables dans les limites de la corporation. Lesdits fonctionnaires devront établir devant l'Avocat-Général ou l'Avocat de District de la Nouvelle-Orléans qu'ils ont joui desdits biens à titre de propriétaires, pendant les douze mois qui auront précédé l'élection, et ils ne seront admis à prêter le serment d'office et à exercer leurs fonctions qu'après avoir obtenu un certificat à cet effet de l'Avocat Général ou de l'Avocat de District.

ADOLPHUS OLIVIER,
Orateur de la Chambre des Représentants.

HENRY M. HYAMS,
Lieutenant-Gouverneur et Président du Sénat.

Approuvé le 23 janvier 1862.

THOMAS O. MOORE,
Gouverneur de l'Etat de la Louisiane.

Pour copie conforme,
   PLINY D. HARDY,
      Secrétaire d'Etat.

No. 130.] ACTE

Relatif au service des Patrouilles.

SECTION 1. *Le Sénat et la Chambre des Représentants de l'Etat de la Louisiane, réunis en Assemblée Générale, décrètent :* Les jurys de police des différentes paroisses et corporations municipales de l'Etat, excepté la Nouvelle-Orléans, seront autorisés à statuer une amende qui ne devra pas excéder dix piastres, et un emprisonnement dans la geole de la paroisse qui n'excèdera pas vingt-quatre heures, pour tous manquements sans excuse valable au service de la patrouille. Les différents juges-de-paix de chaque paroisse pourront connaitre de ces manquements et appliquer les peines arrêtées par les jurys de police, sur le rapport du chef de patrouille de la circonscription dans laquelle le manquement aura lieu. *[Manquements; Pénalités.]*

SEC. 2. *Décrètent de plus :* Tout chef de patrouille qui négligera de faire son rapport sera passible des peines dont il est parlé à la précédente section, et ce, sur le rapport de toute personne résidant dans sa circonscription. *[Rapports que devront faire les chefs de patrouilles.]*

Penalty for failure to report. trol neglecting to lay information of any violation of this act, in the manner prescribed in the foregoing section, shall be liable to the penalties mentioned in said section, to be recovered in like manner on the information of any person residing in his beat or district.

SEC. 3. *Be it further enacted, &c.,* That this act shall take effect from and after its passage.

ADOLPHUS OLIVIER,
Speaker of the House of Representatives.
HENRY M. HYAMS,
Lieutenant Governor and President of the Senate.

Approved January 23d, 1862.

THOS. O. MOORE,
Governor of the State of Louisiana.

A true copy.
PLINY D. HARDY,
Secretary of State.

No. 131.] AN ACT

Making appropriations for the General Expenses of the State for the year ending the thirty-first day of March, eighteen hundred and sixty-three, and to pay certain debts.

Sums appropriated for the expenses of the fiscal year commencing 1st of April, 1862, and ending on the 31st of March, 1863. SECTION 1. *Be it enacted by the Senate and House of Representatives of the State of Louisiana, in General Assembly convened,* That the following sums be, and they are hereby appropriated for the following purposes, for the fiscal year commencing on the first day of April, eighteen hundred and sixty-two, and ending on the thirty-first day of March, eighteen hundred and sixty-three :

For the salary of the Governor, under act number three hundred and nine, of eighteen hundred and fifty-five, four thousand dollars.

For the salary of the Secretary of State, under act number two hundred and seventy-three, of eighteen hundred and fifty-five, two thousand dollars.

For the salary of the State Treasurer, under act number three hundred and twenty-five, of eighteen hundred and fifty-five, twenty-five hundred dollars.

For the salary of the Auditor of Public Accounts, under act number one hundred and nineteen, of eighteen hundred and fifty-five, four thousand dollars.

For the salary of the Clerk of the Secretary of State's office, appropriation bill, one thousand dollars.

For the salary of the Attorney General, under act number six of eighteen hundred and fifty-five, thirty-five hundred dollars.

For the salary of the Clerk of the First District Court, New Orleans, under act number fifty-eight, of eighteen hundred and fifty-five, six thousand dollars.

For the salary of the State Librarian, under act number three hundred and twenty-nine, of eighteen hundred and fifty-five, twelve hundred dollars.

For the salary of the Superintendent of Public Education, twenty five hundred dollars.

For the salary of the Governor's Messenger, appropriation bill, three hundred and sixty dollars.

SEC. 3. *Décrètent de plus :* Le présent Acte entrera en vigueur le jour de son adoption.

ADOLPHUS OLIVIER,
Orateur de la Chambre des Représentants.
HENRY M. HYAMS,
Lieutenant-Gouverneur et Président du Sénat.

Approuvé le 23 janvier 1862.

THOMAS O. MOORE,
Gouverneur de l'Etat de la Louisiane.

Pour copie conforme,
  PLINY D. HARDY,
   Secrétaire d'Etat.

No. 131.]   ACTE

Faisant des assignations de fonds pour les Dépenses Générales de l'Etat pendant l'année finissant le trente-un-mars mil huit cent soixante-trois et pour la liquidation de certaines dettes.

SECTION 1. *Le Sénat et la Chambre des Représentants de l'Etat de la Louisiane, réunis en Assemblée Générale, décrètent :* Les sommes suivantes seront et sont par ces présentes affectées aux fins suivantes pour l'année fiscale commençant le premier avril mil huit cent soixante-deux, et finissant le trente et un mars mil huit cent soixante-trois.

Sommes appropriées pour les dépenses de l'Etat pour l'année fiscale commençant le premier jour d'avril 1862 et finissant le trente et un mars 1863.

Pour le salaire du Gouverneur, Acte numéro trois cent neuf de dix-huit cent cinquante-cinq, quatre mille piastres.

Pour le salaire du Secrétaire d'Etat, Acte numéro deux cent soixante-treize de dix-huit cent cinquante-cinq, deux mille piastres.

Pour le salaire du Trésorier d'Etat, Acte numéro trois cent vingt-cinq de dix-huit cent cinquante-cinq, deux mille cinq cents piastres.

Pour le salaire de l'Auditeur des comptes publics, Acte numéro cent-dix-neuf de dix-huit cent cinquante-cinq, quatre mille piastres.

Pour le salaire du Commis du Secrétariat d'Etat, bill des allocations, mille piastres.

Pour le salaire de l'Avocat-Général, Acte numéro six de dix-huit cent cinquante-cinq, trois mille cents piastres.

Pour le salaire du Greffier de la Première Cour de District, séante à la Nouvelle-Orléans, Acte numéro cinquante-huit de dix-huit cent cinquante-cinq, six mille piastres.

Pour le salaire du Bibliothécaire d'Etat, Acte numéro trois cent vingt-neuf de dix-huit cent cinquante-cinq, douze cents piastres.

Pour le salaire du Surintendant de l'éducation publique, deux mille cinq cents piastres.

Pour le salaire du Messager du Gouverneur, bill des allocations, trois cent soixante piastres.

Pour le salaire du Secrétaire particulier du Gouverneur, bill des allocations, douze cents piastres.

For the salary of the Governor's Private Secretary, appropriation bill, twelve hundred dollars.

For the salary of the Receiver of the Land Office at Baton Rouge, under act number two hundred and sixty-seven, of eighteen hundred and sixty-one, two thousand dollars.

For the salary of the Commissioner of the General Land Office, Baton Rouge, and the contingent expenses of his office, expense of procuring tract books and transcripts thereof in the five district offices, and for the salaries, commissions, mileage, etc., of the Registers and Receivers of the district offices, and contingent expenses, under act number two hundred sixty seven, of eighteen hundred and sixty-one, fifty thousand dollars.

For the salary of the State Engineer, under act number two hundred and sixty-one, of eighteen hundred and sixty-one, twenty-five hundred dollars.

For the salary of the Watchman at the State House, appropriation bill, six hundred dollars.

For the salary of the Sergeant-at-Arms of the House of Representatives, under act number three hundred and twenty-six, of eighteen hundred and fifty-five, twelve hundred dollars.

For the salary of the Sergeant-at-Arms of the Senate, under act number three hundred and twenty-six, of eighteen hundred and fifty-five, one thousand dollars.

For the salary of the Judges of the Supreme Court, under act number two hundred and fifty-four, of eighteen hundred and fifty-five, twenty-five thousand dollars.

For the salaries of the Judges of the District Courts, under act number one hundred and seventy-five, of eighteen hundred and sixty, seventy-eight thousand dollars.

For the salaries of the District Attorneys, under act number three hundred and three, of eighteen hundred and fifty-five, sixteen thousand one hundred dollars.

For the salary of the Reporter of the Supreme Court, under act number two hundred and forty-four, of eighteen hundred and fifty-five, twenty-five hundred dollars.

For the salary of the Chief Clerk of the Auditor's office, appropriation bill, two thousand dollars.

For the salary of the Chief Clerk of the Treasurer's office, under act number three hundred and twenty-five, of eighteen hundred and fifty-five, two thousand dollars.

For the salary of the Assistant Clerk of the Auditor's Office, appropriation bill, twelve hundred dollars.

For the salary of the keeper of State Arsenal, appropriation bill, one thousand dollars.

For the salary of the Adjutant and Inspector General, appropriation bill, three thousand dollars.

For the salary of the Interpreter of the First District Court of New Orleans, under act number fifty-one, of eighteen hundred and sixty, one thousand dollars.

For the salary of the Public Gardener, appropriation bill, eight hundred and forty dollars.

For the salary of the Superintendent of the State Seminary of Learning, as Ordnance Office, under act number two hundred and two, of eighteen hundred and sixty, five hundred dollars.

For the salary of the Armorer, under third section of act number

Pour le salaire du Receveur du Bureau des terres à Baton-Rouge, Acte numéro deux cent soixante-sept de dix-huit cent soixante et un, deux mille piastres.

Pour le salaire du Commissaire du Bureau Général des terres à Baton-Rouge et frais casuels de son bureau, achat du registres descriptifs des ventes, frais de copie desdits registres pour l'usage des cinq bureaux de districts ; et pour salaire, commissions, frais de route, etc., des Registers et Receveurs des bureaux de Districts et leurs dépenses casuelles, Acte numéro deux cent soixante-sept de dix-huit cent soixante et un, cinquante mille piastres.

Pour le salaire de l'Ingénieur d'Etat, Acte numéro deux cent soixante et un de dix-huit cent soixante et un, deux mille cinq cents piastres.

Pour le salaire du Garde de la Maison d'Etat, bill des allocations, six cents piastres.

Pour le salaire du Sergent-d'Armes de la Chambre des Représentants, Acte numéro trois cent vingt-six de dix-huit cent cinquate-cinq, douze cents piastres.

Pour le salaire du Sergent-d'Armes du Sénat, Acte numéro trois cent vingt-six de dix-huit cent cinquante-cinq, mille piastres.

Pour le salaire des Juges de la Cour Suprême, Acte numéro deux cent cinquante quatre de dix-huit cent cinquante-cinq, vingt-cinq mille piastres.

Pour le salaire des Juges des Cours de Districts, Acte numéro cent soixante-quinze-quinze de dix-huit cent soixante, soixante dix-huit mille piastres.

Pour le salaire des Avocats de District, Acte numéro trois cent trois de dix-huit cent cinquante-cinq, seize mille cent piastres.

Pour le salaire du Rapporteur de la Cour Suprême, Acte numéro deux cent quarante-quatre de dix-huit cent cinquante-cinq, deux mille cinq cents piastres.

Pour le salaire du Commis en Chef du Bureau de l'Auditeur, bill des allocations, deux mille piastres.

Pour le salaire du Commis en chef du Bureau du Trésorier, Acte numéro trois cent vingt cinq de dix-huit cent-cinquante-cinq, deux mille piastres.

Pour le salaire de l'Aide-Commis du Bureau de l'Auditeur, bill des allocations, douze cents piastres.

Pour le salaire du Gardien de l'Arsenal d'Etat, bill des allocations, mille piastres.

Pour le salaire de l'Adjudant et Inspecteur-Général, bill des allocations, trois mille piastres.

Pour le salaire de l'Intepréte de la Première Cour de District de la Nouvelle Orléans, Acte cinquante et un de dix-huit cent soixante, mille piastres.

Pour le salaire du Jardinier Public, bill des allocations, huit cent quarante piastres.

Pour le salaire du Surintendant de l'École Scientifique et militaire comme officier d'ordonnance, Acte numéro deux cent deux de dix-huit cent soixante, cinq cents piastres.

Pour le salaire de l'Armurier, section trois de l'Acte deux cent deux de dix-huit cent soixante, quatre cent quatre-vingts piastres.

Pour le salaire du Secrétaire du Bureau de Circulation, Acte numéro deux cent de dix huit cent soixante, cinq cents piastres.

Pour frais des lois de mil huit cent soixante-deux, pour la pro-

two hundred and two, of eighteen hundred and sixty, four hundred and eighty dollars.

For the salary of the Secretary of the Board of Currency, under act number two hundred and twenty-three, of eighteen hundred and sixty, five hundred dollars.

For copying the Laws of eighteen hundred and sixty two, for promulgation, to be drawn by the Secretary of State when the work is completed, six hundred dollars.

For the contingent expenses of the Executive, appropriation bill of each year, five thousand dollars.

For the contingent expenses of the State Treasurer, appropriation bill of each year, three hundred and fifty dollars.

For the contingent expenses of the Auditor's office, appropriation bill of each year, one thousand dollars.

For the contingent expenses of the Secretary of State's office, appropriation bill of each year, three hundred dollars.

For the contingent expenses of the State Superintendent of Public Education, appropriation bill of each year, two hundred dollars.

For the contingent expenses of the Supreme Court, appropriation bill of each year, fifteen hundred dollars.

For the contingent expenses of the State Library, appropriation bill of each year, twelve hundred dollars.

Commissions to Tax Collectors, out of General Funds, Current School Fund, and Internal Improvement Tax Fund, section sixty-six, of act number three hundred and forty-six of eighteen hundred and fifty-five, seventy-five thousand dollars.

Compensation to Assessors, out of General Funds, Current School Fund, and Internal Improvement Tax Fund, and for arrearages of one thousand eight hundred and sixty-one, under act number three hundred and forty-six, of eighteen hundred and fifty-five, sixty thousand dollars.

Deduction to Collectors of Taxes, out of General Funds, Current School Fund, and Internal Improvement Tax Fund, section sixty-seven, of act number three hundred and forty-six, of eighteen hundred and fifty-five, eighty-five thousand dollars.

Interest on bonds to New Orleans and Nashville Railroad Company, twenty-eight thousand nine hundred and eighty dollars.

Interest on bonds to Charity Hospital, six thousand two hundred and fifty dollars.

Interest on bonds to Mexican Gulf Railroad Company, six thousand dollars.

Interest on bonds for the relief of the State Treasury, forty-five thousand dollars.

Interest on bonds to New Orleans, Jackson and Great Northern Railroad Company, fifty seven thousand three hundred dollars.

Interest on bonds to the New Orleans, Opelousas and Great Western Railroad Company, forty thousand two hundred and sixty dollars.

Interest on bonds to Vicksburg, Shreveport and Texas Railroad Company, twenty-three thousand five hundred and eighty dollars.

Interest on bonds to Baton Rouge, Grosse Tete and Opelousas Railroad Company, five thousand three hundred and forty dollars.

Interest on bonds to be issued to the Louisiana Central Stem of the Mississippi and Pacific Railroad Company, two thousand three hundred and forty dollars.

mulgation, à tirer par le Secrétaire d'Etat quand l'ouvrage est terminé, six cents piastres.

Pour frais casuels de l'Exécutif, bill des allocations de chaque année, cinq mille piastres.

Pour frais casuels du Trésorier d'Etat, bill des allocations de chaque année, trois cent cinquante piastres.

Pour frais casuels du Bureau de l'Auditeur, bill des allocations de chaque année, mille piastres.

Pour frais casuels du Bureau du Secrétaire d'Etat, bill des allocations de chaque année, trois cents piastres.

Pour frais casuels de la Surintendance Générale de l'éducation publique, bill des allocations de chaque année, deux cents piastres.

Pour frais casuels de la Cour Suprême, bill des allocations de chaque année, quinze cents piastres.

Pour frais casuels de la Bibliothèque d'Etat, bill des allocations de chaque année, douze cents piastres.

Commissions allouées aux Collecteurs de taxes sur le fonds général, le fonds courant des écoles et le fonds provenant de la taxe pour travaux publics, section soixante-six, de l'Acte numéro trois cent-quarante-six de dix-huit cent cinquante-cinq, soixante-quinze mille piastres.

Rémunérations allouées aux Assesseurs sur le fonds-général, le fonds courant des écoles et le fonds provenant de la taxe pour travaux publics, et pour arrérages de l'année mil huit cent soixante et un, Acte numéro trois cent quarante-six de dix huit cent cinquante-cinq, soixante mille piastres.

Déductions faites aux Collecteurs de taxes, à prélever sur le fonds général, le fonds courant des écoles et le fonds provenant de la taxe pour travaux publics, section soixante-sept de l'Acte numéro trois cent quarante-six de dix-huit cent cinquante-cinq, quatre-vingt-cinq mille piastres.

Intérêts sur bons émis en faveur de la Compagnie du chemin de fer de la Nouvelle-Orléans à Nashville, vingt huit mille neuf cent quatre-vingt-huit piastres.

Intérêts sur bons émis pour l'Hôpital de la Charité, six mille deux cent cinquante piastres.

Intérêts sur bons émis en faveur de la Compagnie du chemin de fer du Golfe du Mexique, six mille piastres.

Intérêts sur bons émis pour l'assistance du Trésor de l'Etat, quarante-cinq mille piastres.

Intérêts sur bons émis en faveur de la Compagnie du chemin de fer Grand-Nord, de la Nouvelle-Orléans à Jackson, cinquante-sept mille trois cents piastres.

Intérêts sur bons émis en faveur de la Compagnie du chemin de fer Grand Ouest de la Nouvelle-Orléans à Opelousas, quarante mille deux cent soixante piastres.

Intérêts sur bons émis en faveur de la Compagnie du chemin de fer de Vicksburg, Shreveport et Texas, vingt-trois mille cinq cent quatre-vingts piastres.

Intérêts sur bons émis en faveur de la Compagnie du chemin de fer de Baton-Rouge, Grosse-Tête et Opelousas, cinq mille trois cent quarante piastres.

Intérêts sur bons à émettre en faveur de l'embranchement central Louisianais de la Compagnie du chemin de fer du Mississippi au Pacifique, deux mille trois cent quarante piastres.

Intérêts sur bons émis en faveur du fonds collégial, huit mille cent soixante piastres.

Interest on bonds issued to the Free School Fund, thirty-one thousand seven hundred and forty dollars.

Interest on bonds issued to the Seminary Fund, eight thousand one hundred and sixty dollars.

Payment of the interest due to the various Townships of the State on the sales of school lands and sixteenth sections, section fourth of act number two hundred, of eighteen hundred and fifty-eight, forty thousand dollars.

For publishing decisions of the Supreme Court, section seven of act number two hundred and forty-four, of eighteen hundred and fifty-five, five thousand dollars.

Payment to owners of slaves convicted of crimes under act number three hundred and eight, of eighteen hundred and fifty-five, fifteen thousand dollars.

Printing and advertising under acts number two hundred and forty-four of eighteen hundred and fifty-five and one hundred and four and one hundred and seventeen, of eighteen hundred and fifty six, twenty thousand dollars.

Payment of the expenses for keeping runaway slaves in the different jails, and conveying them to the depot at Baton Rouge, and for payment of expenses in said depot, act number one hundred and eighty-one, of eighteen hundred and fifty-five, two thousand dollars.

Payment of the interest due by General Funds to the Current School Fund, the same being the interest on the United States Deposit Fund for the year ending thirty-first December, eighteen hundred and sixty-two, under act number two hundred, of eighteen hundred and fifty-seven, twenty-eight thousand seven hundred and ninety-five dollars and fourteen cents.

Pensions for life, one thousand dollars.

Reimbursement of moneys for school lands erroneously sold, or paid for out of the Free School Fund, section twelve of act number three hundrd and sixteen, of eighteen hundred and fifty-five, six thousand dollars.

Reimbursement of moneys for swamp lands erroneously sold, or paid for out of the Levee and Drainage Fund, ten thousand dollars.

Reimbursement of moneys for internal improvement lands erroneously sold, or paid for out of the Internal Improvement Fund, ten thousand dollars.

For the support of free public schools out of the Current School Fund, four hundred and eighty-five thousand dollars.

To the Charity Hospital, forty-five thousand and eighty-eight dollars and forty-nine cents, to pay the following debts, the same to be paid to the hereinafter named creditors, upon the order of the chairman of the Finance Committee of the Board of Administrators of said Institution, as follows, to-wit:

A. Wagner, for meat, six thousand four hundred and forty-eight dollars and one cent.

Molony & Bro., fourteen hundred and fifty-one dollars and sixteen cents.

R. W. Adams & Co., for groceries, seven hundred and three dollars and twenty-one cents.

L. A. Garidel, Jr., & Co., for bread, nine thousand two hundred and twenty-nine dollars and forty-nine cents.

E. J. Hart & Co., for drugs, seven thousand and seventeen dollars and thirty-five cents.

A. W. Bosworth & Co., for ice, five hundred and eighty-nine dollars and seventy-five cents.

Carson & Armstrong, for stationery, two hundred and two dollars.

Paiement de l'intérêt dû aux différents townships de l'Etat sur les ventes de terres scolaires de seizièmes sections, section quatre de l'Acte numéro deux cents, de dix-huit cent cinquante-huit, quarante mille piastres.

Pour publication des Arrêts de la Cour Suprême, Acte numéro deux cent quarante-quatre de dix-huit cent cinquante-cinq, cinq mille piastres.

Remboursements faits aux propriétaires d'esclaves condamnés pour crimes, Acte numéro trois cent huit de dix-huit cent cinquante-cinq, quinze mille piastres.

Impressions et publications, Acte numéro deux cent quarante-quatre de dix-huit cent cinquante-cinq et cent quatre et cent dix-sept de dix-huit cent cinquante-six, vingt mille piastres.

Remboursements de frais de détention d'esclaves marrons dans les différentes geôles et de transport desdits esclaves au dépôt de Bâton Rouge, et remboursement de frais encourus audit Dépôt, acte numéro cent quatre-vingt-un de dix-huit cent cinquante cinq, deux mille piastres.

Paiement de l'intérêt dû par le fonds général au fonds courant scolaire, représentant l'intérêt sur le fonds de dépôt des Etats-Unis, pour l'année finissant le trente-un décembre dix-huit cent soixante-deux, Acte numéro deux cents, de dix-huit cent cinquante-sept, vingt-huit mille sept cent quatre-vingt-quinze piastres et quatorze cents.

Pensions à vie, mille piastres.

Remboursement du prix des de terres scolaires vendues par erreur, ou déjà prélevés sur le fonds scolaire libre, section douze de l'Acte numéro trois cent seize de dix-huit cent cinquante-cinq, six mille piastres.

Remboursement du prix de terres marécageuses vendues par erreur ou déjà prélevées sur le fonds affecté aux levées et au dessèchement, dix mille piastres.

Remboursements de prix de terres affectées aux travaux publics et vendues par erreur, ou déjà prélevés sur le fonds affecté aux travaux publics, dix mille piastres.

Pour l'assistance des Ecoles Publiques libres, à prélever sur le fonds courant scolaire, quatre cent quatre-vingt-cinq mille piastres.

A l'Hôpital de la Charité, quarante-cinq mille quatre-vingt-huit piastres et quarante neuf cents, à l'effet de solder les créanciers ci-après nommés, sur l'ordre du Chairman du Comité des finances du Conseil d'Administration de ladite institution ; savoir :

A. Wagner, pour viande, six mille quatre cent quarante-huit piastres et un cent.

Molony et frères, quatorze cent cinquante-une piastres et seize cents.

R. W. Adams & Cie., pour épiceries, sept cent trois piastres et vingt un cents.

L. A. Garidel Jr. & Cie. pour pain, neuf mille deux cent vingt-neuf piastres et quarante-neuf cents.

E. J. Hart & Cie., pour drogues, sept mille dix-sept piastres et trente-cinq cents.

A. W. Bosworth & Cie., pour glace, cinq cent quatre-vingt-neuf piastres et soixante-quinze cents.

Carson & Armstrong, pour papeterie, deux cent deux piastres.

J. H. Keller, pour savon, six cents piastres et trente cents.

Massey & Hurton, pour bière et porter, dix-sept cent douze piastres.

Gallier & Esterbrook, pour les nouvelles bâtisses, dix mille trois cent trente-trois piastres et trente-trois cents.

John Desponny, pour pommes-de-terres, quatre-vingt-douze piastres et soixante-quinze cents.

J. H. Keller, for soap, six hundred dollars and thirty cents.
Massey & Hurton, for ale and porter, seventeen hundred and twelve dollars.
Gallier & Esterbrook, for new buildings, ten thousand three hundred and thirty-three dollars and thirty-three cents.
John Despouny, for potatoes, ninety-two dollars and seventy-five cents.
P. Choppin, for milk, thirty-eight hundred and thirty-one dollars and forty-four cents.
E. Reilly & Co., for dry goods, seventeen hundred and ninety-one dollars and seventy-four cents.
Fasnacht Bros., for ale, eighty-eight dollars.
A. Brousseau & Co., for carpeting, twenty-four dollars and fifty cents.
Clark & Brisbin, for printing, twenty-one dollars and fifty cents.
C. H. Crating, for lumber, four hundred and two dollars.
Ross & Co., for groceries, five hundred and fifty dollars.
For the support of the Charity Hospital, the sum of fifty thousand dollars, to be accounted for to the General Assembly by vouchers.
For the support of the Insane Asylum at Jackson, payable quarterly in advance, said sum to be accounted for to the General Assembly by vouchers, thirty thousand dollars.
For the support of the Institution for the Deaf and Dumb and Blind at Baton Rouge, to be paid quarterly in advance, to be accounted for by vouchers to the General Assembly, twenty-two thousand dollars.
Distribution of books by the State Librarian, seven hundred and fifty dollars.
Investment of the interest accrued on the bonds held by, and belonging to the Redemption of State Debt Fund, under act number one hundred and eighty-three, of eighteen hundred and fifty-seven, fifteen thousand dollars.
Appropriation to Recorders, who record lists of forfeited lands for the non-payment of State taxes, under act number three hundred and forty-six, of eighteen hundred and fifty-five, one thousand dollars
Appropriation to the Recorder of Conveyances for the city of New Orleans, for the one-third cost of certificates furnished Board of Assessors of said city, one thousand dollars.
Appropriation to provide for the payment of the corrections of the State tax rolls in the city of New Orleans, under act number two hundred and ninety-seven of eighteen hundred and fifty-eight, fourteen hundred dollars.
Appropriation to the Seminary of Learning, being the interest to the credit of the Seminary Fund on the first of January, eighteen hundred and sixty-two, eight thousand two hundred and twenty dollars.
Appropriation to the State Seminary of Learning, for tuition of cadets, section ten of act number ninety-eight, of eighteen hundred and sixty, fifteen thousand dollars.
For expenses of the Board of Supervisors of the State Seminary of Learning and Military Academy, for the year one thousand eight hundred and sixty-three, four hundred dollars.
Appropriation to John W. Willis, late Receiver of the Land Office at Winnsboro', for arrearages due him, four hundred dollars.
Appropriation for military and war purposes, and to pay the debts contracted by the Governor for same purposes during the recess of the Legislature, out of the military fund, two million of dollars, to be drawn on the warrant of the Auditor upon orders signed by the Governor of the State, for such sums and at such times as he, the said Governor, may

P. Choppin, pour lait, trois mille huit cent trente et une piastres et quarante-quatre cents.

E. Reilly & Cie., pour marchandises sèches, dix-sept cent quatre-vingt onze piastres et soixante-quatorze cents.

Fasnacht frères, pour bière, quatre-vingt-huit piastres.

A. Brousseau & Cie, pour tapis, vingt-quatre piastres et cinquante cents.

Clarke & Brisbin, compte d'imprimerie, vingt et une piastres et cinquante cents.

C. H. Grating, pour bois de construction, quatre cent deux piastres.

Ross & Cie., pour épiceries, cinq cent cinquante piastres.

Pour l'assistance de l'Hôpital de la Charité, cinquante mille piastres, à justifier devant la Législature, par comptes avec les pièces à l'appui.

Pour l'assistance de l'Hospice des Aliénés, à Jackson, payables par trimestre et d'avance, l'emploi devant en être justifié devant l'Assemblée-Générale, par pièces à l'appui, trente mille piastres.

Pour l'assistance de l'Institution des Sourds-Muets et des Aveugles, à Baton-Rouge, payables par trimestres et d'avance, l'emploi devant en être justifié devant l'Assemblée-Générale, par pièces à l'appui, vingt-deux mille piastres.

Distribution de livres par le Bibliothécaire d'Etat, sept cent cinquante piastres.

Placement de l'intérêt accumulé sur les bons appartenant et se trouvant à la caisse d'amortissement de la dette de l'Etat, Acte numéro cent quatre-vingt-trois de dix-huit cent cinquante-sept, quinze mille piastres.

Allocation en faveur des Recorders pour enregistrement des listes de terres déchues pour non paiement de taxes d'Etat, Acte numéro trois cent quarante-six de dix-huit cent cinquante-cinq, mille piastres.

Allocation en faveur de l'Annotateur des Hypothèques, à la Nouvelle-Orléans, pour le tiers du coût des certificats fournis au Bureau des Assesseurs de ladite ville, mille piastres.

Allocation pour pourvoir au paiement des notifications faites sur les rôles des contributions en la ville de la Nouvelle-Orléans, Acte numéro deux cent quatre-vingt-dix-sept de dix-huit cent cinquante-huit, quatorze cents piastres.

Allocation en faveur de l'Ecole Scientifique, représentant l'intérêt au crédit du Fonds Collégial le 1er janvier dix-huit cent soixante-deux, huit mille deux cent vingt piastres.

Allocation en faveur de l'Ecole Scientifique d'Etat, pour l'enseignement des Cadets, Section dix de l'Acte numéro quatre-vingt-dix huit de dix-huit cent soixante, quinze mille piastres.

Pour frais de bureau de la Direction de l'Ecole Scientifique et militaire de l'Etat, pour l'année dix-huit cent soixante-trois, quatre cents piastres.

Allocation en faveur de John Willis, ci-devant receveur du Bureau des terres à Winnsboro, pour arrérages à lui dus, quatre cents piastres.

Allocations pour les besoins militaires et le service de la guerre, et pour solder les dettes contractées par le Gouverneur pour les mêmes fins durant l'ajournement de la Législature, à prélever sur le fonds militaire, deux millions de piastres, payables sur les ordres signés du Gouverneur et sur mandats de l'Auditeur, par sommes et aux époques que ledit Gouverneur, jugera utile et nécessaire de fixer, l'emploi devant en être justifié par le Gouverneur à l'Assemblée-Générale.

Allocation en faveur de J. O. Nixon, Imprimeur de la dernière Convention, seize cent quarante-cinq piastres et soixante-dix cents, pour solde à lui due pour impressions faites par lui sur l'ordre de ladite Convention.

deem proper and expedient, and the amount so drawn to be accounted for by the Governor to the General Assembly.

Appropriation to pay J. O. Nixon, Printer of the late Convention, sixteen hundred and forty-five dollars and seventy cents, being the balance due him for printing done by order of said Convention.

Appropriation for translating the laws under act number one hundred and seventy-six, of eighteen hundred and sixty, fifteen hundred dollars.

To supply any deficiency that may arise over and above the two million five hundred thousand dollars already appropriated for the purposes of paying the Confederate States war tax, the payment of which has been assumed by the State of Louisiana, the sum of one million of dollars.

To pay the Librarian for books purchased under the act of eighteen hundred and sixty-two, two hundred and fifty dollars.

ADOLPHUS OLIVIER,
Speaker of the House of Representatives.
HENRY M. HYAMS,
Lieutenant Governor and President of the Senate.

Approved January 23d, 1861.
THOS. O. MOORE,
Governor of the State of Louisiana.

A true copy.
PLINY D. HARDY,
Secretary of State.

Allocation pour la traduction des lois, Acte numéro cent soixante-seize e dix-huit cent soixante-un, quinze cents piastres.

Pour suppléer à tout découvert pouvant survenir dans ledit crédit de deux millions cinq cen.t mille piastres déjà voté pour la liquidation de la taxe de guerre des Etats-Confédérés, et dont le paiement reste à la charge de l'Eṭat, un million de piastres.

Pour payer au Bibliothécaire d'Etat le prix des livres par lui achetés sous l'autorité de l'Acte de dix-huit cent soixante-deux, deux cent cinquante piastres.

ADOLPHUS OLIVIER,
Orateur de la Chambre des Représentants.
HENRY M. HYAMS,
Lieutenant-Gouverneur et Président du Sénat.

Approuvé le 23 janvier 1862.
THOMAS O. MOORE,
Gouverneur de l'Etat de la Louisiane.

Pour copie conforme,
P. D. HARDY,
Secrétaire d'Etat.

List of Acts and Resolutions
PASSED BY THE LEGISLATURE OF LOUISIANA,
SESSION OF 1862.

No.		Date of Promulgation.
1.	An act to provide for the payment of the members, officers and contingent expenses of the General Assembly...	December 11.
2.	An act to amend an act entitled "An act of incorporation of the Pelican Insurance Company of New Orleans," approved March 2d, 1861........	December 24.
3.	An act in relation to the State Printer..............	"
4.	Joint resolution relative to the election of the Hon. Edward Sparrow, and of the Hon. Thomas Jefferson Semmes, as Senators elect to the Congress of the Confederate States....................	"
5.	Joint resolution instructing our Senators and requesting our Representatives in Congress to have established a line of mail coaches from Tangipaho to Clinton, Louisiana...........................	"
6.	Joint resolution to take steps to suspend the duties on foreign importations...........................	"
7.	Joint resolution relative to the pay of Louisiana troops	"
8.	Joint resolution relative to the pay of the late United States Census Takers...........................	"
9.	Joint resolution requesting our Senators and Representatives in Congress to establish a tri-weekly mail coach line from Natchitoches to Monroe.........	"
10.	An act to appropriate fifty thousand dollars for the purpose of paying volunteer troops in the service of the State.......................................	December 31
11.	An act for the relief of James Welsh..............	"
12.	An act for the relief of the Register of the Land Office at Natchitoches................................	"
13.	Joint resolution relative to a vote of thanks to Gen. G. T. Beauregard.................................	"
14.	Joint resolution relative to defaulters..............	"
15.	An act to emancipate Ellis K. Ogle and Volney E. Ogle...	"

No.		Date of Promulgation
16.	An act to authorize the Police Jury of the parish of Carroll to grant relief to the Parish Treasurer thereof...................................	"
17.	An act to appropriate the sum of two thousand dollars to pay the expenses of Presidential Electors....	"
18.	An act relative to judicial proceedings against persons in the military or naval service................	January 7.
19.	An act supplementary to an act entitled "An act appropriating fifty thousand dollars for the purpose of paying volunteer troops in the service of the State.".....................................	"
20.	An act for the relief of sufferers by the recent fire in in Charleston, South Carolina................	"
21.	An act to authorize Amelia Grumbles, wife of Sterling Powell, to adopt Nancy Ann Rebecca Grumbles, a minor.......................................	"
22.	An act for the relief of Sheriffs and State Tax Collectors......................................	"
23.	An act to authorize the construction of a "revolving gun," invented by George C. Taylor of Louisiana, and to appropriate three thousand dollars therefor	January 12.
24.	Joint resolution of thanks to George A. Hollins, Flag Officer of the Confederate States Navy, his officers and men..................................	"
25.	An act for the relief of Wm. G. Connor..........	"
26.	An act appropriating twenty thousand dollars for the purpose of paying volunteer troops in the service of the State.................................	"
27.	An act relative to the registry of voters in the city of New Orleans................................	"
28.	An act to change the name of Mrs. Eliza E. Pouncy to that of Mrs. Eliza E. Robertson...............	"
29.	An act making an appropriation to pay the amount of the war tax levied on the people of the State of Louisiana by virtue of an act of the Provisional Congress of the Confederate States of America, approved August nineteenth, eighteen hundred and sixty-one.................................	February 5.
30.	An act relative to the sales of public lands........	"
31.	An act to amend and re-enact the sixth section of an act entitled "An act to incorporate the Louisiana, Arkansas and Texas Navigation Company.".....	"
32.	An act to amend an act entitled "An act relative to District Courts," approved March sixteenth, eighteen hundred and sixty-one..................	"
33.	An act for the relief of certain settlers on public lands that are now or may be hereafter in the military or naval service of the State or the Confederate States.....................................	"
34.	An act for the relief of Wm. J. Hailleigh, Sheriff and Tax Collector for the parish of St. Mary.........	February 7.
35.	An act to incorporate the town of Port Barrow, in the parish of Ascension........................	"

No.		Date of Promulgation
36.	Joint resolution extending the hospitalities of the State to Governor Jackson of Missouri, and requesting him to visit the city of Baton Rouge...........	"
37.	Joint resolution authorizing the purchase of copies of the Civil Code and Code of Practice for the use of the Legislature, as, also, of the acts of the Legislature of eighteen hundred and forty-two.......	"
38.	An act relative to criminal fees in the parish of Jefferson...................................	February 11.
39.	An act to amend and re-enact the second section of an act entitled "An act to incorporate Amite City of the parish of St. Helena."...................	February 8.
40.	An act to authorize Samuel P. Williams to adopt Sarah Perdita Woodruff and to change her name.......	February 12.
41.	An act to authorize Frances L. Murdoch to qualify as natural tutrix in this State...................	"
42.	An act relative to salt springs and saline waters of this State......................................	"
43.	An act to emancipate Mrs. Harriet G. Worsham, a minor, wife of Dr. Wm. C. Lewis...	"
44.	An act to create an additional Justice of the Peace in and for the parish of Avoyelles..............	"
45.	An act to appropriate one million of dollars of bonds of the State for the purpose of arming and equipping the volunteers and militia for the defense of the State and to repel invasion................	"
46.	An act to provide for the survey of Township ten south, Range two and three west, Southwestern District, Louisiana..........................	"
47.	An act to amend the fourth section of an act entitled "An act relative to the drawing of jurors in the parish of St. Landry," approved March third, eighteen hundred and sixty......................	February 24.
48.	An act appropriating seven hundred and fifty dollars to pay for certain levees constructed in the parish of Jefferson, right bank.......................	"
49.	An act to amend an act entitled, "An act providing for the performance of the clerical business of the General Assembly," approved March twentieth, eighteen hundred and sixty-one................	"
50.	An act supplemental to an act entitled "An act in relation to certain debts of the State," approved March nineteenth, eighteen hundred and fifty-seven	"
51.	An act for the relief of Aristide Babin, late Secretary of the Senate........	February 11.
52.	An act authorizing Stephen Basilisco and his wife Mary Sarah Barousse to adopt Laura Crawley, a minor	"
53.	An act to legalize the acts of William Randolph, Justice of the Peace in and for the parish of Rapides....	"
54.	An act supplemental to an act entitled "An act relative to judicial proceedings against persons in the military or naval service," approved December twenty-first, eighteen hundred and sixty-one...........	"

No.		Date of Promulgation
55.	An act to amend an act entitled "An act to authorize and empower the several Recorders of the city of New Orleans to appoint certain officers," approved March twentieth, eighteen hundred and sixty-one	"
56.	An act to authorize John Sims, of the parish of Natchitoches, to adopt the minor Victory McPherson, and to change her name to Victory McPherson Sims, and adopt the minor children of Elijah Jackson, deceased..........	"
57.	An act to appropriate the unexpended balance of the appropriation made by the act approved seventeenth March, eighteen hundred and fifty-eight, entitled "An act for the appropriation of money out of the funds belonging to the First Swamp Land District to the parish of Plaquemines to levee and drain certain swamp lands situated therein."	January 19.
58.	An act for the relief of the sick and wounded soldiers of Louisiana...........	February 16.
59.	An act to authorize the Police Jury of the parish of Point Coupee to accept the legacy of twenty thousand dollars left to Poydras College, and to provide for the administration of said fund...........	"
60.	An act to amend an act entitled "An act granting additional powers to the clerks of district courts," approved March twentieth, eighteen hundred and fifty-one	"
61.	An act to incorporate the Association for the relief of the sick and wounded soldiers of Louisiana.......	"
62.	An act to regulate forced and judicial sales of property	February 19.
63.	An act to organize the Police in the city of New Orleans, and to create a Police Board therein......	"
64.	An act for the relief of H. F. Voorhies, Sheriff and Tax Collector of the parish of Lafayette...........	"
65.	An act for the relief of James McVay, of East Baton Rouge	"
66.	An act authorizing Jonathan Sprowl and his wife Nancy Baker, of the parish of Natchitoches, to adopt Leonora Hammett and to change her name to that of Alice Leonora Sprowl...........	February 20.
67.	An act for the relief of Isaac N. Collins.....	"
68.	An act authorizing the Free Banks now existing to issue circulating notes in accordance with the provisions of Ordinance number thirty of the State Convention...........	"
69.	An act relative to suits and proceedings for the forfeiture of charters by the banks of this State, or the involuntary liquidation thereof...........	"
70.	An act to authorize the issue of State bonds to Railroad companies agreeably to Ordinance number twenty-nine of the Louisiana State Convention, adopted March twenty-third, eighteen hundred and sixty-one...........	February 22

No.		Date of Promulgation.
71.	An act to change the terms of the District Court of the Ninth Judicial District, and for the parish of Sabine..	February 20.
72.	An act to extend the incorporated limits of the town of Springfield, in the parish of Livingston.......	February 22.
73.	An act for the relief of the Female Orphan Asylum known as the Poydras Asylum of New Orleans...	"
74.	An act to appropriate two thousand five hundred dollars to the Hospital at Monroe, for the sick and wounded soldiers	"
75.	Joint resolution acknowledging the indebtedness of the State of Louisiana and of the Confederacy, to the patriotism and devotion of the women of the State and the Confederacy............................	"
76.	An act to amend and re-enact the eighth section of an act entitled " An act to incorporate Amite City, in the parish of St. Helena."....................	"
77.	An act for the relief of the Merchants' Bank of New Orleans..	"
78.	An act to appropriate the sum of twenty-eight thousand dollars for the relief and support of charitable Institutions	February 24
79.	An act for the relief of John B. Cloutier, late Register of the United States Land Office at Natchitoches	February 25.
80.	An act relative to the town of Clinton, parish of East Feliciana	"
81.	An act to authorize commissioners to draw on the Treasury for the unexpended balance of the appropriation made fifteenth of March, eighteen hundred and sixty, for making a cut off at Scopini's Point	"
82.	An act for the relief of Sheriffs and other Tax Collectors of this State..............................	"
83.	An act for the relief the Sabine Rebels.............	"
84.	An act for the relief of Marie Francois Zulme Maspero, wife of Louis Charles l'Huillier de Lamardelle ..	February 26.
85.	An act for the relief of Josephine Octavie Lombard, wife of Pliny Louis Maspero....................	"
86.	An act for the relief Francois Doucet, of the parish of St. Landry, heir and legal representative of Pierre Doucet, late of said parish..........................	February 11.
87.	An act for the relief of John Nugent...............	"
88.	A resolution making the twenty-sixth day of January a holiday throughout the State of Louisiana.....	"
89.	An act for the temporary relief of the State Treasury	"
90.	An act making an appropriation to pay the contingent expenses of the General Assembly.............	"
91.	An act for the relief of Robert Benguerel, Register of the Land Office at Opelousas..................	"
92.	An act for the relief of William Beaty............	February 27.
93.	An act relative to the drawing of jurors in the parish of Vermillion	"
94.	An act to provide for the collection of taxes in the parish of Calcasieu for the year eighteen hundred and sixty-one..	March 1.

No.		Date of Promulgation.
95.	An act to increase the compensation of the Assessors of the parish of Calcasieu..............	"
96.	An act relative to pledges.........	"
97.	An act to reorganize the militia...................	"
98.	An act to incorporate the New Orleans and Texas Railroad Company.............................	March 5.
99.	An act to authorize the Governor of the State of Louisiana to furnish the several parishes of the State with munitions of war.......................	"
100.	An act to repeal an act entitled " An act to incorporate the town of Winnsborough, in the parish of Franklin."..................................	"
101.	An act to confirm the sales of certain sixteenth sections, in the parish of Franklin................	March 6.
102.	An act to appropriate three thousand dollars to support, for the current year, the State Normal School, situated in the city of New Orleans............	"
103.	An act for the relief of James Monroe, of the parish of Bienville	"
104.	An act relative to privileges on crops...............	"
105.	An act for the relief of Philo Alden, Sheriff of Bossier parish......	"
106.	An act for the relief of Margaret Scarborough of the parish of Union........................... ...	"
107.	An act relative to the settlement of the accounts of the State Penitentiary...........................	"
108.	An act providing for the postponement of the payment of taxes...................................	"
109.	An act for the relief of George B. Shepherd, late Register of the Land Office at Baton Rouge.........	March 7.
110.	Joint resolution for the adoption, by the State, of Marie Nathalie Dreux, only child and daughter of the late Lieutenant Colonel Charles Didier Dreux and of Mary Amanda Haynes................	"
111.	An act to confirm certain private land claims in the Southeastern Land District of Louisiana........	"
112.	An act to authorize the receiving of Confederate States Treasury notes in payment of all public dues....	"
113.	An act to authorize the city corporation of New Orleans to build a suitable bridge over the Canal Carondelet, opposite Galvez street................	"
114.	An act for the relief of Bertrand Haralson..........	January 28.
115.	An act granting to Professor R. Thomassy the exclusive right to use certain salt springs and saline waters discovered or made available by him, for the period of twenty-five years?........:......	March 10.
116.	An act to raise money for the State Treasury........	"
117.	An act to extend and amend an act entitled "An act relative to public lands," approved twenty-first March, eighteen hundred and sixty-one..........	"
118.	An act to amend and re-enact the eleventh section of an act relative to District Attorneys, approved March fifteenth, eighteen hundred and fifty-five...	"

No.		Date of Promulgation.
119.	An act making a grant of lands to aid in the construction of the New Orleans and Texas Railroad, and the Louisiana Central Stem of the Mississippi and Pacific Railroad, from the Sabine River, opposite Orange in Texas, to New Iberia, in Louisiana....	"
120.	An act to provide a mode of collecting the parish taxes, imposed by the Police Jury of the parish of Orleans, right bank of the Mississippi, and prescribing the method of judicial proceedings in such cases..	"
121.	An act to amend and re-enact an act entitled "An act to provide a revenue and the manner of collecting the same," approved March fifteenth, eighteen hundred and fifty-five.........................	February 8.
122.	An act for the relief of W. S. Campbell, Sheriff of the parish of Natchitoches...........................	"
123.	An act to appropriate six thousand two hundred and sixty-nine dollars and forty six cents to complete certain works now in progress of completion in the Third Swamp Land District...................	"
124.	An act relative to shallow lakes................	"
125.	An act to confirm the private land claims of the legal representatives of Francois Menard, deceased....	"
126.	An act providing for the sale of unclaimed runaway slaves...	"
127.	An act relative to notices of elections to be published in New Orleans................................	"
128.	An act to provide for the better management of the Institution for the Deaf, Dumb and Blind.......	February 27.
129.	An act to repeal, amend and re-enact the seventh and twenty-sixth sections of the act, approved March twentieth, eighteen hundred and fifty-six, entitled "An act to amend an act entitled an act to consolidate the city of New Orleans and to provide for the government of the city of New Orleans and the administration of the affairs thereof, and to specify and provide for the examination and proof of the qualifications of the Mayor, Recorders, Aldermen and Assistant Aldermen of the city of New Orleans, and to declare the officers, of the corporation of the city of New Orleans, during a certain time, ineligible to the General Assembly of the State."....................................	March 14.
130.	An act relative to patrols.......................	"
131.	An act making appropriations for the general expenses of the State for the year ending the thirty-first day of March, eighteen hundred and sixty-three, and to pay certain debts...............................	February 1.

Liste des Actes et Résolutions

PASSES PAR LA LEGISLATURE DE L'ETAT DE LA LOUISIANE,

DANS SA SESSION DE 1862.

1. Acte assignant un fonds pour le traitement des membres et officiers de l'Assemblée Générale et pour l'acquittement de ses dépenses contingentes............ 11 décembre.
2. Acte à l'effet d'amender l'acte d'incorporation de la Compagnie d'assurance "le Pélican," de la Nouvelle-Orléans, approuvé le 2 mars 1861............ 24 décembre
3. Acte relatif à l'Imprimeur d'Etat................. "
4. Résolution conjointe relative à l'élection des Honorables Edward Sparrow et Thomas Jefferson Semmes au Sénat des Etats Confédérés.................. "
5. Résolution conjointe requérant nos Sénateurs et Représentants au Congrès de s'occuper de l'établissement d'un service postal entre Tangipaho et Clinton...... "
6. Résolution conjointe relative à la suspension des droits d'entrée.. "
7. Résolution conjointe relative à la solde des troupes louisianaises... "
8. Résolution conjointe concernant les officiers commis au dernier recensement......................... "
9. Résolution conjointe requérant nos Sénateurs et Représentants au Congrès de s'occuper de l'établissement d'un service postal tri-hebdomadaire entre Natchitoches et Monroe.. "
10. Acte assignant cinquante mille piastres pour la solde des troupes de volontaires au service de la Louisiane. 31 décembre
11. Acte relatif à James Welsh.................... "
12. Acte à l'effet d'accorder un congé au Registrateur du Bureau des terres à Natchitoches.................. "
13. Résolution conjointe votant des félicitations au général G. T. Beauregard............................. "
14. Résolution conjointe relative aux Percepteurs des deniers publics retardataires........................ "
15. Acte émancipant Ellis K. et Volney E. Ogle, de la paroisse de Tensas..................................... "

No.		Promulgation.
16.	Acte autorisant le juri de police de la paroisse de Carroll à décharger le Trésorier de la paroisse de certaines responsabilités..................................	"
17.	Acte affectant deux mille piastres au paiement des délégués au collège électoral de la Présidence.........	"
18.	Acte portant la surséance des poursuites judiciaires dirigées contre les militaires dans l'armée de terre ou de mer..	7 janvier.
19.	Acte servant de supplément à un acte intitulé : "Acte assignant cinquante mille piastres pour la solde des troupes de volontaires au service de l'Etat, approuvé le 19 décembre 1861...........................	"
20.	Acte votant du secours aux victimes du récent incendie à Charleston, dans la Caroline du Sud..........	"
21.	Acte autorisant Amélia Grumbly, épouse de Sterlin Powell, à adopter Nancy Anne Rebecca Grumbly, mineure	"
22.	Acte accordant un délai aux Shérifs et Percepteurs de taxes d'Etat pour la reddition de leurs comptes.....	"
23.	Acte affectant trois mille piastres à la confection d'un canon-revolver, inventé par J. C. Taylor de la Louisiane...	12 janvier.
24.	Résolution conjointe votant les remerciments de l'Etat à George N. Hollins, chef d'escadre dans la marine des Etats Confédérés, et aux officiers et soldats sous son commandement..................................	"
25.	Acte portant confirmation de certains titres appartenant à Wm. Connor..	"
26.	Acte affectant vingt mille piastres à la solde des volontaires enrôlés au service de l'Etat..............	"
27.	Acte relatif au registre électoral dans la ville de la Nouvelle-Orléans................................	"
28.	Acte changeant le nom d'Eliza E. Pouncy en celui d'Eliza C. Robertson..	"
29.	Acte affectant un fonds au paiement de la taxe de guerre décrétée par Acte du Congrès provisoire des Etats Confédérés d'Amérique, à la date du 19 août 1861...	5 février.
30.	Acte relatif à la vente des terres publiques..........	"
31.	Acte à l'effet d'amender et de rééditer la section 6 d'un acte incorporant la compagnie de navigation de la Louisiane, de l'Arkansas et du Texas...........	"
32.	Acte amendant l'acte relatif aux Cours de District, approuvé le 16 mars 1861.........................	"
33.	Acte accordant certains priviléges aux personnes établies sur les terres publiques et qui ont pris, ou qui pourraient par la suite prendre du service dans l'armée ou dans la marine des Etats Confédérés........	"
34.	Acte accordant une indemnité à Wm. F. Haifleigh, Shérif et Percepteur de taxes pour la paroisse de Ste-Marie..	7 février.
35.	Acte incorporant la ville Port Barrow, dans la paroisse d'Ascension	"

No.		Promulgation.
36.	Résolution conjointe déclarant le Gouverneur du Missouri l'hôte de l'Etat, et l'invitant à visiter Baton-Rouge..	"
37.	Résolution conjointe autorisant l'achat pour l'usage de la Législature d'un certain nombre d'exemplaires du Code Civil, du Code de Procédure et des actes de 1842...	"
38.	Acte relatif au paiement des frais en matière criminelle dans la paroisse de Jefferson....................	11 février.
39.	Acte à l'effet d'amender et de rééditer la section 2 de l'acte d'incorporation de la ville d'Amite, dans la paroisse de Ste Hélène............................	8 février.
40.	Acte autorisant Samuel P. Williams, de la paroisse de De Soto, à adopter Sarah Perdita Woodruff et à changer son nom..............................	12 février.
41.	Acte autorisant Francès L. Murdoch à prendre qualité en Louisiane, comme tutrice naturelle de ses enfants.	"
42.	Acte relatif aux eaux et sources salines dans cet Etat.	"
43.	Acte émancipant Harriet G. Worsham, épouse mineure de Wm. C. Lewis................................	"
44.	Acte établissant une cour de juge de paix additionnelle dans la paroisse des Avoyelles.....................	"
45.	Acte assignant un million de piastres en bons de l'Etat pour l'équipement et armement de la milice et des volontaires chargés de la défense de l'Etat...........	"
46.	Acte autorisant le commissaire des terres publiques à ordonner le relevé du Township No. 10 Sud, Rangées 2 et 3 ouest, dans le District Sud-Ouest de la Louisiane...	"
47.	Acte amendant la section 4 d'un acte réglant le tirage des jurés dans la paroisse de St-Landry, approuvé le 3 mars 1860....................................	24 février.
48.	Acte affectant sept cent cinquante piastres au paiement des frais de construction de certaines levées dans la paroisse de Jefferson, rive gauche.................	"
49.	Acte amendant l'acte relatif au service du Bureau d'enrôlement de l'Assemblée Générale, approuvé le 20 mars 1861.......................................	"
50.	Acte servant de supplément à un acte relatif à certaines dettes de l'Etat, approuvé le 19 mars 1857.........	"
51.	Acte allouant à Aristide Barbin, ci-devant Secrétaire du Sénat, le montant de son traitement pour le dernier quartier de l'année 1861......................	14 février.
52.	Acte autorisant Stephen Basilisco et son épouse Marie Sarah Barousse à adopter la mineure Laura Crawley	"
53.	Acte à l'effet de légaliser les actes officiels de Wm. Randolph, juge de paix de la paroisse des Rapides..	"
54.	Acte servant de supplément à l'acte relatif aux poursuites exercées contre les personnes enrôlées dans l'armée de terre ou de mer, approuvé le 21 décembre 1861..	"
55.	Acte à l'effet d'amender l'acte du 20 mars 1861 autorisant les différents Recorders de la Nouvelle-Orléans à nommer certains officiers.......................	"

No.		Promulgation.
56.	Acte autorisant John Sims, de la paroisse de Natchitoches, à adopter la mineure Victory McPherson et les enfants mineurs d'Elija Jackson, décédé..........	"
57.	Acte assignant de nouveau la balance du fonds voté par acte du 17 mars 1857, intitulé : "Acte affectant certain fonds de la caisse du 1er District des terres marécageuses à l'endiguement et au dessèchement des terres marécageuses de la paroisse de Plaquemines."	19 janvier.
58.	Acte subventionnant la société fondée pour l'assistance des soldats Louisianais malades ou blessés.........	16 février.
59.	Acte autorisant le Juri de Police de la Pointe-Coupée à accepter le legs de vingt mille piastres fait au Collége Poydras, et à statuer sur la gestion de ce fonds..	"
60.	Ace à l'effet d'amender un acte attribuant des pouvoirs additionnels aux Greffiers des Cours de District, approuvé le 20 mars 1861......................	"
61.	Acte incorporant la société fondée pour l'assistance des soldats Louisianais malades ou blessés............	"
62.	Acte réglant les procédures dans les ventes judiciaires et forcées...................................	19 février.
63.	Acte pourvoyant à l'organisation de la police et à l'établissement d'un bureau de police dans la ville de la Nouvelle-Orléans.............................	"
64.	Acte accordant une indemnité à Horace F. Voorhies, Shérif et Percepteur des taxes de la paroisse Lafayette.......................................	"
65.	Acte allouant certaine réclamation de James McVay, de la paroisse d'Est-Baton-Rouge...............	"
66.	Acte autorisant Jonathan Sprowl et son épouse Nancy Baker, de la paroisse de Natchitoches, à adopter Alice Léonora Hammet et à changer son nom en celui d'Alice Léonora Sprowl	20 février.
67.	Acte allouant certaine réclamation d'Isaac N. Collins..	"
68.	Acte autorisant les banques libres actuellement existantes, à émettre des billets de circulation conformément aux dispositions de l'ordonnance No. 30 de la Convention d'Etat......................	"
69.	Acte relatif aux procédures en révocation des chartes des banques de l'Etat et à leur liquidation forcée...	"
70.	Acte autorisant l'émission des bons de l'Etat en faveur des compagnies de chemins de fer, sous l'autorité de l'ordonnance No. 29, adoptée par la Convention d'Etat le 23 mars 1861..........................	22 février.
71.	Acte à l'effet de changer l'époque des sessions de la 9me Cour de District, séante en la paroisse de Sabine...................................	20 février.
72.	Acte à l'effet de reculer les limites de la ville de Sprngfield dans la paroisse de Livingston.........	22 février.
73.	Acte exemptant de la taxe la Société des Orphelines dite : Asile Poydras de la Nouvelle-Orléans.......	"
74.	Acte votant une subvention de deux mille cinq cents piastres à l'hôpital de Monroe, pour l'usage des militaires malades et blessés	"

No.		Promulgation.
75.	Résolution conjointe rendant hommage au patriotisme et au dévouement des dames de la Louisiane et des Etats-Confédérés	"
76.	Acte amendant et rééditant la 8me section d'un acte incorporant la ville d'Amite dans la paroisse de Ste-Hélène	"
77.	Acte décrétant le remboursement de certains fonds à la Banque des Marchands de la Nouvelle-Orléans	"
78.	Acte votant une subvention de vingt-huit mille piastres pour l'entretien des Associations de Charité	24 février.
79.	Acte assignant un fonds pour le paiement du salaire et des droits de commission de John B. Cloutier, ci-devant Registrateur	25 février.
80.	Acte relatif à la ville de Clinton	"
81.	Acte autorisant une commission créée par cet Acte à mandater pour la balance d'un fonds affecté par acte du 15 mas 1860, au percement de la Pointe Scopini	"
82.	Acte relatif aux Shérifs et Percepteurs de taxes des différentes paroisses de l'Etat	"
83.	Acte accordant une indemnité à la Compagnie des "Rebelles de la Sabine"	"
84.	Acte autorisant Marie Françoise Zulmée Maspero, épouse de Louis Charles L'Huillier de Lamardelle à aliéner certains biens dotaux	26 février.
85.	Acte autorisant Joséphine Octavie Lombard, épouse de Pliny Louis Maspero, à aliéner certains biens dotaux	"
86.	Acte portant confirmation de certains titres appartenant à François Doucet, de la paroisse de St-Landry, héritier et représentant légal de feu Pierre Doucet de la même paroisse	11 février.
87.	Acte venant au secours de John Nugent	"
88.	Résolutions conjointes relatives à la célébration du 26e jour de janvier	"
89.	Acte autorisant le Trésorier à suppléer par un emprunt au manque de fonds dans le Trésor	"
90.	Acte pourvoyant au paiement des dépenses casuelles de l'Assemblée Générale	"
91.	Acte votant une indemnité à Robert Benguerel, Registrateur du Bureau des terres aux Opelousas	"
92.	Acte allouant certains droits de recouvrement à William Beatty	27 février.
93.	Acte relatif au tirage des jurés dans la paroisse Vermillion	"
94.	Acte pourvoyant à la perception des taxes de l'année 1861 dans la paroisse de Calcasieu	1er mars.
95.	Acte augmentant le salaire de l'Assesseur de la paroisse Calcasieu	"
96.	Acte relatif aux propriétés et effets donnés en nantissement	"
97.	Acte pourvoyant à la réorganisation de la milice	"
98.	Acte incorporant la Compagnie de chemin de fer de la Nouvelle-Orléans et du Texas	5 mars.

No.		Promulgation
99.	Acte autorisant le Gouverneur de la Louisiane à fournir des munitions de guerre aux différentes paroisses de l'Etat............................	"
100.	Acte abrogeant l'acte d'incorporation de la ville de Winnsborough dans la paroisse de Franklin, approuvé le 13 mars 1860........................	"
101.	Acte confirmant la vente de certains Seizièmes de Sections dans la paroisse de Franklin................	6 mars.
102.	Acte affectant trois mille piastres à l'entretien de l'Ecole Normale à la Nouvelle-Orléans, pendant l'année courante..................................	"
103.	Acte accordant une indemnité à James Monroe, de la paroisse de Bienville........................	"
104.	Acte relatif aux priviléges sur les récoltes..........	"
105.	Acte relatif à Philo Alden, Shérif de la paroisse de Bossier...............................	"
106.	Acte relatif à Margaret Scarborough de la paroisse de l'Union...............................	"
107.	Acte relatif à la reddition de compte des Fermiers du Pénitentiaire............................	"
108.	Acte suspendant la perception des taxes............	"
109.	Acte accordant une indemnité à George B. Sheppherd, ci-devant Registrateur du Bureau des terres à Baton-Rouge..................................	7 mars.
110.	Résolution conjointe décrétant l'adoption par l'Etat de la Louisiane de Marie Nathalie Dreux, fille unique du lieutenant colonel Charles Didier Dreux, décédé, et de Marie Amanda Haynes....................	"
111.	Acte confirmant les détenteurs de certains titres dans la propriété de quelques terres situées dans le District territorial S. E. de la Louisiane................	"
112.	Acte autorisant les différents Percepteurs, Receveurs et Comptables des deniers publics à recevoir en paiement les billets de la Trésorerie des Etats Confédérés.	"
113.	Acte autorisant les autorités municipales de la Nouvelle-Orléans à construire un pont sur le Canal Carondelet, à son point d'intersection avec la rue Galvez	"
114.	Acte accordant une indemnité à B. Haralson.........	28 janvier.
115.	Acte accordant au professeur Thomassy le droit exclusif d'exploiter, pendant une période de vingt-cinq ans, les sources salées et eaux salines qu'il découvrira en Louisiane, ou qu'il rendra propres à la fabrication du sel par des moyens artificiels...............	10 mars.
116.	Acte venant en aide au Trésor de l'Etat..............	"
117.	Acte amendant l'acte intitulé: "Acte relatif aux terres publiques," approuvé le 21 mars 1861.............	"
118.	Acte amendant et réédictant la section 11 de l'Acte relatif aux Avocats de District, approuvé le 15 mars 1855..................................	" "
119.	Acte portant concession de certaines terres pour aider à la construction du chemin de fer de la Nouvelle-Orléans au Texas, et de la voie centrale (en Louisiane) du chemin de fer du Mississippi à l'Océan Pacifique..	"

No.		Promulgation.
120.	Acte relatif au mode de percevoir les taxes votées par le Juri de Police de la paroisse d'Orléans (rive droite), et aux poursuites qui seront intentées pour leur recouvrement..	"
121.	Acte à l'effet d'amender et réédicter un acte intitulé : "Acte pour pourvoir à un revenu et au moyen de le collecter"...	8 février.
122.	Acte relatif à W. S. Campbell, Shérif de la paroisse de Natchitoches	"
123.	Acte affectant six mille deux cent soixante-neuf piastres et quarante-six sous au paiement de certains travaux d'endiguement dans le Troisième District des terres marécageuses...	"
124.	Acte relatif à certains marécages............................	"
125.	Acte confirmant les ayants-causes de feu François Ménard, dans la propriété de certaines terres...............	"
126.	Acte relatif à la vente des esclaves fugitifs non-réclamés..	"
127.	Acte relatif aux avis d'élections à la Nlle-Orléans........	"
128.	Acte relatif à l'administration de l'Hospice des Sourds-Muets et Aveugles...	27 février
129.	Acte à l'effet d'abroger, amender et réédicter les sections 7 et 26 d'un acte approuvé le 20 mars 1856, intitulé : "Acte amendant un acte relatif à la consolidation de la ville de la Nouvelle-Orléans, au gouvernement de ladite ville et à l'administation de ses affaires." L'acte susdit prescrit aussi les conditions d'éligibilité dont devront justifier le Maire, les Recorders, les Aldermen et Aldermen suppléants de la Nouvelle-Orléans, et exclut de l'Assemblée Générale de l'Etat tous les officiers municipaux de la dite corporation pendant une période déterminée..........................	14 mars.
130.	Acte relatif au service des patrouilles......................	"
131.	Acte faisant des assignations de fonds pour les dépenses générales de l'Etat pendant l'année finissant le 31 mars 1863 et pour la liquidation de certaines dettes.	1er février.

INDEX.

A.

Appropriation for expenses of the General Assembly.....		3
" for payment of troops in the service of the State.....		8
" to pay the expenses of Presidential Electors........		11
" for the construction of a revolving gun, invented by Geo. C. Taylor, of Louisiana...............		15
" to pay the amount of the war tax levied on the people of Louisiana, by act of provisional Congress of the Confederate States of America...........		19
" for certain levees constructed in the parish of Jefferson		30
" for the Association for the Relief of the Sick and Wounded Soldiers of Louisiana...............		36
" to the Hospital at Monroe.....................		49
" Normal School New Orleans....................		76
" to complete certain works in the Third Swamp Land District............................		94
" general, for the State 1862—1863...............		100
Adoption, Amelia Grumbles to adopt Nancy Ann Rebecca Grumbles		13
" Samuel P. Williams to adopt Sarah P. Woodruff, and change her name........................		26
" Stephen Basilisco and wife to adopt Laura Crawley a minor...........................		33
" John Sims to adopt Victory McPherson a minor, and the minor children of Eliza Jackson, deceased.......		35
" Marie Nathalia Dreux, by the State of Louisiana.......		80
Amite, second section of the act of incorporation amended..........		26
Avoyelles, an additional Justice of the Peace established in.........		28
Association for the sick and wounded soldiers of Louisiana.........		36
Alden, Philo, his relief................................		78

B.

Beauregard, General G. T., vote of thanks....	9
Barbin, Aristide, for the relief of............................	32
Banks, Free, relative to proceedings in forfeiture of charter authorized to issue circulating notes........................	44

Bank, Merchants, relief of... 51
Bonds of the State, relative to issuance to Railroad Companies...... 46
Bonds, to be issued for the relief of the State Treasury............. 84
Benguerel, R., his relief.. 58
Beaty, Wm., his relief 59

C.

Census Takers, U. S., relative to payment of........................ 7
Carroll, Police Jury of the parish, to grant relief to Parish Treasurer 11
Charleston, S. C., relief for the sufferers by fire.................. 13
Connor, W. G., his relief... 16
Codes, Civil and Practice, certain number to be purchased by the
    State Librarian for use of Legislature...................... 25
Criminal fees, relative to, in the parish of Jefferson............... 25
Clerical business of the General Assembly, act relative to amended.. 31
Collins, Isaac N., his relief.. 44
Clerks of District Courts, act of March 20th, 1861, amended........ 38
Charitable Institutions, appropriation for........................... 51
Cloutier, J. B., his relief... 52
Clinton, relative to the town of..................................... 53
Calcasieu, relative to collection of taxes 1861, and assessor....... 60
Crops, relative to privileges on..................................... 77
Confederate States Treasury notes to be received for taxes.......... 82
Campbell, W. S., his relief.. 90

D.

Duties on foreign importations, relative to suspension.............. 6
Defaulters, resolution relative to................................... 10
District Courts, act of March 16th, 1861, amended as to the Fifth
    District.. 20
District Courts, act relative to Clerks of, amended................. 38
District Court, terms changed in the parish of Sabine, Ninth District 47
District Court, terms changed in the parishes of the Fifth District.. 20
District Attorneys, act of 1855, relative to, amended............... 87
Debts of the State, act of 1857, amended............................ 32
Doucet, Francois, his relief... 56
Dreux, Marie Nathalie, adopted by the State......................... 80
Deaf, Dumb and Blind, to provide for the better management of the
    Institution of the.. 97

E.

Emancipation, Harriet G. Worsham, wife of Dr. W. C. Lewis...... 28
    "   Ellis K. Ogle and Volney E. Ogle, parish of Tensas.. 10
Election notices in New Orleans 96

F.

Free Banks, relative to circulation of the notes of the............. 44
Franklin, relative to 16th or School Section in the parish of....... 76
Foley, A. M., H. B. and Thomas, land claims confirmed............... 81

G.

Grumbles, Amelia, to adopt Rebecca................................ 13
Governor of the State, to furnish munitions, etc., to each parish..... 75

H.

Hyams, S. M., Register Land Office, Natchitoches, his relief........ 8
Hollins, Geo. A., Commander, resolution of thanks to.............. 15
Haifleigh, W. J., relief of.. 22
Holiday, 26th of January, to be observed as such................. 57
Haralson, B., his relief.. 83

J.

Judicial proceedings, against person in the naval or military service
    suspended... 12
Jackson, Claiborne F., Governor of Missouri, invited to visit the capital, and hospitalities of the State extended to him.......... 24
Jefferson parish, relative to criminal fees in...................... 25
    "   " appropriation for certain levees constructed........ 30
Judicial and forced sales of property regulated.................... 40
January 26th, to be observed as a holiday........................ 57

L.

Land Claims in the S. E. District confirmed..................... 83
Louisiana volunteer troops, resolution to pay.................... 8
Lavergne, Jules, land claims confirmed........................... 81
Louisiana, Arkansas and Texas Navigation Company, act of incorporation amended.. 20
Lombard, Josephine O., her relief................................ 55
Lands, public, relative to sales of................................ 19
Lands, grants of, to Railroads.................................... 88
Lands, settlers on public, in the military service, relief to......... 21

M.

Mail Coach Line from Tangipaho to Clinton....................... 5
"   "   "   " Natchitoches to Monroe 7
Military and Naval Service, judicial proceedings suspended against
    persons in the... 12
Murdoch, Frances L., authorized to qualify as natural tutrix........ 27
McVay, Jas., his relief... 43
Monroe, appropriation to Hospital at the town of................. 49
Maspero, Madame M. F. Z, her relief............................. 55
Maspero, wife of P. L., her relief................................. 55
Militia, act of re-organization.................................... 61
Monroe, Jas., his relief... 77
Menard, F., land claims confirmed to legal representatives......... 95
Mather, widow of George, lands confirmed....................... 11
Manning, John L., land claims confirmed......................... 81

N.

Natchitoches Mail Coach to Monroe	7
" relief of S. M. Hyams, Register of Land office at	8
Navigation Co., Louisiana, Arkansas and Texas, amended	20
New Orleans, relative to the Registry of voters in the city of	17
" " act empowering the Recorders of the city to appoint certain officers, amended	34
" " act to regulate the Police of, and create a Police Board	40
" " and Texas Railroad Company, act of incorporation	72
" " council authorized to build a bridge over Canal Carondelet	83
" " relative to publication of election notices in	96
" " the several acts of consolidation, etc., amended	98
" " appropriation for Normal School in the city of	76
" " grant of lands to aid in construction of Rail Road	88
Nugent, John, his relief	56
Normal School, appropriation for support of	76

O.

Ogle, E. K. and Volney, emancipated	10
Orleans parish, mode of collecting taxes and judicial proceedings Right Bank	89

P.

Pelican Insurance Company, act of incorporation amended	3
Presidential Electors, appropriation to expenses of	11
Pouncy, Eliza E., name changed to Eliza E. Robertson	18
Public Lands, relative to sales of	19
Public Lands, relative to settlers on	21
Patrols, act relative to	99
Port Barrow incorporated	22
Plaquemine, re-appropriation of certain unexpended funds, First Swamp Land District	36
Poydras College, legacy to, to be accepted by Police Jury of Point Coupee	37
Poydras Asylum, relief of	48
Pledges, act relative to	61
Penitentiary, relative to settlement of accounts of the	79
Pugh, Walter J., land claim confirmed	81
Police of the city of New Orleans and Police Board	40
Private Land Claims in S. E. District, confirmed	81
" " " of F. Menard, confirmed to legal representatives	95
Privilege on crops, relative to	77
Public Lands, act of 1861, relative to, amended	86
" " relief of certain settlers on	21

R.

Resolution relative to the election of Edward Sparrow and Thomas J. Semmes to Confederate States Senate	5
" relative to mail coach line from Tangipaho to Clinton	5

Resolution	relative to suspension of duties on foreign imports.....	6
"	relative to payment of Louisiana troops..............	6
"	relative to census takers...........................	7
"	relative to mail coach line from Natchitoches to Monroe	7
"	relative to Defaulters.............................	10
"	relative to Flag officer Geo. A. Hollins, C. S. N........	15
"	relative to the ladies in general.....................	49

Rodrigue, Edouard, land claims confirmed........................ 81
Revenue, act of 1855, amended................................ 90
Relief of certain settlers on Public Lands...................... 21

"	" James Welsh....................................	8
"	" Register of the Land Office at Natchitoches............	8
"	" Charleston sufferers by fire........................	13
"	" Sheriffs and State Tax Collectors.....................	14
"	" Wm. G. Connor.................................	16
"	" Wm. J. Haifleigh................................	22
"	" Aristide Barbin..................................	32
"	" Association for six and wounded soldiers of Louisiana....	36
"	" H. F. Voorhies..................................	42
"	" Jas. McVay....................................	43
"	" Isaac N. Collins.................................	44
"	" Merchants Bank of New Orleans.....................	51
"	" J. B. Cloutier...................................	52
"	" Sabine Rebels...................................	54
"	" Madame M. F. Z. Maspero.........................	55
"	" Josephine O. Lombard............................	55
"	" Francois Doucet.................................	56
"	" John Nugent....................................	56
"	" State Treasury..................................	57
"	" R. Benguerel...................................	58
"	" Wm. Beaty, of the parish of Pointe Coupee.............	59
"	" Philo Alden.....................................	78
"	" Margaret Scarborough............................	78
"	" G. B. Shepherd.................................	80
"	" B. Haralson....................................	83
"	" W. S. Campbell.................................	90

Randolph, Wm., Justice of the Peace, parish of Rapides, acts legalized.. 33
Railroad, New Orleans and Texas, incorporated, lands granted..... 72
Railroads, certain lands granted to, State bonds issued to.......... 46
Revenue, act of 1855, relative to, amended..................... 90

S.

State Printer, act in relation to the........................... 4
Senators to Confederate States Congress, relative to election of..... 5
Sheriffs and State Tax Collectors, relief of..................... 14
Salt Springs and Saline Waters of the State.................... 27
Survey of T. 10, R. 2 and 3, SW District...................... 29
St. Landry, act relative to drawing Jurors, amended.............. 30
Sims, John, to adopt certain minor children.................... 35
Sprowl, J., to adopt L. Hammett............................. 43
Sales of property, forced and judicial, regulated................. 40
State bonds, issue of, authorized to Railroad Companies........... 46

Sabine, terms of Ninth District Court, changed for the parish of.... 47
Sabine Rebels, relief of.... 54
Springfield, incorporated limits of the town extended.... 48
Scopini's Point, relative to.... 53
State Treasury, relief of, to raise money for the.... 57
Scarborough, Margaret, relief of.... 78
Shepherd, G. B., relief of.... 80
Shallow Lakes, relative to.... 94
Slaves, runaway unclaimed, provisions for sale of.... 95
Soldiers, sick and wounded, relief of.... 49
Soldiers, Sick and Wounded Association.... 36
State Librarian, to purchase copies of civil code, code of practice, and acts 1842.... 25

T.

Tangipaho, relative to Mail Coach Line to Clinton.... 5
Taylor, Geo. C., appropriation for construction of his revolving gun 15
Treasury of the State, relief of.... 84
Taxes, postponement of payment of.... 79
Thomassy, Prof. R., right granted to certain salt springs.... 84
Triche, Charles, land claims confirmed.... 81

V.

Volunteers, supplementary act relative to payment of.... 16
Volunteers, to arm and equip.... 29
Voorhies, H. F., his relief.... 42
Vermillion, relative to drawing of Jurors in the parish of.... 59

W.

Welsh, Jas., his relief.... 8
War tax, Confederate, assumed by the State.... 19
Williams, S. P., adopt.S. P. Woodruff.... 26
Worsham, Mrs. Harriet G., emancipated.... 28
Winnsborough, act of incorporation repealed.... 75
Women of the State and Confederacy, thanks voted to the.... 49
Wounded soldiers at Monroe Hospital.... 36
War, munitions of, Governor to furnish the several parishes with.... 75

INDEX.

A.

Allocation	pour le paiement des membres de l'Assemblée Générale...	3
"	pour le paiement des officiers et volontaires au service de l'Etat....................	8
"	pour le paiement des Délégués au collége électoral de la Présidence.................	11
"	pour la confection d'un canon-revolver, inventé par George C. Taylor de la Louisiane..................	15
"	pour le paiement de la taxe de guerre décrétée par acte du Congrès Provisoire des Etats Confédérés d'Amérique............	19
"	pour le paiement des frais de construction de certaines levées dans la paroisse Jefferson.................	30
"	pour la Société pour l'assistance des soldats louisianais malades ou blessés.................	36
"	pour l'usage des militaires malades à l'hôpital de Monroe.	49
"	pour l'entretien de l'Ecole Normale, à la Nouvelle-Orléans.	76
"	pour le paiement de certains travaux d'endiguement dans le Troisième District des terres marécageuses......	94
"	pour les dépenses générales pour l'année finissant le 31 mars 1863.............	100
Adoption,	Amélia Grumbles autorisée à adopter Nancy Anne Rebecca Grumbles.................	13
"	Samuel P. Williams autorisé à adopter Sarah Perdita Woodruff es à changer son nom.................	26
"	Stephen Basilisco et son épouse autorisés à adopter Laura Crawley, une mineure.................	33
"	John Sims autorisé à adopter la mineure Victory McPherson et les enfants mineurs d'Elijah Jackson, décédé.....	35
Amite,	pour amender la 2me section de l'acte d'incorporation de la ville............	26
Avoyelles,	établissant une Cour de Juge de paix additionnelle.........	28
Alden Philo,	venant à son aide............	78

B.

Beauregard, G. T., votant des félicitations au général	9
Barbin Aristide, allouant le montant de son traitement pour le dernier quartier de l'année 1861	32
Banque des Marchands de la Nouvelle-Orléans, certains fonds remboursés à la	51
Banques libres, relatif aux procédures en forfaiture	44
Banques libres, les autorisant à émettre des billets de circulation	44
Bons de l'Etat, aux compagnies de chemins de fer	46
Bureau d'enrôlement de l'Assemblée Générale, acte amendé	31
Bengucrel R., venant à son aide	58
Banques, relatif aux poursuites et procédures en révocation	45
Beatty W. venant à son aide	59

C.

Carroll, le juri de police de la paroisse déchargeant le Trésorier de certaines responsabilités	11
Charleston, secours votés aux victimes du récent incendie de	13
Connor W. G., venant en aide à	16
Code Civil et de Procédure, acte ordonnant l'achat d'un certain nombre d'exemplaires du	25
Criminelle, relatif au paiement des frais en matière	25
Collins Isaac N., venant en aide à	44
Charitables, Institutions, allocation pour les	51
Cloutier J. B., venant en aide à	52
Clinton, relatif à la ville de	53
Calcasieu, relatif à la collection des taxes pour l'année 1861	60
Campbell W. S., venant en aide à	90

D.

Droits d'entrée, relatif à la suspension des	6
District, Cours de, acte du 16 mars 1861 amendé	20
" " Cinquième, les sessions changées	21
" " Amendant l'acte relatif aux Greffiers des	38
" " Neuvième, changeant les sessions, dans la paroisse de Sabine	47
" " Avocats des, l'acte de 1855 amendé	87
Dettes, les, de l'Etat, acte de 1857 amendé	32
Doucet François, venant en aide à	56
Dreux Marie Nathalie, adoption par l'Etat de	80
Dames de la Louisiane et des Etats Confédérés, résolution rendant hommage au patriotisme et au dévouement des	49

E.

Emancipation, E. K. et Volney E. Ogle, émancipés	10
" Harriett G. Worsham, épouse du Dr. W. Lewis, émancipée	28
Elections, relatif aux avis dans la ville de la Nouvelle-Orléans	96

F.

Franklin, relatif à la paroisse de	76

G.

Grumbles Amélia, autorisée à adopter Rebecca Grumbles...............	13
Gouverneur de l'Etat, l'autorisant à fournir des munitions de guerre pour chaque paroisse.........	75

H.

Hyams S. M., accordant un congé à...............	8
Hollins Geo. N., Chef d'escadre dans la marine des Etats Confédérés, résolution votant des remerciments à............	15
Haifleigh W. J., venant en aide à...............	22
Haralson B., venant en aide à...............	83

I.

Imprimeur d'Etat, relatif à...............	4

J.

Jackson Claiborne F., Gouverneur du Missouri, résolution l'invitant à visiter Baton-Rouge...............	24
Jefferson, paroisse de, frais en matières criminelles...............	25
" " allocation pour la construction de certaines levées...............	30

L.

Louisiane, L'Arkansas et le Texas, amendant l'acte concernant la compagnie de navigation de la...............	20
Lombard, Joséphine O., venant en aide à...............	55

M.

Militaires, suspension des poursuites judiciaires contre les...............	12
Murdoch Frances L., qualification comme tutrice naturelle dans cet Etat...............	27
McVay, Jas., venant en aide à...............	43
Monroe, allocation pour l'hôpital de...............	49
Milice, acte réorganisant la...............	61
Monroe Jas., venant en aide à...............	77
Ménard F., venant en aide à...............	95
Maspero M. F. Z., venant en aide à...............	55
Maspero P. L., venant en aide à...............	55

N.

Natchitoches, service postal à la ville de Monroe...............	7
Navigation, la compagnie de la Louisiane, Arkansas et Texas, acte amendé...............	20
Nugent John, venant en aide à...............	56
Nouvelle-Orléans, relatif au registre électoral...............	17

Nouvelle-Orléans, Amendant l'acte du 20 mars 1861, autorisant les
Recorders à nommer certains officiers............ 34
" Organisation de la police et établissement d'un bureau de police........ 40
" Incorporant la Compagnie de chemin de fer au au Texas........................ 72
" Autorisant la construction d'un pont sur le canal Carondelet............... 83
" Relatif aux avis d'élections............................, 96
" Les actes de consolidation amendés................... 98
" L'Ecole Normale de la........................... 76
" Relatif au registre électoral dans la ville de la..... 17
" Pourvoyant à l'organisation de la police et à l'établissement d'un bureau de police............ 40
" La compagnie du chemin de fer du Texas incorporée... 72
" Autorisant le Conseil à construire un pont sur le canal Carondelet............................ 83

O.

Ogle E. K et Volney E., émancipation de........ 10
Orléans, paroisse de, rive droite, relatif au mode de percevoir les taxes votées par le juri de police... 89

P.

Pélican, la compagnie d'assurance le, l'acte d'incorporation amendé... 3
Pointe-Coupée, le juri de police autorisé à accepter un legs............ 37
Présidentiels, électeurs, allocation pour leur paiement..... 11
Pouncy, Eliza, son nom changé............ 18
Port-Barrow, incorporation de la ville de............................... 22
Plaquemines, allocation pour la construction de certaines levées dans la paroisse de...................................... 36
Poydras, le Collège de, le juri de police de la Pointe-Coupée autorisée à accepter un legs.................................... 37
Poydras, l'asile de, venant à son aide.. 48
Pénitentiaire, relatif à la reddition des comptes des Fermiers du...... 79
Patrouilles, relatif aux.. 99

R.

Revenus, l'acte de 1855 amendé............... 90
Registrateur du Bureau des terres à Natchitoches.................... 8
Rebelles de la Sabine, pour venir au secours de la Compagnies des.... 51
Randolph W., juge de paix de la paroisse des Rapides, ses actes officiels légalisés.. 3
Résolution relative à l'élection des Sénateurs au Congrès des Etats-confédérés................. 5
" Relative à l'établissement d'un service postal entre Tangipaho et Clinton........................ 5
" Relative à la suspension des droits d'entrée................. 6
" Relative à la solde des troupes louisianaises............... 6

Résolution	Concernant les officiers commis au dernier recensement...		7
"	Relative à l'établissement d'un service postal entre Natchitoches et Monroe...		7
"	Relative aux Percepteurs des deniers publics retardataires		10
"	Votant les remerciments de l'Etat à George N. Hollins chef d'escadre dans la marine des Etats Confédérés et aux officiers et soldats sous son commandement............		15
"	Rendant hommage au patriotisme et au dévouement des dames de la Louisiane et des Etats Confédérés............		49
Recensement, concernant les officiers commis au...........................			6

S.

Secours, pour venir au, de James Welsh...................................			8
"	"	de S. M. Hyams, Registrateur du Bureau des terres publiques................................	8
"	"	des victimes du récent incendie à Charleston..	13
"	"	des Shérifs et Percepteurs de taxes............	14
"	"	de G. W. Connor.................................	16
"	"	de W. J. Haifleigh...............................	22
"	"	d'Aristide Barbin................................	32
"	"	de la société pour l'assistance des soldats louisianais malades ou blessés...................	36
"	"	de H. F. Voorhies................................	42
"	"	de Jas. McVay....................................	43
"	"	d'Isaac N. Collins...............................	44
"	"	de la Banque des Marchands de la Nouvelle-Orléans...	51
Sabine, les sessions de la Cour de District changées dans la paroisse de...			47
Springfield, changeant les limites de la ville de.............................			48
Scopini, relatif à la Pointe...			53
Scarborough Margaret, venant à son aide....................................			78
Shepherd G. B., venant en aide à...			80
Sénateurs au Congrès Confédéré, relatif à l'élection des..................			5
Shérifs et Percepteurs de taxes, relatif aux................................			14
Salines, relatif aux eaux et sources...			27
St-Landry, amendant l'acte réglant le tirage des jurés dans la paroisse de...			30
Simms John, adoption de certains mineurs.................................			35
Sprowl Jonathan, adoption de L. Hammet..................................			43
Secours, venant au, de J. B. Cloutier.......................................			52
"	"	des "Rebelles de la Sabine"...................	54
"	"	de Mme M. F. Z. Maspero......................	55
"	"	de Joséphine O. Lombard......................	55
"	"	de François Doucet.............................	56
"	"	de John Nugent..................................	56
"	"	du Trésor de l'Etat.............................	57
"	"	de R. Benguerel..................................	58
"	"	de Wm. Beatty, de la paroisse de Pointe-Coupée.	59
"	"	de Philo Alden...................................	78
"	"	de Margaret Scarborough......................	78
"	"	de G. B. Shepherd..............................	80
"	"	de B. Haralson..................................	83
"	"	de W. S. Campbell..............................	90

T.

Tangipaho, relatif au service postal entre Clinton et......................	5
Taylor Geo. C., allocation pour la construction d'un canon-revolver...	15
Trésorier d'Etat, venant en aide au...................................	84
Taxe de guerre, relatif à la..	19
Taxes, suspendant la perception des..................................	79
Thomassy, droits accordés au professeur..............................	84

V.

Volontaires louisianais, relatif aux	16
Voorhies H. V., venant en aide à.....................................	42
Vermillon, relatif au tirage des jurés dans la paroisse de...............	59

W.

Welsh Jas., venant en aide à...	8
Williams S. P., adoption de S. P. Woodruff...........................	26
Worsham Harriett G., émancipation de...............................	28
Winnsboro, l'acte d'incorporation abrogé.............................	75